中华传世藏书

【图文珍藏版】

钦定古今图书集成

精华本

[清]陈梦雷 蒋廷锡⊙原著 刘宇庚⊙主编

第四册

线装书局

第四十八章　术数汇考四十八

《大六壬立成大全钤》二

己巳至癸酉

己巳一局

己巳一局　伏吟　元胎　自信

未	己	巳
	巳	巳
未	未	巳
巳	巳	
文印 巳 青六 巳 巳		
绶巳 壬壬		
子长 申常 乙		
生申 壬丙		
丙 丙		
德长 寅朱空		
生寅 丙		

常　武　阴　后

空午　白未　蛇申　　阴

青巳　　　　　　戌　亥
　　　　　　　　乙
勾辰　　　　　子

六卯　　　　丑

朱寅　丑　子
　　蛇　乙

德末寅印，初巳长生。中申三传，全遇君子。遇之利亨，求官赴选，权印双显。迤逦克伐，三传互克，寅为祸萌，至寅伤干，故寅为祸萌。见在朝官返不宜，见须合台。言之常人，尤畏众口雷攻。如占人年命，在申酉乘金制寅，则为末助。初生峻峻，中却得意。

发用昼乘龙，详乙丑五局。夜乘合曰不谐一，又赘书。

己巳二局

官 卯 辰 巳 午 己
丁
丁 六青 巳
卯 辰戊
德官 丙寅 丙
乙 卯丁 朱空
鬼 丑 蛇白
寅丙

己巳巳二局元首退茹

```
        青巳
    勾辰              白
  六卯    空午未申    常
  朱寅                武
    蛇丑 子亥戌       阴
          乙          后
```

旺禄临身，妄作遭刑，君子宜卜。遁乙丙丁，三奇三传官鬼，遁乙丙丁，仕宦逢之，科甲高第，禄位频迁；常人遇之，难当吉泰，病讼俱畏。喜旺禄临身，传课助生，坐守荣昌，妄动遭刑也。

发用卯加辰，洋戊辰二局。昼乘合曰入室。夜乘青曰击雷，又曰戏水，重重财喜。

己巳三局

丑 卯 卯 巳 己
比 丑 蛇白卯
乙乙 卯丁空
马空 亥后武
子 财乙乙
脱闲 酉武后
败口 亥空

己巳巳三局重审极阴不备三奇龙战
自任传墓入墓

```
        青巳
    勾辰              白
  六卯    空午未申    常
  朱寅                武
    蛇丑 子亥戌       阴
          乙          后
```

支生幸马，支加干，干赖支生，幸矣。枉历，三传，中财空末，脱败空乡，以阴退间，三传丑恶，故曰枉历。乙丑夜虎，破败非浅。丑乙夜虎，临门发用。经云：虎乘遁鬼殃非浅，故破亡。

发用丑加卯，详丙寅三局。昼乘蛇，详乙丑四局。夜乘虎曰在夜，又曰直视。

己巳四局

己辰巳巳四局　蒿矢　病胎　励德　斩关　天狱

辰寅丑辰
亥寅巳巳
丙丙
德官寅未空寅
乙巳乙空
马空亥后六
财寅丙
壬壬
长申常乙
生亥空

六卯
勾辰常
朱蛇寅卯
蛇丑
乙予
后亥

青空午白常
巳未申
白酉
戌阴武

夜传俱空，万事无踪。勾欺蒿矢，委镞有功。发用蒿矢，本主虚惊。

末申金带镞，诚为可畏，喜得中末传空，寅夜乘空，三传俱陷，万事无踪。干乘墓神，昼勾夜常相加，昏晦尤甚。

发用寅加巳，曰猛虎入城，虚惊。远信乘空，巧匠良工，昼乘朱。

夜乘空，俱详乙丑十二局。

己巳五局

卯己巳巳五局　元首　曲直

卯亥酉卯
己卯丑亥
丁丁
官卯六白
未辛
乙空
马财亥后六
卯丁
辛辛
比未白后
亥空

勾青空白
辰巳午未
朱卯白申
蛇丑寅常
乙子亥
后阴
戌酉武

卯乘合虎，与盗为伍。干乘丁卯，昼合夜虎。传会木局，克干生支。虽有催官仕宦，名催官符，至上官赴任，或纳粟奏名，禄位高迁。常人遇之，被苦鬼贼纷纭，病讼皆畏。

发用卯加未，曰鸡栖于埘，身多辅助，又伤妻财婚不成。昼乘六日入室。夜乘虎，详乙丑六局。

己巳六局

己巳六局　涉害　见机　无禄

寅
己巳

酉
寅

未子
子

癸癸
财闩巳　酉六蛇子
墓　寅丙戌　常常
　　酉癸空
马空亥财　辰　蛇六

乙　子　武
蛇　亥　卯辰　常　白
朱　戌　巳午　白　空
六　酉　申未　青
　　　　　　勾

课名无禄，四上克下，支干不睦，交车六害。彼此受伤，支助干鬼。家人丑恶，故不睦也。破败初连，中之墓空，财末后逐，三传自刑，凡谋欠遂。巳乘白虎在戌，父母现在，必有灾厄；父母已逝，墓必白蚁，以致不宁。

发用酉加寅，曰猛虎陷阱，逢蛇虎解散。昼乘合。夜乘蛇，俱详乙丑九局。

己巳七局

己巳七局　返吟　重审　绝胎　回还

巳　亥
己　巳

巳　亥
亥　丑

丑
己巳

巳巳
印绶巳　白武
　乙空
马空亥　蛇六
财亥财
巳巳
印绶巳　白武

乙　子　阴武　常　白
蛇　亥　寅卯辰巳　青
朱　戌　午空
六　酉　未青
勾　申

生乘元武，频失财钱。彼此被冲，不得安受。初末生气，昼虎夜去。坐落空乡，受制中传财空，故频失财钱也。所谋无实陷设，三传返吟卦，来往俱空。三传陷没，所谋全无实迹也。

发用巳加亥，详戊辰七局。昼乘虎曰焚身，占灾祸反昌。夜乘武，详乙丑五局。

己巳八局

```
己巳八局 重审
知一 铸印 斩关 励德
比用 回还

      卯戌
      巳子
      子巳

文 己巳白武戌
空 子甲　戌
墓 己巳丁丁卯
官 戊　　卯

  后 阴 武
  丑 寅 卯 常
乙子　　　辰
蛇亥　　　巳白
朱戌　　　午空
六酉
勾申
青未
```

循环无已，贵财临身。支乘空墓，三传皆居四课之上，循环相锁。

鬼助生气。铸印乘轩常，占深畏铸印卦，巳为生气，虽中传归墓，末传卯木，官鬼相助，仕宦喜逢，常人不宜。但中末空亡，破模走炉，春夏可占，秋冬无用，常人又吉也。

发用巳加子，详丁卯八局。昼乘白，详上己巳七局。夜乘武，详乙丑五局。

己巳九局

```
己巳九局 涉害 见机

      亥己
      卯亥
      酉巳
      酉亥

脱 癸酉六蛇
闭 癸酉乙乙
比 丑后龙
生 巳癸
   巳乙虎虎
   丑乙

  乙 后 阴 武
  子 丑 寅 卯
亥　　　　辰
蛇戌　　　巳白
朱　　　　午常
六酉
勾申
青未
空午
```

传生空亥，索还魂债，三传全局脱气，却喜生干上。空亥水为财，名索还魂债。如我先施恩惠于人，指空话空，今却不意而得也。见在之财，岂可放乎？昼贵子临加申，夜贵必求两处贵人成事也。

夜贵临辰，嗔怪无气干不宜。

发用酉加巳用。昼乘六合。夜乘螣蛇，俱详乙丑九局。

己巳十局

己巳十局 重审 生胎 斩关 励德
恩多怨深

长生财德，三事无力。初申长生，坐巳被克。中财空末，德落空亡，三事遇而不遇。昼夜推之变出，自初申金脱日，迤逦生至末传，寅木伤干，如人施惠于人，后成其害，此谓恩将仇报。赖有二申制其寅木，不能为害。两贵差忒，昼贵夜方，夜贵昼方，此谓差迭，干贵返视。

发用申加巳，夜乘青，俱详甲子十局。昼乘勾，详乙丑十一局。

己巳十一局

己巳十一局 弹射 不备 寨宿 溟濛
龙战 俯就

弹射忘丸，空亥勿干。贵官两贵，差迭坐克，难以干求。降恶求生。中遁乙丑，夜将虎克传卯，鬼贼满前，溟濛卦。事尽阴暗，岂可进谋？干乘破败，尤不可守。喜干临支所，俯就求生。夜丑须看夜占，丑虎亦所当慎。破败神临宅，宜详其类神，是何人败家。

发用亥加酉，曰青云有路，婚成生女。昼乘蛇曰沉溺无灾，悲泣临门。夜乘武，详乙丑三局。

己巳十二局

己巳十二局 昴星 冬蛇掩目 权摄不正 回还

申　己
未　午　酉　申　巳　己
壬申　常乙午　常乙
未辛壬　未辛壬
长生　长生　空未
禄　午己
　　　　巳巳

武阴　后乙
白　戌　亥　子
常　申乙　丑　蛇
青　己　寅　朱
勾　辰
六　卯

辰之阴神，交车合旺，禄临支，昼虎在辰之阴神。及夫课名虎视。

三申并见干与初中。五虎纵横，凡占至惊危，卒难解释。仕宦逢吉，常人病讼凶。

发用申加未，曰箭羊角，求有获。昼乘常曰衔杯受爵，主迁转，又防逃亡走失。夜乘乙，详乙丑十一局。

庚午一局

庚午一局 伏吟 自任 元胎

申　庚
申　申　午　庚
午　申　午　午
甲壬
马德　白申壬
禄　戌
财寅　蛇青
寅丙
辛巳
长官　巳巳
生

白　常　武阴
申　酉　戌　亥
空未乙
青午
勾巳辰
六卯朱
蛇寅丑乙
子后

昼德乘虎，干上德禄，昼乘虎马。中财休取，献纳尤宜，不利商贾。中财生末鬼，止宜携财祷贵，纳粟奏名。常人遇之，课传三刑，财爻化鬼，岂利为商？干支拱捧夜贵，如年命在未，谓之帘幕临身，试必高第。见任返为不仕。夜占虎冲支上兽头，山石冲宅，不宁。

发用昼乘虎。夜乘后，俱详戊辰十一局。

庚午二局

庚未
壬庚
败官　午未辛巳　青蛇
长官　巳午庚　勾朱
印绶　辰巳（六六）

庚午二局　蒿矢　退茹　登庸　天网　回还
登庸舍井畦而祓登月阙　空　白　常　武

巳巳　午未
午午　申酉
未庚　戌亥
　　　子丑

青午蛇
勾巳
六辰
朱卯寅
蛇乙丑
后子

　　交关交车，相合宜尔。可疑蒿矢。蛇雀夜逢。五火焚毁，蒿矢卦。初、中及支三火，夜将蛇雀，共成五火，伤干，诚为凶甚。喜得未土，窃三传而育日干，宜鬼之中却得其意，惟宜坐待，不利动谋。申为德午，自刑三传俱火助刑伐德，小人猖獗，君子退惕。

　　发用午加未，曰满堂金玉，名播四海。昼乘龙。夜乘蛇，俱详甲子四局。

庚午三局

寅辰
辰午
午庚
励德　午庚　青
涉害　申壬　戌
顾祖　辰午庚
　　　戊丙
绶印　辰（六六）
　　　午庚
　　　戊丙
财　　寅戌

庚午三局　涉害　顾祖　不备　斩关　乱首
　　　　　青　空　白　常　武

寅辰　辰午
辰午　申酉
午庚　戌亥
　　　子丑

青巳朱
六辰
勾午未申
朱卯寅
蛇乙丑
后子

　　幸名顾祖，上门欺侮。可恨未寅，暗助其午。午为官鬼，寅为财末，助初传，止宜携财祷贵，纳粟奏名，占病求神。常人遇之，财爻化鬼，病讼不宜。乱首卦。支来克干上克下为用，退间传课休循环，是卑克尊。而尊不容下犯上凌，彼此反目也。此为末助初鬼，寅为教唆之人，词讼口舌。其人为公吏、道士、胡须人，属虎，或不姓人，以将决之。

　　发用午加申，曰良马生驹，红马登途，外病秋夏诏。昼乘龙。夜乘蛇，俱详甲子四局。

庚午四局

庚午四局　元首　病胎　天网

己巳
寅巳
巳庚
子卯
卯午

己辛己
官长申壬
生戌丙
财寅　蛇青
巳己
丁墓　阴常
空脱亥
寅丙

朱卯
蛇寅
后丑
阴亥

勾青
巳午
午未　空白
未申
戌丙
酉常
武

昼坐夜克干上巳，昼乘勾土将，为长生；夜乘雀火将，为鬼中财相助。讼凶官吉。仕宦逢之，以财生官；常人遇之，财爻化鬼，病讼深畏。亥喻萧何，末亥明克巳火，为救神。暗又遁丁亥，且旬空生火，好恶俱死。贵不悯恤，贵临辰戌，干之无力。

发用巳加申，曰枯竹摇风，刑破合长生，先破后合，乘雀官讼。昼乘勾。夜乘朱，俱详戊辰一局。

庚午五局

庚午五局　涉害　见机　狡童　炎上　斩关

庚辰
子午
戊寅
戌庚
辰寅

丙孤
文空
戌寅
壬庚
败官
午戌
财寅
午壬

白后
辰巳
午未　武常白空
申酉
阴卯常

后白
后寅
乙丑
蛇子
朱亥
六戌

自末生身，初勾信凭，倘于夜占，总是幽冥。彼此乘生，三传克日。喜干上辰窃火气育干，名引鬼为生，凶中得吉。止宜坐守，虽自末生身，但火局恐难凭信，夜将合后虎在传，武临日变为狡童，尽幽尽暗。助刑伐德炎上申午，详前利逃亡。

发用戌加寅。昼夜乘合，俱详甲子五局。

庚午六局

```
                        卯
            申　丑    庚午六局　知一
            戌　午      龙战　孤辰　比用
      丙 孤  戌　卯庚
    文空 戌 六六
      辛巳卯丁  阴武常白
    长官 巳 常阴  卯辰巳午
      戌　空    后寅　　白
    脱 子 蛇青    乙丑　　空
      巳 巳      蛇子　　未青
              朱亥　　戌
              六　　　酉
              勾　　　申
```

　　长生虽在，全无倚赖。丑为庚墓，卯作支败。卯为支败，乘干临丁，必因妻才而动。丑为干墓，在支脱害，彼此非宁。中巳长生，被戌墓子克，全然无气。官鬼父母，皆不可占。初空生末实脱动，止不宜，病讼皆深畏。

　　发用戌加卯，详丁卯六局。昼夜乘六，详甲子五局。

庚午七局

```
                        寅
            午　子    庚午七局　返吟
            申　寅      绝胎　回还
      戊丙  子　寅庚
    财 寅  后白
      甲壬  阴武常
    马禄 申  寅卯辰巳
      寅丙戊  后　　午
    德 寅  后白  乙丑　　未
      甲壬  财      空
              蛇子　　白
              朱亥　　申
              六　　　酉青
              勾　　　未空
```

　　财虽可绝，干上寅为财，初末在日来绝，返吟卦，只可结绝财帛之事。七虎排列，若动取财物，三传上下，六重寅申，夜将共成七虎。如财在虎口，切勿取财。秋遭火热，如秋占子为火鬼，昼乘蛇伤支，必家有火烛之惊，取井底泥涂灶上禳之。

　　发用寅加申用。昼后。夜虎，俱详甲子七局。

庚午八局

庚午八局　知一　比用　闭口　独辰

丑
午丑
辰亥
亥午
丑庚

寅戌
生炁　辰　武
乙巳　亥空
旺神　酉戌　勾朱
刃
财　寅　后白
酉癸

朱　亥　子　丑寅　膣青
　　　　　　　　卯辰
六　戌　　　　　　朱亥
勾　酉　申　未　午　巳
青　空　　白　常　武
　　　　　　　　辰

　　生旺财气，三传皆值。交互乘害，千昼墓贵，支被空克。辰为生炁，酉乃旺神。寅木为财，三传皆遇。夜、武、雀、虎末取衰替，如夜将、雀、虎、武在传初生落空，中末遭制，寅木全然无气，岂可动谋？

　　发用辰加亥，曰丑妇照镜，主进退气疾，作武失败。为墓为鬼，主贼谋害哭泣。昼夜乘武，详甲子九局。

庚午九局

庚午九局　涉害　润下　斩关　励德　见机

子
辰子
寅戌
戌午
辰子
戌庚

庚戌
辰生　辰　武
子甲　青蛇
马德　申戌
禄　辰甲　蛇青
脱　子　丙丙
申壬

蛇　乙　后　阴
子丑　寅　卯　辰
朱亥　　　　　　辰武
六戌　　　　　　子
勾酉　申　未　午　巳
青空　　白　常　武

　　脱干伤支，干乘实脱支，乘空墓，又三传润下，故脱伤。占失，无疑人身多病羸弱，舍宅崩颓失脱之事支上戌土能敌重水，但戌旬空其力，鲜矣！

　　发用辰加子昼夜武，俱详甲子九局。

庚午十局

（盘式）

```
庚庚午十局　重审　三交　首尾　寅
子 酉 寅 亥
酉 午 亥 庚
　　　　　朱蛇 亥
　　　　　后 子乙
　　　　　　 丑寅
　　勾 酉 卯阴
　　六 戌 辰武
　　　六 戌 辰 巳
　　青 空 白 常
　　申 未 午
乙癸 酉 刃勾尾
午庚 子 脱勾首
丙甲 卯 财
己丁 子甲
巳癸
```

　　财内藏丁，无礼相刑，必然凶动。休倚贵屏，三交卦。初刃在支，中脱末财，上遁旬丁，必因交涉，以致无礼相刑而凶动也。干乘亥，虽空脱可为救神，坐待少安，动最欠宁。贵临辰戌，难于依倚也。

　　发用酉加午，详丁卯十局。昼乘勾日被刃，人有害。又病足难进。夜乘朱，详丙寅九局。

庚午十一局

（盘式）

```
庚庚午十一局　涉三渊　乱首　斩关　不备　戌
戌 庚
戌 戌
子 午　　见机
　　　　回还
　　　　武阴后
　　　　戌 亥 子
　　　　乙 丑
　　常 酉 阴
　　白 申 寅蛇
　　青 未 卯朱
　　勾 辰
　　六 巳
壬
甲申 庚戌 空文
马德禄 丙甲 脱
戊子空
后白空
```

　　申末中脱，自取其祸，乱首丧德。事绪萦纡，支又传干。病者难疴涉三渊，中生末脱皆落空，岂可前进？

　　发用申加午，详乙丑十一局。昼虎夜后，详戊辰十一局。

庚午十二局

西
庚午十二局　昴星
隐明孤辰　回环虎视　转蓬

申未
戌午
酉酉
酉庚

生空　丙孤戌武
酉癸辛空乙
未午戊
乙癸常阴
刃　酉壬

常武阴后
酉戌亥子
未戌亥丑　乙

空申后
午未
白申后
酉戌
青午未
勾巳辰
六辰
朱卯
寅蛇
丑子

此课来情，未见虚惊。无中生有，然后安宁。虎视卦，皆主惊重。此四课俱生干支，三传不见虎鬼，不足为畏，但第四课上乘虎，无中生有，故有疑惧。大抵初中生茆，癸酉临干，惟宜闭口坐守，自然安宁也。

发用戌加酉，曰密云不雨，婢与奴走家不和，有伏尸。凶多吉少。昼夜乘武，详甲子五局。

辛未一局

戌
辛未一局　伏吟　斩关　稼穑

戌戌
未戌
未戌
未辛

生　辛未后青白
　　未辛乙
墓　未辛丑丑
　　乙戌空
本家　戌
　　　戌空常

阴武常白
申酉戌亥

后青
巳午
蛇朱辰
卯六
卯寅
丑子
子空青

自宅传人，彼求我身。守之上策，动则遭迍。自支传干，彼求于己，不待谋为，而自有成。三传稼穑卦，惟宜坐守，生意无穷。倘妄动，前途三刑遭迍不已也。

发用昼乘后，曰治事，宜动双。静动止多，宜妇人凶怪。夜乘龙，详乙丑十局。

辛未二局

辛未二局 蒿矢 连茹 正己 励德

```
          口闲
        巳午未  申酉辛
官癸巳 蛇六      酉
长马巳庚          戌白
生德午壬戌   未未  亥
生辰  巳己 辛丁 子空
财卯  六蛇
     乙巳
   蛇巳  午未勾
 朱辰      未申
六卯    酉戌
勾寅   亥白
青丑  子空
  后阴武常
```

闭口难言，遂往投传，所畏金火，以致凶占。干支乘胜，酉虽旺禄，但是闭口变为六害，支乘六合，主自己熬煎，他人逸乐，蒿矢卦。

初鬼中坐鬼乡，末丁卯三传四课，皆仕。官喜才生，官旺，禄位频迁，常人则财爻化鬼，病讼皆凶。

发用巳加午，曰野火烧茅，乘乙雀龙常，主文书必遂。昼乘蛇曰乘雾。夜乘合，详己巳一局。

辛未三局

辛未三局 元首 顾祖

```
          卯巳午
        巳午未  申辛
甲庚            申酉
申壬戌  乙勾
官       乙巳
父辰  午未庚丙  午未申
财寅  巳己     申酉
  辰戌         亥白
     卯寅丑  子戌常
   蛇辰六
 朱卯    午未申
六寅    申酉
勾丑   亥白
青子  戌常
  后阴武常
```

巳午丙火，面前六合。初午支巳，及末丙寅。并来为祸，众鬼并来。取末寅财，只宜携金祷贵，纳粟奏名，仕宦逢吉，常人慎恶。取寅作财，末助初传，财爻化鬼。其灾难躲，病讼俱凶。若六月占午，为太岁将贵并用，为龙德卦。

发用午加申，详庚午三局。昼乘龙曰焚身，又无毛损财休官，孕摇可免，一云拜官，详甲子四局。夜乘勾曰反目，因他人连累。

辛未四局

辛未四局 别责 励德 不备 寡宿 自在

丑辰 辰未 辰未 未辛

己墓 空 亥 白六 辰 寅丙 乙辛
父 未 后白 戌空
乙辛 后白
父 未 戌

六卯 朱辰 蛇乙 后 巳午
勾寅 丑 阴 午未
青子 申酉
空 戌亥
白亥 戌武 申常

支生我躬，去寻脱空，惭赧而回，快乐无穷。干乘生，支乘墓，若不守生妄动，一步被初空脱耗盗不已。到处去来，不如坐守。又得支加干，兼中末俱来，继踵相生，快乐无穷。

发用亥加寅，详丙寅四局。昼乘虎曰溺水，金沉水，音书不至，有孕妇。夜乘六曰待命，图谋未遂。悬悬踌躇，幼子。

辛未五局

辛未五局 曲直 狡童 知一 比用

亥 卯 寅 午
卯 未 午 辛

丁 辛卯 六寅 卯
财 卯 未辛 亥
空 亥丁 乙辛
生 未

六卯 朱蛇 乙后 辰寅
勾寅 巳午 未
青子 申酉
白亥 戌
常戌 酉武 申阴

午干乘丁，支乘丁卯双见，遍地鬼贼。先恶后善，喜传才局，助干伤支，携财祷贵。仕宦逢，宜携财祷贵，纳粟奏名。庶免灾殄。常人逢之，传财化鬼，病讼皆畏。更辛中末空亡，灾殄稍免。

发用卯加未，详己巳五局。昼乘六加卯曰入室。夜乘后曰临门。

辛未六局

辛巳辛未六局　无禄　见机　涉害　比用

丁癸
禄闭　酉　六青
口　寅丙
　壬戌
生　辰　阴阴
　酉癸
　巳空亥　六
马空　亥戌
鼠　辰

巳辛
子未
寅
酉

武　阴　后　乙
卯　辰　巳　午
常　寅乙
白　丑
空　子亥戌酉
青
勾
六　申朱　未蛇

无禄可守，禄又闭口。君子恶之，彼己有咎。彼此受伤，面前六害，四上克下卦，名无禄，禄神酉闭口。又坐绝地，三传自刑上宜决绝事体。余占不利，仕宦尤可畏。

发用酉加寅，详己巳六局。昼乘六加酉，详乙丑九局。夜乘青曰在陆，谋未遂。

辛未七局

辛辰辛未七局　返吟　井栏射　斩关　孤辰　互网

马癸己
长德巳后武
生官寅空
　己丑
墓　丑　白蛇
　未辛
　壬戌
生　辰　阴阴
　戌空

未丑
戌辰
辰未
辰辛

常　武　阴　后
寅　卯　辰　巳
白丑　　午乙
空子
青亥
勾戌
六　酉申　未蛇

意欲来去，返吟之卦。初传驿马，日上天罡，皆主动摇，奈何互墓？但发用空乡，支互乘墓，各生墓上，彼此昏迷，甘招其晦。欲动不能，终难分辨。甘分登临，昼虎在支，宅下必有伏尸，以致为祟不宁。两贵坐克皆怒，干贵官怒。

发用巳加亥，详戊辰七局。昼乘后曰裸体。夜乘武，详乙丑五局。

辛未八局

辛未八局　涉害　度厄　长生　铸印　乘轩
励德

马德　祼
癸巳
辛卯　巳后武　子甲戌空　已己勾　辛丁卯戌
卯辛
申卯　巳子
卯辛　子未

白常武阴
丑子亥戌
寅卯辰巳乙
青勾六朱蛇
亥戌酉申未午

　　上刑下刑，交互乘死，上下相刑，全无和气。昼失财婚，卯为妻财，带丁伤干。昼乘亥武，必主凶动，财婚之失。更无初气，那有旬丁，铸印卦。中末空亡巳被戌墓子克，长生官鬼皆被煨烬，仕宦畏逢，在常人反吉。

　　发用巳加子，详丁卯八局。昼乘辰曰裸体。夜乘武，详乙丑五局。

辛未九局

辛未九局　知一　寡宿　曲直　比用

辛寅
辛
午寅
卯亥
卯亥　亥未
寅寅
己亥癸　青六　武后
未辛辛丁　卯空　辛蛇白
财　　　　　卯亥　戌未卯丁
生

空白常武
子丑亥戌
寅卯辰巳
青亥六
亥戌酉申未午
勾六朱蛇
戌酉申未午乙
辰巳

　　昼财失散，动多灾难，面前六合，满眼皆财。干乘丙寅，中传丁卯，传财化鬼，止宜携财祷贵，纳粟奏名，常人逃之。昼卯乘武，必因凶动，财物散失。夜贵纯财，外徒好看。夜贵临干，初中空亡，外虽好看，内实无益。

　　发用亥加未曰白虹贯日，先否后吉。醴酒元浆，相调两便。昼乘青曰游江，因动，有非常之喜。夜乘合，详辛未四局。

辛未十局

辛丑　辛未十局　别责　不备　培本　察奸

```
丑戌辰丑
丑辛未丑

己塞亥　武青
脱空亥
申壬乙
墓丑丑　后白
戌空
己乙
墓丑丑　后白
戌空

　　白酉　戌未
空申未　亥子丑
青未午　子丑寅
勾巳　　卯辰
　　　　蛇朱
```

昼乘墓虎，弃迎贼伍，干加支，干上及中末三重丑土，虽为生气，实则墓神。昼占又乘虎。故不可守，遂弃之而投初传，又被元水盗脱，更闯入贼伍矣。留宿仍前，俯就免苦，及向中末虎墓重重，不若屈尊俯就于支，仍前留宿于课神之下，庶避难以逃其生也。

发用亥加申，曰云卷瑶空，凶将不凶，得龙大展。昼乘青，详上九局。夜乘武，详乙丑三局。

辛未十一局

辛子　辛未十一局　干首支尾　权摄不正　弹射　出三阳　周遍

```
寅亥酉子
寅亥酉子

庚丙寅　常乙
财寅子甲戌　阴朱
生乼辰　寅丙庚
官午　乙卯
　　　后辰
　　　阴

　　　勾青空白
　　戌亥子丑
　戌亥子丑寅
六酉白
朱申
蛇未午巳辰
乙巳
```

夜禄虎守，却宜闭口。彼此乘脱，交车六害。旺禄临支，但乘闭口。夜又白虎，遂不可守。倘居窘难，释然无咎。初传财支，克一作助克。末官鬼。干上子水，能制午火。常人遇之，喜鬼制窘，难中释然无咎。正宜守用，不利进取。仕宦逢之，官禄皆畏。

发用寅加子，曰否极泰来，首折蟾宫之贵。昼乘常，详侧目。夜乘乙曰按几，贵怒于家按牍。

辛未十二局

辛未十二局 昴星 冬蛇掩目 回环

```
              亥
          辛辛
      申子 亥
  酉  未亥 辛
 丙壬 申
 申申
 未辛空
 己空  白武
 亥空  戌空 丙
 比申  阴空
    未
          武常 白空
      阴申空 酉戌 亥子
          丑青
      后申空
      乙午  巳蛇  辰卯  寅
      朱          六
```

　　五虎昼逢，彼此乘脱，面前六害，支并初末二申，中及干上二亥。昼乘虎共五虎三传全害，首尾相仍，殃祸重重，凡占惊众重重。

　　全作六害，夜稍从容。如在夜用，虎不在传，只作柔日、昴星、伏匿之象，中传空亡，断桥折腰，行中多阻，稍可从容。凡值惊天动地，双拳不敌四手。韩信入未央，其凶难免也。

　　发用申加未，详己巳十二局。昼乘阴日执正，利君子之贞，忌讼。一名阴谋，一名信神。妻有血光，或病中受胎。夜乘空曰鼓舌。

壬申一局

壬申一局 伏吟 自任 元胎 寡宿 励德

```
          寅
      申申 亥
      申申 亥壬
 辛寨  亥 亥
 德禄  空常 白青
 戌壬      申
 长生  申  武青
 马合  寅
      壬丙
      后未勾
      申酉 戌亥
      阴未勾 子丑勾
      乙午  巳辰  卯寅
      蛇
      朱          六
```

　　尽德禄空，上下六害，干上禄德旬空，昼乘天空，故不能守。脱马末逢，末马脱气，亦不能动。长生乘武中及支上，长生上乘元武。守动弗容。

　　发用亥加亥，详戊辰十局。昼空曰濡冠。夜常曰征召。

壬申二局

戌壬

壬申二局　元首　斩关　独辰　反驾

庚戌　空官　　白白
孤　戌　　亥空
巳癸　　常空
败　酉
戌空
戌壬
长生　申酉
　武青
阴武常白

午　未　酉　戌
未　申
后午六
未　申
酉　戌
亥空

乙巳
蛇　辰卯
朱　寅
六　丑
　子青

先鬼后空，干上戌，支上未，上下相刑。戌为壬鬼，昼乘虎伤身，所谓虎临干鬼，凶速，速喜空无害。退则有功。凡可勉励关隔，犹逢退连茹卦。支干拱传，戌发用，名魁度天门，未免关隔百。凡勉力猛退一步，就其长生，始得荣昌也，故曰退有功。

发用戌加亥，曰寒马嘶风，出行胎防灾，父被殃为用，利旧事，乃家人事，为长者，利见大人。昼夜俱虎，详壬午二局。

壬申三局

酉壬

壬申三局　元首

丙庚　财　后武
午申壬戌
甲戌
墓　辰
午庚
壬丙
马脱　寅
辰戌
辰　午　未　酉
午　未　申
蛇后
六蛇

蛇辰　乙巳阴
朱卯　午　未　申
六寅　酉
勾丑　戌白
青子　亥空
后阴武常

宅败人衰，各乘破败，彼此衰替，毕法云：干支皆败势倾颓。末助初财，幸顾祖卦，末助初财。阴人先退财，止宜坐取，但助起午火伤支，故主阴人先退，七月怀胎。如七月占午，为胎财生气，故喜必怀胎也。余占中墓末脱，酉乘闭口，又被午克，断然不利，独谋。

发用午加申详庚午三局。昼后曰伏枕，夜武曰截路又不戒迁官。

壬申四局

壬申四局 元首 病胎 不备 自在

申　壬
巳　巳　寅
财　巳　巳
　　申　申

乙巳　乙阴
申丙
马胝　寅巳　六蛇
　　　辛空
禄德　亥　空勾
　　　寅丙

乙后阴武
蛇辰后　巳午未申
朱常
六寅　寅卯
勾丑
青子
空亥　戌酉

　　坐谋有益，下害上合。喜支来生干，彼来会己，故坐谋有益。动用费力，若动取初财，引入中脱末空，反费力。元虎临人，稍有忧惕，但干乘六合，昼武夜虎，支却乘合，主身已熬煎，他人逸乐，故稍有忧惕也。尤幸申为日之长生，终无大咎。

　　发用巳加申，详庚午四局。昼乙曰受贺。夜乘阴，详戊辰七局。

壬申五局

壬申五局 重审 斩关 润下 六仪 励德 狡童

子辰
狡童　卯未　壬
庚甲　辰申
刃子　青辰
　　　辰戌
长生　申　武白
墓　　子甲
　　　甲戌　蛇后
　　　申壬

　　辰
　　朱卯乙　巳午未申
蛇后阴
六寅　辰巳午
勾丑
青子
空亥　申酉
　　　常武
戌

　　所谋诓诈，支乘干墓，干乘官鬼，三传盗支。比子发用，羊刃与未六害合中犯煞，所谋欠利。妻财最怕兄弟现卦，妻财无占，惟利子孙。夜贵在日，昼贵居夜，虽贵居支畔，但巳居酉为夜地，卯居未为昼方，贵人差迭，事多参差。

　　发用子加辰，曰敲冰取鱼，乘常丑参差，乘后犯翁姑，悖逆。昼乘青曰入海，财喜亨通，谒官婚俱吉。夜六，详丙寅六局。

壬申六局

壬午
壬申六局 涉害 长厄 察微 四绝

戊卯 丑午
卯 申午壬
丙庚 午 后武卯
财 亥空辛乙
官 丑 午庚 勾朱
长生 成壬 武白
申乙
丑

六寅蛇 朱蛇 乙后
勾丑 卯辰 巳午
青子亥戌 申未阴
空 申武
白
常酉

　　重乎赍排，自初传至末育，干主众所，推荐以成其事，故云。夜损妻财，壬以午火为财，夜乘武，主妻财有损。惟妨长生，申为长生，申被午克丑墓，申全无咎。凡占长生与生意，皆不吉。手卯足戌生灾，卯戌俱受下克，又各坐墓地，主昏晦。

　　发用午加亥，日入水不溺，潜以待时，德合婚成，病凶。新生久死事，宜结局，忌新作武遗官伤畜。昼后曰伏枕鬼淫之象，如夹克防害眼落孕，走失破财，主思淫心痛。夜武，详乙丑三局。

壬申七局

壬巳
壬申七局 返吟 绝胎 回还 励德

申寅 亥巳
寅亥 巳壬
壬丙 申 巳壬
马脱 寅 武蛇
申壬戊 合白
长生 申 寅丙
寅丙 马脱 蛇
壬 寅壬
白子
常丑朱
空亥寅卯 武阴后乙
青戌辰巳
勾酉 午未阴
申 朱蛇

　　交车先结，交车相合，上下六害。前脱后脱，返吟初末，驿马脱气，动费不一。元合昼逢，昼将武合，在传支为泆女，必有阴私。两贵不悦，两贵受克，干贵不悦。喜财居干，首尾相助，亦可取还魂债。

　　发用寅加申，日岩松冒雪，不改岁寒，心灾不遂。占婚媒人反覆。昼乘武，详丙寅七局。夜乘蛇，详甲子一局。

壬申八局

壬辰
午 丑 酉 辰
甲戌　丑 申 辰 壬
墓辰
亥空　壬申八局　元首　斩关　天网　孤辰
己癸
败 酉　勾空
辰戌
壬丙
马子　寅　武蛇
　　酉癸
　　　空 白子六 戌亥
　　　　常 武阴
　　青 戌　丑 寅 卯 辰
　　勾 酉　寅 卯 辰 巳
　　六 申　　　午 乙
　　朱 未　　　蛇

墓干墓支，彼此乘墓，名自昏迷。人晦宅衰，三传不美，动即灾危。华盖伤日，昼夜天后相夹，昏晦尤甚。中破败末脱炁，三传不美，动亦灾危。行人不归，冤枉难伸。

发用辰加亥，详庚午八局。昼夜乘后曰毁装。

壬申九局

壬卯
辰 子 未 卯
丁辛　未 申 卯 壬
官 未
卯丁　朱勾 子
辛壬　亥 空常
禄德 空
　　未辛　癸丁
空 亥　阴乙
脱 卯　亥空
　　壬申九局　重审　曲直　天网
　　　空 亥常 子丑寅
　　青 戌　常 武阴
　　勾 酉　丑 寅 卯 辰
　　六 申　寅 卯 辰 巳
　　朱 未　　　午 乙
　　　蛇

刑害无礼，下害上刑，全无和气。脱空复至，各乘脱气，三传盗日。夜将赖传，昼占废弛，昼将朱空阴空，空脱满前，主事废弛。如夜将皆土伤土，却赖传救。常人忻逢，仕宦畏遇。

发用未加卯，详丁卯九局。昼乘朱，详戊辰二局。夜乘勾，详丁卯一局。

壬申十局

壬寅
寅亥巳
亥壬
巳寅
乙巳　乙朱
財　巳巳　申巳　合青
長　戊壬　辛空
生　申巳　亥壬
根德　亥
空

壬申十局　弹射　生胎
源消根断　不备　富贵
空喜实害　　　俯就

青白常武
亥子丑寅
勾　　　阴
空戌白
六申酉
朱未午
蛇午巳
乙辰卯
后

　　昼占必失，交车相合，蛇盘相害，外好里枒。干上脱气，又昼乘元武，必有失脱。家道寂寂，空亥脱支，又乘天空。唯宜俯就，元胎卦，迤逦脱耗，岂利动谋？干加支却得长生，惟宜俯就。两贵坐刑无力。

　　发用巳加寅，曰瑞鹿怀胎，生美器。昼乘乙日受贺。夜乘朱，详戊辰一局。

壬申十一局

壬丑
子戌卯丑
戌申
庚甲　子戌
刃　子
戌　戌丑
马脱　寅
甲戊　寅丙
墓　辰

壬申十一局　重审　孤辰　向三阳
　　　　　　　　　　　励德

六仪
青空白常
戌亥子丑
勾青
空戌
六申酉
朱未午
蛇午巳
乙辰卯
后阴武

　　两贵共处，笃疾可愈。以凶制凶，蛇冲虎去，虽下害上，刑喜向三阳。自暗出明，昼虎落空，罡塞鬼户，笃疾却愈。夜将支戌乘虎，金末辰蛇火，亦赖辰戌相冲，以凶制凶，凶即散也。巳加卯，两贵相会，宜求二处官贵相成事。

　　发用子加戌，曰夜行失盗，防凶。主婢仆有阴私，暗昧不明之阴事，小灾。昼白曰溺水，金沉水底，音书不至。夜乘武，详丙寅二局。

壬申十二局

壬子
壬申十二局　元首　三奇　连茹　将泰
天网　周遍

戌酉　丑子
辛乙　子壬
官丑　申子
壬丙　寅乙
马脱　丑乙　癸丁
脱卯　　　阴乙
　　　　　寅丙

勾青　空白
酉戌　亥子
六申青
朱午未
蛇午巳
乙后辰
　　阴卯
寅丑武　寅丑常

守之则旺，干旬首，支旬尾，首尾相见，各值前辰。守则为旺，动为网刃。动遭网刃，前脱后空，岂利动谋连茹。虽遁三奇，常人岂制鬼？仕宦返不宜。午女宜婚，丑加子牛女会，占婚成。喜中帐快，但中末脱空，丑克子，故喜中怅快。

发用丑加子，曰鹊噪高枝，为合问婚姻进取吉。加子退中进，三传丑、寅、卯，行人不来。若传子、亥、戌，乃进中退，行人来，出行阻，占职可迁。昼乘常，详丁卯二局。夜阴曰入内，尊卑相蒙，又女子病。

癸酉一局

癸丑
癸酉一局　伏吟　自信　稼穑　励德
卖宅备患

酉　丑丑
癸乙　丑阴酉
官丑　壬空　戌白白
空戌　己辛　官
官未　　　阴勾

武常　白空
申酉　戌亥
后午　阴未勾
巳蛇　申酉戌亥
朱卯　子丑青
六寅　丑勾

支干互生，交车相生，彼此和畅。华盖伤刑，丑为支墓临干，为华盖伤日，至人昏晦。三传俱上克干生支，主人衰宅盛。昼夜，占病先重后轻。中传昼夜乘虎落空，占病虽重后轻。中传断桥，凡事行中未免阻滞。

发用昼乘勾，详丙寅三局。夜乘阴上壬申十二局。

癸酉二局

癸子
癸酉二局　蒿矢　渐晞　退茹　旺禄临身

子　亥　申　未
癸　子　申　未
　　　阴壬戌庚
官未己辛　阴勾
　　申壬戌庚
财午未辛
　德财
巳乙未
午庚
蛇辰
朱卯
六寅
勾丑

　　守禄为良，干乘旺禄，守之为贵。动被传伤，若妄动谋，初传官鬼，中末来助。勿欺蒿矢，委镞坚刚。蒿矢遁得庚午辛未，委镞坚刚。射之必伤，反惹攒攻。如若坐守旺禄，财化鬼，鬼生申，申育日，递相推荐，生计荣昌也。止可携财祷贵，纳粟奏名而已。

　　发用未加申，曰文书千里。昼阴，详丁卯五局。夜勾，详丁卯九局。

癸酉三局

癸亥
癸酉三局　蒿矢　龙战　回明

巳　未　酉　亥
癸　亥　酉　未
　　　阴常己辛
官未己辛　阴勾
　　酉癸未
财德丁常　阴
乙巳未辛未乙巳
脱卯
　　蛇辰
　朱卯
六寅
勾丑
青子

　　矢传勿用蒿矢，传课无金。射物难中，不足为贵。昼若占之，苏宽病讼。课虽五阴，自暗向明。末克初鬼，凶为吉兆，病讼皆宽。干马末丁，动获金宝。

　　发用未加酉，曰花发斯年，争财，继母外嫁。乘常，主酤酒，财帛，妇人陪。昼乘阴，详丁卯五局。夜乘常，详丁卯五局。

癸酉四局

癸戌
卯午未戌
午未戌癸

癸酉四局　涉害　见机　乘轩　三交　高益
龙战

戊庚　午酉　乙丁
财　午　　　　后武　卯　朱乙
败　　　　　　午庚　子　青六
禄　　　　　　壬甲　卯
乙　后阴　巳午未申
蛇辰后　未申
朱卯　寅丑子亥　酉常
六勾青空　戌白

全伤身宅，交互六害。各自乘虚，彼此受伤。戌空午实，彼凶己吉。夺财元后午为财上，乘武后分夺财，必有失。中脱末禄，无礼遭刑。午助戌克鬼在家中，支相伤干，求谒忌。彼凶己吉，上戌空午实也。发用午加酉，详甲子四局。昼后，详壬申六局。夜武，详壬申三局。

癸酉五局

酉
癸酉五局　元首　从革　阳不备　龙战
自任　回还　自支传干蛇乙后阴

丑巳巳
巳酉酉
酉酉癸

丁己　巳酉　乙阴　勾未
财　巳　　　酉癸　癸丑　常空
官　　　　　巳己　丑
败　　　　　辛癸　酉
乙
朱卯乙　辰巳午未
六寅　　　　申武
勾　　　　　酉常
青子　　　　戌
空亥白

昼将皆土生金，传金，育身。土生传金，金生日干。回还曲折来生。皆谢众人，此课虽不宜动，却喜支加干生干，向干己，末传又归干上，名三会合，行人立至，父母皆卦，子孙无占。经云：三传虽金生日，昼占天将皆乘克日，面前作好，背后反为害。

发用巳加酉，详庚午四局。昼六日受贺。夜阴，详戊辰七局。

癸酉六局

癸申
癸酉六局　涉害　斫轮　铸印　见几

　　亥辰　卯　申
乙丁　卯　辰　酉
脱　申壬　申癸
官　戌　壬空　白青
　　卯丁　丁己　巳阴
财德　戌空

　　　六　寅蛇
　　青　卯丑　朱蛇
　　空　子亥　卯辰　巳后
　　白　戌　巳午　乙
　　常　酉　申未　阴
　　　　申武

　　两贵拱宅，昼传虎戌。熟视兔蛇，极不安逸。干墓临支，各辰生炁。中传空鬼，昼乘虎伤干，虚惊难免，末亦落空乡卦，虽斫轮三传欠利，两贵虽拱宅，卯坐克巳坐空墓，蛇兔不安。干贵无力，不若坐守长生，庶免凶咎。常人犹可，仕宦须防。

　　发用卯加申，详乙丑六局。昼朱，详戊辰二局。夜乙曰登车。

癸酉七局

癸未
癸酉七局　龙战　励德　回还

　　酉　丑　未
乙丁　卯　未　癸
脱　卯　酉
　　酉癸　辛癸　勾亥
败　酉　卯丁　丁己
脱　卯
　　酉癸　阴乙

　　　　武　寅蛇
　　白子　常丑朱
　　空　亥子　寅卯　辰巳
　　青　戌　卯辰　午蛇
　　勾　酉　巳乙
　　六　申未朱

　　三传身宅，夜将相克，满目旬丁，门户动匿。支及初末，丁卯三重，冲制家宅，故门户动摇。虽水日逢丁，但反复乱动，传财化鬼，如用夜将三传，土将，五重伤日，只可携财祷贵。占病求神，谋望进取，止步休为。

　　发用卯加酉，详丁卯七局，一名破家煞，宅有水坑道荒凉，门户不谨。犯血支，忌丧吊等，堕胎破财失脱，昼阴曰微行，宜君子之贞。夜乙曰登车。

癸酉八局

癸午

未寅　亥酉

己辛　未寅

官未常　寅丙　白六

　　　　壬甲

祿子

　　未辛　乙阴

财巳乙　丁巳

　　　　子甲

癸酉八局　知一度厄　长危　天狱

三傳内战

午癸　亥午　寅酉

　　常武阴后

丑寅　卯辰　巳乙

　　白子六

空亥　戌酉　申未午

青勾六朱

财干上，鬼初傳，德三傳。祿中傳俱受，其坐下克，好恶皆无。又自支上寅木伤初，迤逦克伐，丑自内出。前引初末，后从未巳，足可解厄，不可升论也。

发用未加寅，曰羊遇虎狼，主俏眷柏椅。占病，妇人气入内，乃破碎之夫。昼乘朱，详丁卯九局。夜乘常，详丁卯五局。

癸酉九局

癸巳

巳丑　酉巳　巳丑

败闭　酉巳

口口癸乙常阴

官丑　酉癸　乙朱

财德巳乙　丑

癸酉九局　涉害　从革　见机　不备　龙战

回还　求受　俯就

巳癸　酉巳　丑酉

白常武阴

子丑　寅卯辰　巳乙

空亥常

青戌

六酉申未午

朱蛇　勾

贵财不利，课体循环，交互相克干上，虽贵财遁得自己，是破碎所以不利。俯就安逸，喜干加支，俯就求生作主。昼将生傳，傳金生日，昼土将生傳，傳育日干，隔二隔三，上人周济。

发用酉加日，详乙丑九局。昼勾，详庚午十局。夜空曰奸淫，巧说诬词，值好人谋害。

癸酉十局

癸酉十局
元首 稼穑 斩关 权摄不正
两贵夹拱

辰
卯子未辰
未辰
辰癸
空白常武
亥子丑寅

丙戌
墓辰
己辛
官未
壬空
官戌

后蛇
己辛
朱勾
辰戌
青白
未辛

勾戌白
青酉
六申
朱未午
蛇巳
乙辰
后卯
阴寅
丑
子
亥

交互徒然，夜禄乘亥，弃而欲动，重土为愆。交车相合，墓脱支，交互徒然。三传上下，俱土克干生支，主人口不利，宅舍广阔。天罡发传，弃而欲动，重土为愆，欲动不能。旺禄临支，昼虎夜武，禄亦危矣。

发用辰加丑，曰水浅，未舒。昼乘后曰毁装。夜乘蛇曰乘龙。

癸酉十一局

癸酉十一局
元首 出户 三奇 励德
回还

卯
丑亥巳卯
巳卯
卯癸
亥酉
青空白常
戌亥子丑

乙丑
坐亥空
空脱乙丁
卯乙
财德丁巳
巳乙未卯丁

勾戌空
青亥
六申
朱未午
蛇巳
乙辰卯寅丑
后阴

昼夜贯聚，无屋可住。彼己怀脱，虎鬼空布。各乘脱气支上空亥昼天空，必家宅空虚，无屋可住。发用官鬼自坐空乡，出户卦，中末传两贵相加，必求二贵周全。

发用丑加亥，曰天时双鹤，美对良材，遂意吉庆。贼自败露，桥梁，肠泻。昼乘常，详丁卯二局。夜乘阴，详壬申十二局。

癸酉十二局

癸酉十二局　重审　连茹　斩关　龙潜

```
          癸寅
          窠宿
    卯  寅
    亥  戌  酉
            寅癸
                勾青空白
比马 亥  空常
禄   子  亥空 壬甲    白武
官   丑  子甲    癸乙
                常阴
    蛇  午  未  朱
    乙  巳  辰  卯
    后  阴
        六  申  青
        酉  戌  亥  子
        寅  丑
            武  常
```

　　三传拱定，行人归近。事不出屋，贼在此隐。干支拱传，事不出屋。末及支上官鬼，干及中传昼夜，亥武贼在此也。支前发用，寅近日干，行人亦动。空加空用，多虚少实。

　　发用亥加戌，曰寒马嘶风，出行，胎防灾，父被殃。昼乘空曰儒冠，占考利，又田土虚诈。夜乘常曰征召。

第四十九章　术数汇考四十九

《大六壬立成大全钤》三

　　甲戌起至癸未，止计一百二十局。发用课格，悉按诸经集注，以备考核。贵人以甲戌庚牛羊，分旦暮旬空申酉，内有发用课格，类神同局者，悉注见某局内。其断事，则与占课者，年命刑冲德合相加为准，故不载。

甲戌至戊寅

甲戌一局

戌戌寅寅
丙戌　蛇青　戌戌寅甲
禄德寅
己辛　脱巳　勾朱
壬孤
马官申　白后

青　空
勾巳午未乙
六辰　申酉戌亥
朱卯　　戌
蛇寅　丑子乙
　　　　　后

甲寅
甲戌一局　伏吟　元胎
斩关　自任
白常武
申酉戌亥
乙

　　马载虎鬼，末传官鬼，昼乘白虎。昼占可畏，幸值空亡，常人欣逢，仕宦不宜。夜生财费，昼禄乘蛇，遂不能守。向前一步，被巳脱盗，夜将干上，青龙被申克支上，初乘武财必有失。

　　发用昼蛇甲辰伏吟。夜青戊辰四局。

甲戌二局

甲丑甲戌二局

丑甲
子丑
申酉子戌
甲丙
生子后白酉
丁丑
乙乙
丙阴常
长亥
甲甲
才戌武武
亥乙

勾青空
六辰午未白
朱卯蛇申常
蛇寅酉戌武
乙丑子亥阴
后

　奇仪既夹，常人难压，君子宜占。试登高甲，鬼临三四，幸值旬空，干支拱传，财生居申，遁乙丙丁，奇仪并至。君子高登，禄位频迁，常人难当，吉象。灾祸重兴，子加丑用，牛女相会，占婚则吉。

　发用子加丑用，甲子二局。昼后丙寅八局。夜白壬申十一局。

甲戌三局

甲子甲戌三局

子甲
午申戌子
庚壬
脱午青申戌子
空空
戊戌
才辰六
午壬
丙戌
禄德寅蛇青
辰庚

勾青空
六辰午未白
朱卯巳申常
蛇寅酉戌武
乙丑子亥阴
后

　六位全阳，课传皆阳，利公干而不利私谋。常人散殃。马载虎鬼，支乘鬼虎，马乃旬空。常人最喜鬼空，仕宦不宜。催仟勿遑，催官符空亡，主上任返迟。顾祖卦，初脱中才，末寅干乘生炁，惟宜坐守，不宜动用。

　发用子加甲用，庚午三局。昼青甲子十局。夜蛇甲子十局。

甲戌四局

甲甲戌四局　蒿矢　病胎

```
亥　甲　亥
亥　甲
辰未申亥
未戌

壬孤
马鬼 申 白后
　　乙 亥
巳辛　　勾朱
脱 巳
申空
丙戌
禄德 寅 蛇青
　　巳辛

　　朱 寅 勾
　　蛇 卯 青
　　六 辰 六
　　　　巳 空
　　乙 丑　午 白
　　后 子　未 申
　　阴 亥 戌 酉 常
　　　　武
```

矢箭来伤，交互相克。蒿矢带金，则必惊恐。幸尔空亡，不能为害。居家闭口。支乘未墓作财，惟宜闭口。生计荣昌，长生临干，如若生计，却得悠远荣昌。

发用申加亥，曰遇贵方，举祸患相仍，乘马贵禄，一举成名。昼白，青戌辰十一局，又主刀兵甲日，争见血光。夜后曰修容池湖。

甲戌五局

甲甲戌五局　重审　炎上　斩关　赘婿　狡童

不备六仪

```
戌　甲　戌
午　甲
寅午戌
午

甲戌
才 寅 六六
甲戌
寅庚壬
脱 午 白后
戌丙戌
禄德 寅 后白
　　午壬

　　后 寅
　　阴卯 常
　　　　辰巳 武常
　　乙 丑　午未 白空
　　蛇 子　申 青
　　朱 亥 戌 酉 勾
　　六 戌
```

失脱来占，内外相连，亡财复至。宅盛人愆，支加干作才，引起三传火局，脱日生支，是谓面善内毒，诱我盗他，宅渐广而人渐衰也。喜得自未递生戌财，亦名还魂债。亡财复至，切勿动谋。

发用戌加寅，详甲子五局。昼夜俱六甲子五局。

甲戌六局

```
              酉
        子 巳 辰 酉
  甲丙         甲戌 酉甲
生子 蛇青  巳辛 戌
  巳辛
   癸
口墓 未  空乙
用子丙
  丙戌
禄德 寅  后白
   未癸

        乙丑
     后 寅 卯 阴
  蛇子   辰 巳   武
  朱亥         午 常
  六戌       申 未  白
  勾酉
     青    空
```

　　初末拱贵，尊长偏喜，鬼空虚惊，互相脱气。交车六害，互相脱气，初末拱丑，告贵最吉。酉虽空鬼，但自干上克末寅，迤逦克至支上，巳火复克酉金而伤日，是谓我欲谋他，返累于己。幸空无害。凡为须惊，利不可贪。

　　发用子加巳，详丙寅六局。昼蛇曰乘雾。夜青，详乙丑五局。

甲戌七局

```
            甲申 戌甲
甲戌七局 返吟 斩关 回还
  丙戌
禄德 寅  后白 辰 戌 申 甲
   申空
   壬空
马官 申  青蛇
   寅戌
   丙戌
禄德 寅  后白
   申空
            乙丑
         后 寅 卯 阴
   蛇子      辰 巳   武
   朱亥          午 常
   六戌        申 未  白
   勾酉
      青     空
```

　　夜禄虎雄，寅木伤禄，夜乘白虎。鬼却乘龙申官，昼乘龙，又龙临申，名折角，一喜一悲，乐里成愁。细详好恶。来去俱空，返吟卦，木金皆空，好恶俱无。又支上财乘武，主有失脱事。

　　发用寅加申，详壬申返吟。昼后甲子六局。夜白甲子六局。

甲戌八局

甲丙生子 未癸 巳辛 脱子丙 才戌辛

蛇青 朱 六戌亥 勾酉申 青未午 空

未甲
子未
卯戌
申卯

甲戌八局 比用 铸印 天狱
乙 后 阴
丑 寅 卯
巳 辰
午 白 常

　　夜贵作墓，讼庭官怒。墓神覆日，俯丘仰仇。夜作贵人，与发子为官六害，故讼庭官怒也。并龙恃戌，幸末戌能刑干未，主难中救。枉者可惜，若非戌来刑未，枉者诚可惜哉！中传巳被戌墓子克，虽喜制脱气，不利占子孙。天狱铸印利君子，小人则不利。

　　发用子加未，详甲子八局。昼蛇夜青，俱甲子八局。

甲戌九局

丙戌 禄德 寅甲 庚壬 脱午寅 甲戌 才戌壬

六戌

午甲
午甲
寅戌
寅午

甲戌九局 元首 炎上 不备 励德 回还
蛇 乙 后 阴
子 丑 寅 卯
朱 亥 辰
六 戌 勾 酉 申 巳 武
青 未 午 常
空 白

赘婿
午甲
戌午
寅午

　　劳心取财宅广人灾，末戌虽财，若向前贪，遂致三传脱干生支，故为宅广人衰之象。宜乎作赘。喜干加支克为财，如与人作赘。耗盗萦回，先虽脱耗，后却萦回。凡宜俯就，先费后得。

　　发用寅加戌，曰龙战于野，不利。占女人，主男杀妇女守空闺，稽留欺诈。昼后，详丁卯六局。夜白曰登山、又宝剑出匣加天盘，寅卯梁折。

甲戌十局

甲戌十局

巳　甲
申　巳
丑　戌
辰　丑

壬孤
马鬼　申　乙辛
生长　亥　青
申空　未勾
　　　丙戌
禄德　寅　白白
　　　亥乙

勾　六戌　　亥六　　朱蛇
青　申酉　　亥子　　乙后
空　申未　　丑丑　　寅寅后
白　　午　　　　　　卯阴
常　　巳　　辰辰卯阴
　　　　　　　武

　　生中亥落空鬼，初申向空皆空禄末寅被鬼申制攻，鬼攻三传，好恶俱无。全逢丁马。动意尤浓干乘脱气，支上丑破碎发用，驿克、丁马在课，必主动摇。但元胎空多实少，进前无益，必多逶滞，如用昼将，丑作贵人，临宅俯就求财。

　　发用申加巳详甲子十局。昼青乙丑五局，夜蛇曰乘雾。

甲戌十一局

甲戌十一局
登三天
财犯鬼格
比用　涉害　斩关　狡童

寅　子
午　辰
午　辰
戌　辰　甲

戊庚
才辰　寅戊
庚庚　青
脱午　辰蛇
　　　辰庚
壬孤
马鬼　申　白后
　　　午壬

武阴　后
戊亥　子　乙
戌亥　子丑　寅寅蛇
常申　丑
酉阴　卯
白申　　　寅蛇
空未　午巳　辰
青午　巳
勾辰　朱

　　昼虎空亡，末申乘虎，虎鬼并临，其凶可知。临危弗殃，幸值旬空。财乘遁鬼，辰遁庚金，财内藏鬼，贪财致祸。申金全伤，常人喜鬼空，仕宦不宜。虽然贵登天门，罡塞鬼户，前逢虎鬼，岂利前登？以邵子比用，取子向三阳，凡事有成。

　　发用辰加寅，详甲子十一局。昼夜皆六甲子十一局。

甲戌十二局

甲戌十二局 连茹 升阶 三奇 比用

卯
甲
子 亥 辰
亥 戌

戊庚
才辰
卯辛
巳巳
脱
辰庚
午巳
脱

青蛇

常 武 阴 后
酉 戌 亥 子
乙
白 申 后
午 未
空
青 午 巳
勾
六 辰
朱 卯
寅蛇

　　昼传盗体，初传虽财引入，中末脱气，又值网刃脱害不已。赖有亥子，如退守干旺，三四课亥子二水能。末、助初财，长生在支，交车相合。相居和美，夜将常临。亥必家中婚姻喜庆及彩线酒肆食居之占，后更长进也。

　　发用辰加寅用。昼夜乘六，俱详甲子十一局。

乙亥一局

乙亥一局 伏吟 斩关 自信

亥 亥 辰 辰
亥 亥 辰 乙

庚庚
才辰 勾勾
丁乙
生长 亥 后武
辛辛
马脱 巳巳 青六

常 武 阴 后
申 酉 戌 亥
乙
白 申 后
午 未
空
青 巳 辰
勾
六 辰 卯
朱 寅
丑子蛇

　　支夜三武，中传长生及支上下夜共三武。三勾可虑，初辰为财，遁得庚金昼夜勾陈及日上共三末马遁辛未巳，遁辛脱气，化鬼受制，又是驿马。时来相苦，伏吟卦，守动皆鬼，故相苦。只可以财告贵，占病求神，不利取财。昼将后在支，当俯就求生。

　　发用昼夜乘勾，详乙丑伏吟。

乙亥二局

乙卯乙亥二局　元首　连茹　斩关　六仪
回阴　旺禄临　别谋改业白常武阴　励德

```
甲戌乙亥丙阴　乙卯
才亥乙
己寨
官酉戌甲孤
禄德申甲申空
          青巳空午未申酉戌
          朱
          勾辰卯
          六卯寅
          朱寅丑子乙
          蛇丑子亥
          后
```

　　退入鬼籓，幸尔空焉，病防再至，杀号消魂。面前六合，旺禄临身，戌加亥用魁，度天门。凡事阻隔，连茹卦。退向鬼乡，空鬼满前，名为消魂煞，占病大忌。常人尤可，仕宦不宜。

　　发用戌加亥，详癸酉十二局。昼夜乘阴曰被察，谮姤怪异。

乙亥三局

寅乙亥三局　蒿矢　励德　赛宿　失友
乙亥　子酉　寅

```
乙寨
空官酉亥乙武后酉寅
癸癸白蛇
口墓未辛六青
用　巳
马脱巳青
未癸
          青巳勾辰午未申酉戌
          朱寅卯空白常武阴
          蛇丑子乙子
          后
```

　　交车相合，故为美善。所畏蒿矢，卦名蒿矢。自支酉金发用，蒿矢带金，遥伤日干，诚然可畏。必因交好中，以致不和也。熟视初传，全无威势，幸酉旬空，中落空乡，退间传未来制金，全无气，故不足畏，亦不宜用。

　　发用酉加亥，曰青云有路，婚成生女。昼乘武曰拔剑，九江盗贼攻贼，主贼怀怒，攻巳反伤。夜乘后曰倚户。凡遭克昂星别责，乘空落空，为初传发用，将乘武。凡占定立失脱，极验如神。

乙亥四局

乙丑　乙亥四局　元首　三奇　稼穑　游子

丑
乙

巳　戌
申　亥

丁丁　才丑　蛇青
辰庚　丙甲戌　阴未
　　丑丁　癸癸
口墓未　白后
闭戌甲

六卯　勾辰常
朱寅　巳午未　青空白
蛇丑　戌酉申　常
乙子　　　　武
后亥　　　　阴

交互克伐，三传俱财。不相顾接，财化为鬼。墓虎居末，生起支上，申金伤日。告贵事捷，正宜以财告贵。纳粟奏名，占病求神。倘若取财，财返祸矣。

发用丑加乘用，昼夜蛇贵，俱详乙丑四局。

乙亥五局

乙子　乙亥五局　曲直　见机　狡童　泆女　闭口

卯　未
申　子
未　亥

癸癸　才未　白后
闭亥乙　　己己
口墓　　　六白
禄旺卯　　未癸
　　未癸　乙乙
生长亥　　后六
　　卯己

六卯　勾青空白
朱寅　辰巳午未　申
蛇丑　　　　　　常
乙子　戌酉　　　武
后亥　阴
阴戌

身墓初传，逢生末传。先迷后醒。自墓传生，必先历尽艰险后始荣，遇难为易败。昼占墓虎，来克家宅。昏晦伶仃，课中子卯相刑，必主宅舍伏尸为怪，故然。兄弟见卦，妻妾无占。

发用未加亥，详丁卯五局。昼乘白曰登山，又在野夜乘后曰沐浴，衣服受克，男进曰宅妇人婚。

乙亥六局

乙亥六局　重审　自任　不备　恩多怨深

	亥乙	午亥	丑午

乙亥
亥乙
丑午
午亥
丑午
壬午空阴
亥乙丁丁
才丑午壬后青
官德申丁
空勾乙丑

武常日空
卯辰巳午
阴寅空
后丑
乙蛇子亥
朱戌
六酉
未青
申勾

中丁丑初脱午。空鬼申居末，又被午克丑，墓鬼全无气。常人虽喜，仕宦不宜。幸逢支亥，加干长生，死而复活，避难逃生也。又自日生初，迤逦生至末申，返来伤日，名恩多怨深，因申空亡，不能为害。

发用午加亥，详壬申六局。昼空曰识字，情伪难分，贼遁学堂。夜阴曰脱巾。又披发怀忧，文财暗动。

乙亥七局

乙亥七局　返吟　绝胎　回还

	戌乙	巳戌	亥巳

乙戌
戌乙
巳戌
亥巳
辛辛才马巳戌
巳亥乙乙
长亥蛇六
辛辛才马巳亥
蛇朱六勾

阴武常白
寅卯辰巳
后丑青
乙子
亥戌
酉申
午空
未青

昼将凶慝，返吟首末，驿马遁得辛巳，昼乘白虎，仕宦逢吉，常人遇凶。夜须防失，夜将巳为脱气乘武，往来耗盗，总是失脱。动即呶呶。费用不一，如坐守戌财，身虽欠宁，犹可免祸。若妄动谋，则费用不一。

发用巳加亥，详戊辰返吟。昼白己巳返吟。夜武戊辰返吟。

乙亥八局

乙酉
乙亥 八局 重审 斩关 天狱 励德 不备
酉乙 赘壻 谒贵 祸出 后阴 武常
辰寅
酉辰
寅亥
辰
戌戌
比 寅 阴空
酉酉 癸癸
才墓 未戌 后
口墓 寅丙 阴
生 子 乙巳
　 未癸
　 贵子 勾
　 蛇亥
　 朱戌
　 六酉
　 勾申
　 青未
　 丑寅卯辰
　 午巳
　 空白

空鬼干遇，支乘实墓，用贵获财，迤逦克去。面前六合，干乘空鬼，支受实墓。虽仗干上官鬼克初，迤逦克去为财，但在险峻之中，必倚势方行，不若俯就支下，求其生而就其财，庶从容也。

发用寅加酉用。昼阴夜空，俱详乙丑八局。

乙亥九局

乙申
乙亥 九局 重审 曲直 权摄不正
申乙
子申
未卯
癸癸
未己 后
墓阴 丁乙 阴武
才口 亥 蛇六
生长 未己
禄 卯乙
　 贵子 勾
　 蛇亥
　 朱戌
　 六酉
　 勾申
　 青未
　 空午 巳辰
　 白常

官贵无补，禄乘元虎，宅虽旺临，昼乘元武。交车六害，克干脱支，昼贵落空，夜贵旬空，卯虽旺禄临支，昼元夜虎，禄主惊危。木局无金，多屈少伸。虽守干上空贵，终受克制虚惊。

发用未加卯，详丁卯九局。昼青，详己巳二局。夜乘后曰临门。

乙亥十局

乙未
乙亥十局

巳 寅 戌 未
口墓 癸癸 青蛇 未寅 亥未乙
才闭 辰庚
才 戌 未阴
丁丁
才 丑 后白
戌甲

勾 申 六戌 朱亥 蛇
青 未 成 阴 子 乙
空 午 丑 后
白 巳 辰 卯 寅 阴
常 武

钱财遍地，三传俱财，初墓、中墓，乡末丁丑。夜又白虎，得不偿失。所欲未得，所费至甚。两贵居空，子落空申，旬空无力，虎丁可畏，丑上虎丁更可畏也。

发用未加辰用。昼青夜蛇，俱详乙丑十局。

乙亥十一局

乙午
乙亥十一局 重审 涉三渊孤辰

卯 申 午
甲孤 申申乙 午亥乙
空德 壬壬
官 丙戌 未阴
才 申空
生 子丙 乙常
成

卯 申 朱蛇乙
六酉 后 戌亥 子 后 丑
青 未 申
空 午 丑阴
白 巳 寅
常 辰 卯 武

虎人朱雀，讼庭凶恶，不论空亡。面前六害，交互相克。申入午，名虎入雀，必有凶灾。总空亡不能解，占讼凶。贵难倚托，两贵皆坐克方，难以干贵。丁丑夜虎伤支，必家亦凶动，屋宇坍塌，人口欠宁。涉三渊卦，岂可前行。

发用申加午用。昼勾夜乙，俱详乙丑十一局。

乙亥十二局

乙巳
乙亥十二局　元首　连茹　将秦　三奇

丑子　午巳
丁丁　巳乙
才丑蛇白子亥　武
子丙　酉乙　阴后
比寅　未空　戌亥　乙
丑丁　亥子
己巳　六青　寅丑蛇
禄卯　寅戌
常申乙
白未
空午
青巳
勾辰
六卯

　　官贵无辅，夜禄乘虎，宅须旺临，昼乘元武。干支拱传，所谋皆成，但其中缺其一，位所欠者财神。如占人年命在卯宫或属龙，补完其缺，方得遂意也。

　　发用丑加子，详壬申十二局。昼蛇乙丑四局。夜乘白日直视，又在野。

丙子一局

丙巳
丙子一局　伏吟　自任　元胎

子子　巳巳
己辛　巳空　子子　巳丙
禄德巳常申子　武
壬辰　申酉　阴后
财申武后　酉戌　乙
庚戌　戌亥
马长寅生　丑子蛇
白午
空巳
青辰
勾卯
六寅

　　禄财错踪，昼空费用，寅木为生，夜虎凶动。德禄发用，昼乘空中才旬空末长生，夜乘驿马动必凶。申间空亡，断桥折中，多阻滞。若坐待昼寅乘合，未助初生，稍可安逸。

　　发用昼空，丙寅伏吟。夜常乘巳，戌辰返吟。

丙子二局

丙子二局 连茹 回阴 斩关 六仪 比用

```
            辰
      戌 亥 卯 辰
  戌甲    戌 亥 子 辰 丙
  墓戌 后后
  亥乙 丁空
  才空 酉阴乙
  戌甲
  中空 申武蛇
      酉空
        空巳
      白午六
    辰卯 未申
    青卯   酉阴
      六寅 亥戌
    朱丑 子  乙
      蛇
```

　　病申死酉，墓戌绝亥。彼己不悦，病讼再兴，财如鬼摄，交互克伐，彼己不悦，戌加亥发用。凡占关隔干上，辰戌相冲，虽阻后通，病死墓绝，连茹全逢，病讼皆凶，中末财空。又被支上亥脱，虽财遍地，如鬼摄支上，亥伤干，干赖辰，土制亥，故不足畏，亦不相动也。

　　发用戌加亥，详壬戌二局。昼夜皆后，详乙丑三局。

丙子三局

丙子三局 重审 三奇 六仪 斩关 极阴

```
            卯
      申 戌 丑 卯
  己丁    丑 戌 子 卯 丙
  脱丑 六勾
  卯己
  宫亥 乙未
  丑丁
  才空 丁戌
      酉阴乙
        亥
    卯   青辰
    勾   空巳 午常
    六寅 未申 白常
    朱丑 酉阴
    蛇子 亥戌 武阴
        乙    后
```

　　自败瘦瘠，面前六合，交互相脱，干乘败，主自身羸弱。墓神干支，墓戌克宅，家宅亦颓。乘旬丁旺退间，传初丁末，财虽自空，如指空话，空不意中，旧财可得。田财可得，财克干神，求财亦得。

　　发用丑加卯用，丙寅三局。昼朱夜勾，俱丙寅三局。

丙子四局

午　酉　亥　寅
甲壬白武　酉　寅
刃午空酉　子　丙
酉辛己卯　勾　空
败午壬戌　丙
生卯蛇六
官子
卯己

　　　　　　丙寅
丙子四局　元首　轩盖　三交
　　　　空　白　常　武
　　　　巳　午　未　申
　　青　　　　　　　酉
　　辰　　　　　　　阴
　　勾卯
六寅
朱丑
蛇子
乙亥
　戌
　酉阴

马载长生，酉财难侵，夜武昼虎，占婢逃身。初午刃遁，昼虎夜武伤日，中败末鬼递生，其午凶恶尤甚。支上酉虽是财，支乃支空败返伤干上长生，故财不可相侵。三交卦酉乘阴，婢妾不宜长生。右干但乘马，心神不定，切不可动用。

发用午加酉，详甲子四局。昼乘虎曰焚身，灾祸反昌。夜武壬申三局。

丙子五局

辰　申　酉　丑
丙丙孤　武后　酉　丑
才空申丙　辰　子
子丙辰　青　丑　丙
脱壬庚　白
申空戌丙
官子蛇六
辰庚

　　　　　　丙丑
丙子五局　弹射　润下　励德　孤辰
　　　　青　空　白　常
　　　　辰　巳　午　未
　　勾卯　　　　　　申
　　空　　　　　　　武
六寅
朱丑
蛇子
乙亥
后戌
　酉阴

交车匪吉，交车相合，丑实申空，交之无益。屋财占失，申财旬空，昼乘元武化鬼，财必有失。三合六合。占官被黜，润下金鬼伤日，赖干上丑土能敌水局，又与三六合俱全，故三六相见，喜忻总然。带不生嗔一，常人吉官黜者，因初、中、空末墓也。凡占，主脱主失。

发用申加子曰大石藏水，乘阴妇人走失，祸侵阴损。昼乘武曰折足，贼失势，擒之可得。又横剑不利，盗贼害人，贼主现形。夜后曰修容池湖。

丙子六局

丙子六局 涉害 闭口 绝嗣 幼厄 乱首
不备 回还 反常

寅 未 未 子
未 子 丙
子 丙

戊丙
官子辛癸
巳
脱未丙
子庚戌
马长寅
生

六蛇未子 常阴

勾青空白
卯辰巳午
六寅
朱 子丑
蛇 子亥
后 乙戌
阴 酉 申 未 武 常

课传上克四上克下长来伤卑乱首丧德，又支乘伤干，初凌于尊，上凌下犯。采葛寻藤，三传互克，只知祸从外来，更不知酉加寅上，寅初酉伤致损，岙实酉为之祸源。妻财作慝，酉中辛金乃丙之妻财，故妻财作慝。

发用子加巳，详丙寅六局。昼蛇夜六，俱丙寅六局。

丙子七局

丙子七局 返吟 三交 回还

寅亥
子午巳亥
子午子
甲壬
刃午丙
子丙
官子壬
午壬
甲壬
刃午丙
子丙

武常白空
寅卯辰巳
午青
后丑 阴子
乙亥 蛇
戌 朱
酉 申 未
六 勾

德禄巳旺刃午并，皆煨烬；坐亥子乡，皆被下克日干，又乘亥鬼。到处去来，反吟克处，归又受其克。难退难进，往来不定。

发用午加子，曰孤雁逐群，无依闲居，多反覆，行人未至。昼青甲子四局。夜武壬申三局。

丙子八局

丙戌
丙子八局 重审
铸印 乱首 回还 不备
权摄不正

戌巳
巳子
卯戌
戌丙
阴武常白

癸辛丙甲戊
巳子丙戌甲
空常蛇蛇
丑寅卯辰
后子六
乙亥
戌
酉申
午未

蛇 戌
朱 申
六 未
勾 青
巳午午青

自取其祸，干加支被支克，是不自尊。课传相锁，支复传干，循环相锁。两蛇夹墓，铸印卦，末助初生，干被中传两蛇夹墓，凡占不利。如年命在戌，名天罗自裹，昏迷尤甚。如在亥罡冲墓破，庶几稍可。德禄己何，可临支受克。占病，必腹中有积块不救。年命在戌死尤急，非辰冲破名，抱石投江。

发用巳加子，详丁卯八局。昼空丙寅伏吟。夜常戊辰返吟。

丙子九局

酉丙
丙子九局 重审 从革寡宿

申辰
酉
丑酉
辰子

丁墓未乙
才酉酉丁
脱巳辛丁
酉阴常
禄德癸巳空勾
丑丁

子丑寅卯辰
后阴武常白

乙亥
蛇戌
酉
朱申
六未
勾午
青

面前六合，辰实酉空。三传虽财，初、中空亡，末昼天空传财无踪，反有所失。如用夜将，皆生传金局得气，亦名取还魂。亡财再获，支乘墓虎，有伏尸两贵，坐临受克，干贵无力。

发用酉加巳，详乙丑九局。昼朱夜乙，俱丙寅九局。

丙子十局

申
午　卯　亥　申
丙申　丙子十局　重审　元胎　孤辰
丙孤　才空　申巳
己乙　官亥　申空
庚戌　马长　生寅　武白
　　　　蛇　戌酉　后
　　　朱　亥
　　　　乙　子丑　阴
　　六申　酉后　　寅
　　勾未　　子丑
　　青午　　　阴
　　空巳　辰卯　武
　　　　白常

己财先费，交互相生。干上虽财，但系旬空，故财有费。众人怀惠，喜得三传，递生有干，皆赖众所推荐，先费后成。倘居夜占，一事无济，夜将初中空末乘虎，徒为所荐，不能成济。支上子、卯无礼反目，宅亦欠宁。

发用申加巳，详甲子十局。昼六丙，寅六局。夜蛇曰乘雾。

丙子十一局

未
辰　寅　酉　未
丙未　丙子十一局　重审　励德　癸三天
壬庚　白青　寅子
寅戌　甲壬　午青六
丙孤　辰庚　申六蛇
午壬
　　　　蛇　戌酉　后
　　　朱　亥
　　　　乙　子丑　阴
　　六申　酉后　　寅
　　勾未　　子丑
　　青午　　　阴
　　空巳　辰卯　武
　　　　白常

交互六害，各乘脱气。各怀彼此驵验。传脱初两空中刃末财，登三天卦，传入空乡，岂宜前进？全无倚赖，好恶前无。

发用辰加寅，详甲子十一局。昼白夜青，俱丙寅十一局。

丙子十二局

两午丙子十二局　元首　连茹　正和　比用

```
          寅丑 午
          丑未 午丙
    庚戌    寅武丑白
马长  寅丁
生丑己      常空
生败    卯
          寅戌
    壬庚
生脱    辰   白青
乡    卯己

              朱蛇 乙后
        六申蛇  酉戌亥
              子
        午未    丑阴
      青巳辰     寅武
      空
      白辰
      常卯
```

支干拱族，面前六害。传纯木脱支生干，主人盛宅狭。干支拱传，所虚者一位禄，乃巳为德禄，如年命辰宫，可以补完，凡谋有成。

夜贵在中作空。昼贵坐戌履狱，干贵无力网刃，宜守旺，不利前行。

发用寅加丑，详乙丑十二局。昼丙寅返吟。夜白甲子六局。

丁丑一局

丁未丁丑一局　伏吟　三奇　稼穑　励德

```
          丑丑 未
    辛丁    未未 未丁
脱  丑  交车冲 常常丑丑
          武阴后乙
    庚孤
墓脱 戌  后后
    丁癸
脱  未 常未
              常午朱
        白午    申酉戌亥
        常午朱
      空巳辰     子蛇
      青卯       丑朱
      六寅
```

身动宅徙，彼投于己，自支传干。两丁拱墓，干居末五。虎遁丁支，丁丑拱戌，墓神居中，行中多滞，前路难通。静中动矣。伏吟至静，初末俱丁，干支相加，彼此相冲。静中生动，故身动宅徙，满盘脱气，岂利动用，尤仕官畏途。

发用昼朱丙子三局夜常丁卯二局。

丁丑二局

丁午丁丑二局　重审　重阴　连茹　旺禄临身

亥子
巳午
午　丁

丙
庚　子　蛇武　子
官　丑　丁
辛乙
德官　亥　乙阴
马　子丙
墓　庚甲
戌乙
后后

　　　　　空巳
　　　　白午六
　　　空巳
青辰卯　　未申酉戌
勾卯　　　常武阴后
六寅
朱丑　　　子丑
　　　　　亥乙蛇

昼禄虎边，各自乘合。交互六害，旺禄临身。昼乘白虎故不能守。遂谒投三传。随鬼初传，鬼勾入中绝末归墓，退茹欲脱不能。终受淹缠。如在秋冬，鬼贼当时，有事宜当杜绝，恐后再发。子加丑用，占婚成吉。

发用子加丑，详甲子十二局。昼蛇丙寅六局。夜武丙寅二局。

丁丑三局

巳卯丁丑三局　重审　时遁

酉亥
巳卯
卯　丁

辛乙
官德　亥　乙未
丑丁
才空　酉　阴乙
丁癸
脱闭　未　常阴
口　酉空

午　白常武阴
卯　午未申酉
勾卯　空辰巳常
六寅　青辰
朱丑　
蛇子　亥戌乙后

遍地贵人，课传皆有酉亥。利见大人，昼贵居堂，以亥为德。命归卯地，课传五阴。如年命在卯，则六位纯阴矣。自亥退向酉、未时，遁卦欲行隐遁之象。自干迤逦生支化止，宜祷贵求神，不利求财，君子占吉。

发用亥加丑，详乙丑三局。昼乙戊辰三局。夜朱丙子五局。

丁丑四局

丁辰丁丑四局　日卯　虎视　斩关　六仪
韩信入未央宫

辰丁
丑丑
戌戌
未戌

丙子蛇六
庚卯己青白
甲辰癸白后蛇
脱未庚墓丑丁

巳午未申
空白常武
辰青　　　白
卯勾　　　酉阴
寅　丑　子　亥
六　朱　蛇　后

递生暗昧，交互乘墓。如己瞒他，却被他瞒己。各甘其晦，各又生墓，如有冤抑，心肯意肯。魁罡乘丁，虎视卦。魁罡全值丁课末，末亦属丁，故云乘丁。如骑虎背，夜辰乘虎也。凡占，至危至惊，动坐皆非宁。

发用子加卯，详丁卯四局。昼蛇夜六，俱丙寅六局。

丁丑五局

丁卯丁丑五局　元首　从革　励德

巳酉
酉丑
卯丁

乙辛比
酉空常
脱丑朱勾
巳巳空
财空酉丁

卯丁
亥
酉
巳酉

辰青空白常
巳午未
卯勾空
寅六
丑朱　申武
子蛇　酉阴
亥乙
戌后

小利先施，大财必归。传空将土，重重娶妻。干乘生气，支乘败脱，三传化金从革，为日之财。初末皆空，如用夜将俱土，虽脱日却助财丰，所以不利先施。大财必归，故财有费而妻犯重也。财爻现卦，长上无占，互乘死气，尤忌远行。

发用巳加酉，详乙丑五局。昼空丙寅伏吟。夜常戊辰返吟。

丁丑六局

```
寅
卯申 酉寅 寅丑    丁丑六局 交车网罗
丁            丁丑六局 重审 斫轮 铸印 六仪
己卯
败生 申空 甲
癸卯 墓才 卯己辛
比 戌甲     空常
巳 比戌甲
                勾青 青空 空白 午白 未常 申武
                六寅青
                朱丑
                蛇子
                乙亥
                后戌
                阴酉
```

木坐空金，斫朽木轮。事虽败坏，再造能成。逢乘长生，申空寅实。寅畏申制，赖申空亡，故无虑。斫轮卦，发用空乡，有木无金，难成雕刻，事须败坏。如秋及四季，金旺相更旬可用，互乘前辰，守财为旺，动亦网刃。

发用卯加申，详乙丑六局。昼勾夜空，俱丁卯伏吟。

丁丑七局

```
丑
丑未 未丑 丑丑    丁丑七局 返吟 不备 求受 井栏射
丁
辛乙 官德 亥 乙未 丑丑
巳辛 丁癸 脱 未丁 勾阴
辛丁 脱 丑 阴勾
未癸
                武 常 白 空
                阴丑勾 后子 寅卯 辰巳 午未
                乙蛇 戌酉 朱酉 申六
```

动意先有返吟相冲，未免先有动摇之意。主客相就，所喜干加支，支加干。愬意难忘，欢忻如旧。官鬼发用，干支四土相制。经云：巳灾凶兆反无疑。常人喜制鬼，仕宦不宜制官。

发用丑加未，曰羝羊触藩，进退不通。谋望难成，吊丧行人，病俱不利。亥加巳曰白浪翻江。母无寿，败门户。母终丧外，母人户死。昼乙夜朱，俱丙寅四局。

丁丑八局

丁子　丁丁丑八局

丁子丑巳午亥

乙辛
比巳　子丙
庚甲
墓戌　巳辛
癸己
败生卯　戌甲

亥午巳子
空常午丑
蛇蛇

重审　铸印　六仪　权摄不正

阴武常白
丑寅卯辰
乙亥
后子六
蛇戊
戌亥
朱申
六未
勾

午青
巳空

　　彼己不足，然后和睦。虽己恭免，惟终赖仆。交车六害，递互乘合。旺禄临支，反被所脱。子乘伤，赖有坐下未土敌水中传戌，虽墓神仍能制子，故丁不被子伤戌仆也，所以赖之。铸印末助，初传官吉，孕育病讼皆忌。

　　发用巳加子，详丁卯六局。昼空丙寅伏吟。夜常戊辰返吟。

丁丑九局

丁亥　丁丁丑九局

丁亥卯酉巳丑

己寒
才空酉　巳蛇
巳辛丁
脱丑常
酉空辛
比巳　空勾
丑丁

亥卯酉
巳丑
巳

重审　从革

后阴武常
子丑寅卯
乙亥
蛇戌
戌亥
朱申
六未
勾

辰白
卯
午
巳空
青

　　传从革生，亥鬼克干，只可携财告贵，纳粟奏名，占病祷神。如若取财，则生祸患。夜将皆土无畏，虽为脱气，能制亥水，又生传，故鬼财足畏。两贵坐克受伤，难以告贵。亡财再至，亦喻还魂债也。

　　发用酉加巳，详丁丑九局。昼朱日乘雾。夜蛇戊辰伏吟。

丁丑十局

丁戌
未辰丑戌
丑戌丁

丁丑十局　昂星　冬蛇掩目

壬
丙午己
禄卯甲庚
墓干戌
未癸
墓支辰庚丑丁

六辰
蛇后
白青

乙　亥　子　丑　寅
后　阴　武
蛇戌后
朱酉
卯常
六申
辰
未午巳
勾青空白

支干各自乘墓，彼此昏迷，互临墓上，甘招其晦。昼占逢虎，魁罡累过，虎视卦逢虎，虽勇夫至此，不能踊跃。凡占惊甚，病讼皆畏。

两贵为邻，皆空难靠略无少补。

发用午加卯，曰龙蛇入屋，吉然。托人无成，有信息。又积善免殃。昼青甲子四局。夜六日升堂通语，惊恐。

丁丑十一局

酉
巳卯
卯亥
亥酉
酉丁

丁丑十一局　重审　凝阴　天狱　励德
寡宿

己寡
穿酉乙
未癸辛乙
马德亥乙阴
官酉空
辛丁丑
脱亥乙

朱乙

乙　亥　子　丑　寅
后　阴　武
蛇戌后
朱酉乙
卯常
六申
未午巳辰
勾青空白

身临空死，酉虽为财。干死支败，又是旬空。化为官鬼，求财不喜。

丁马俱逢中马末丁，皆主动摇五阴卦。乃以阴入阴，岂利前行？两贵宜尔，两贵相加。如携金祷贵暗求，且酉金乘干，败支死干，亦欠利也。

发用酉加未，详丁卯十一局。昼朱夜乙，俱丙寅九局。

丁丑十二局

丁丑十二局　重审　连茹流金孤辰
寡宿

申丁
酉申
寅丑
卯寅

戊空　才申六蛇
未癸空
己空　才酉朱乙
申空　庚甲
墓戌　蛇后
酉空

朱蛇乙后　戌亥　乙子
勾未　申蛇　丑阴
青午　　　寅武
空巳
白辰
常卯

守之财乏干，初中俱是财神，但旬空见如不见。进步陷没，向前一步，又值空乡，反有所费。墓神助财，幸墓在末助，主申酉不幸中幸。折本再发，财爻现卦，伤却支上。寅木生意长上，皆不可占。

发用申加未，详己巳十二局，昼六丙寅十局。夜蛇甲子十局。

戊寅一局

戊巳　戊寅一局　元胎　自任　交重刑　两面刀
寅寅
巳巳
巳戊

丁辛　勾朱
禄德巳
庚孤　白后
马脱申　空
官甲戌　蛇青
寅

青午　申
空未
勾辰　白常武阴
六卯　酉戌亥
朱寅　丑子
蛇　乙后

连名状论，课六害，三刑三传互克。如在朝，仕宦须防连名状论。台阁上言，我求于彼，顺受和焉。干支幸宜屈身礼下，喜末助初生，顺受其和也。中传空行亦多阻，不宜妄动。虽为末助生初暗伤干，故有成败萧何之喻。

发用昼勾夜朱，俱戊辰伏吟。

戊寅二局

戊辰　戊寅二局　重审　连茹
　　　　　　　　重阴　斩关

子丑卯辰
丑寅辰戌

壬丙　才　子　丑辛　后白
丑辛　癸乙　才　亥　子丙　比
癸乙　　　　戌甲　武

　　空白常武
　　青午蛇
　勾巳　　　未申
六辰卯　　　酉戌
朱卯寅　　　子亥　戌
蛇寅丑　　　亥　阴
乙丑子后

三奇六仪，三传俱才，遁乙丙丁，寅日仪神。在辰奇仪，人课君子，科第高甲，禄位频迁。凡谋可施，稍嫌幽暗。自子退人深阴，向后稍暗，常俗占才，尽有难当，吉象。献纳则可，病讼不宜。斩关昼驰，昼将罡乘合在干，名斩关，最利逃亡。

发用子加丑，详甲子二局。昼后丙寅八局。夜白壬申十一局。

戊寅三局

戊卯　戊寅三局　重审　励德

卯丑子卯
戌子寅卯

癸丁　比　丑　乙空　子
乙卯　己卯　癸乙　才　亥
丑丁　常阴　辛空
脱空　酉乙

　　三奇　极阴
　　青空白常
　　午未申酉
勾巳朱　　　戌武
六辰　　　　亥阴
朱卯寅丑子
蛇寅丑子
乙丑
后子

我就他晦，他中我计，天网恢恢，子卯狼戾。上下刑害，全然无礼。支助干鬼，必是家亲，极阴卦。初丁中财化鬼，末空三传欠利，但递互生墓，如我欲网他，却被他人已网于我，故天网恢恢，疏而不漏也。如有冤抑，甘招其晦，终难明白。

发用丑加卯，详丙寅三局。昼乙夜空，俱戊辰三局。

戊寅四局

寅
戊寅四局　戊寅　寅戌
元首　病胎
不备　回还　乱首

申亥亥寅
亥寅戌
甲戊官巳辛乙才亥寅戊庚马脱申乙
蛇白　阴勾　孤白蛇

朱卯　巳勾
蛇寅丑　午青
乙子　未空
后亥　申白
阴戌　酉常
六辰武　戌武
　　亥阴

　　一位空申，岂胜两寅。守动皆祸，昼夜贵嗔。上合下害，乱首卦。支克干兼支上亥助家鬼，必矣！末中虽为救神，但身一位，又空干支，初传二寅却实焉，能为救。只可以财告贵，病祷神。

　　设若别谋守动，皆祸。贵临辰戌，干贵无力。

　　发用寅加巳，详戊辰四局。昼蛇甲子伏吟。夜白甲子六局。

戊寅五局

丑
戊寅五局　戊寅　丑戌
重审　炎上
斩关　狡童　六仪

午戌
酉丑
戌寅
壬甲比戊寅戌壬刃午戊甲官寅午
六　后白　后白

后寅
阴卯常
乙丑蛇子朱亥六戌
辰巳午未申酉
武常白空青勾

　　虎鬼夜全，夜占未鬼乘虎，主凶。斩关昼吉。昼古丁神临干，六合发用斩关，逢此出外最吉。我旺彼衰，干支相刑，三传火局，脱支生日。屋隯人添，故主人盛宅衰也。三合课干，丑午六害，合中犯煞，蜜中砒。又乘虎坐戌，主父母灾，或墓中生蚁，不宁。毕法云：太阳照武，宜擒贼，此例是也。辰将为的。

　　发用戌加寅用。昼夜乘六，俱甲子五局。

戊寅六局

戊子 戊寅六局　元首

子 戊
未 子
酉 寅
辰 酉
壬丙
才 子 乙 蛇青
巳 巳
巳癸
闭比 未 空乙
口 子丙
官 寅 后白
未癸

乙 后
子 寅 阴
丑 卯 武
蛇 子　辰 常
朱 亥　巳 白
六 戌　午 空
勾 酉　申 青
　　　未

　　交互逢败，春夜火怪，鬼虽是寅，熟视何碍。交互乘败，空坏伤支。三传互克，使干上妻财，难进难退。末虽鬼，自坐墓乡何碍？如夏夜占酉，火鬼夜乘雀有火烛灾，用井底泥涂攘之。

　　发用子加巳，详丙寅六局。昼蛇丙寅六局。夜青壬申五局。

戊寅七局

戊寅 戊寅七局　返吟　绝胎　回还

寅 亥
申 戌
巳 亥
甲戌
官 寅 后白
申空
庚戌
长脱 申 青蛇
生空 寅戌
甲 寅 后白
官 申空

乙 后
子 寅 阴
丑 卯 武
蛇 子　辰 常
朱 亥　巳 白
六 戌　午 空
勾 酉　申 青
青 申　未

　　君子结义，淡淡如水，下害上合，交车相生。寅实申空，故如君子之交。生克既无，如斯而已。初末鬼中长生返吟，来去俱空，好恶皆无，虽有交合之名，后来有始无终，不过如斯。

　　发用寅加申，详壬申返吟。昼后夜白，俱甲子六局。

戊寅八局

戊戌
戊寅八局　比用　铸印　周遍

子　未　卯　戌
未　寅　戌　戊

壬丙
才　子　蛇青
未癸
生德　巳丙　常阴
煞禄　子丙
壬甲
比　戌己　（六）

乙　后　阴　武
丑　寅　卯　辰
蛇子青
朱亥
戌　六
酉　勾
申　青
未　空

　　德神反禄，戌墓子克，夜贵闭口，作墓临宅。上下相刑，全无和气。干乘甲戌癸未，夜贵作墓在支俯丘仰仇，宅必堕毁。中传己乃德禄生气，被戌墓子克，煨之已极。禄与长生，生意皆畏。

　　发用子加未，详甲子八局。昼蛇丙寅六局。夜青壬申五局。

戊寅九局

戊酉
戊寅九局　昴星　三奇　励德　回还

戌　丑　酉
午　酉　戌

癸丁
比　丑乙
酉戊
败刃　午戊　白后
生　寅辛
败脱　酉辛
空　巳

蛇乙　后阴
子　丑　寅　卯
朱亥勾
戌
六戌　青
酉申未午
勾　空　白

　　首空乡末旬空，皆各值脱气，自逞胜势。两虎居中，中及支尽虎，虎重虎视，逢虎力难施。凡谋惊甚，危甚。两贵勿恃，昼坐空，夜坐克。终守困穷，末酉破败空脱，终守困穷而已。酉支胎，午干胎，如夫妇年命在寅巳，主孕生女。

　　发用丑加酉，曰丝纶巳布，妇女怨病，主虚。昼乙丙寅九局。

　　夜空癸酉九局。

戊寅十局

戊申
戊寅十局　重审　生胎　富贵　源消　根断
俯就
申戊
亥申
巳寅

申巳
亥申
申戊
巳寅

孤　庚申　巳乙
马脱空　癸巳
才　亥空　申戊
官　寅　甲戌
　　　　亥乙

朱蛇　乙后
亥子丑寅
六戊　六
　　　勾酉
青空　申未午
白常　辰巳
　　卯辰
　　　武阴

　　虚生天干，初传财散，祸乃自招，夜鬼凶悍。各乘脱气，申亦长生，旬空虚谬，弹射空乡，主财耗散。末实官鬼，夜乘虎尤凶。干加支被克俯就，不自尊大，自取其祸。

　　发用申加巳用。昼青夜蛇，俱甲子十局。

戊寅十一局

戊申
戊寅十一局　重审　斩关　登三天　狡童
午辰
酉寅
未戌

午辰
酉寅
未戌

丙庚
比　辰戌
寅壬
刃生　午蛇
辰庚
马脱空　申午
空　壬

武阴　后乙
戌亥子丑
常酉阴
白申
未午巳辰
青　勾
卯朱
六

　　自墓传生，虽末申生，申旬空克，乃见生不生，不如无生，终不能亨。交互乘墓，递相冤抑，彼此昏迷。递相冤抑。两贵皆丁，心多更变，主事不一。虽贵登罡塞，然乘墓登空，亦难动。

　　发用辰加寅用。昼夜乘六，俱甲子十一局。

戊寅十二局

```
                              午
              辰  未  午      戊
              卯  午  戊      十
    丙庚                      二
  墓 辰   六六                局
    卯己                      重
    丁辛                      审
  生 巳       勾朱            连
    辰庚                      茹
  刃 午       青蛇            升
  生 巳                      阶
    戊壬
              常 武 阴 后
              酉 戌 亥 子  乙
           申              丑
           白              寅  蛇
           空              
           申 未
              午 巳 辰 卯
              青 勾 六 朱
```

　　身宅罗网，守之有旺，干支拱传，纯火生身，生课荣昌。动作他谋，变为网刃。兜身身宅，彼此遭伤。许多恶况，又三传脱支生干，主人盛宅狭，彼向于己。

　　发用朝元格、第四课，发用末爻归午上。占失物财，已出门生干，可还也。辰加卯用。昼夜皆六，俱甲子十二局。

第五十章　术数汇考五十

《大六壬立成大全钤》四

己卯至癸未

己卯一局

卯　未　卯
未　未　己
丁巳　卯　卯
官　卯六青　卯
甲丙
才　子乙常
庚壬
禄　午空朱

己未己卯一局　伏吟
三交　龙战
常　武　阴　后
空　白　未　蛇
　　申　酉　戌
青　巳
勾　辰
六　卯
朱　寅　丑　子　乙
　　　　　蛇

卯鬼交逢，昼合夜龙，皆是木神。支乃初传交并，伤日中传，财又助宅。随时闭口，癸未在日，灾祸难免，尤攻于中。子卯相刑，门户更防不利。如年命在辰，两勾夹墓，其昏晦尤甚。

发用昼六，日入室非宅，凶等详右。夜青己巳二局。

己卯二局

午　巳　卯
巳巳　卯　寅
乙丁　卯　巳
比　丑丑白　午
　　寅丙
才　子乙常
丁乙
才　亥后武
　　子丙

午巳卯二局　重审　连茹
旺禄临身　三奇　入墓　励德
　　　　　白　常　武　阴
　　　　　空　申　酉　戌
青　巳
勾　辰　卯
六　卯
朱　寅　丑　子　乙
蛇　　　　　后

传遁三奇，所卜皆宜。动用尤可，退守无畏。干上乘禄，支又相助，三传俱财，遁乙丙丁。三奇君子试登高甲，禄位迁升。常人携金告贵，纳粟奏名，动作皆吉，婚姻尤美，病讼返忌。

发用寅加卯，曰莺立春花，速成晚悔，乘朱是秀才，克干伤人口。昼蛇乙丑四局。夜白曰直视，又曰在野。

己卯三局

己己卯三局　涉害　九丑　极阴　龙战

```
            巳巳
         卯卯
      亥丑
   丁乙
比己巳白
   卯乙
   才亥后武
      丑
      癸空
      败鼠酉乙
      空
         六卯
         朱寅
         蛇丑
            乙子
```

```
空白常武
午未申酉
青巳　　戌阴
勾辰　　亥后
```

　　身马宅丁，不容少停。元脱空败，阴极阳生。干马支丁，身宅动摇，昼蛇夜虎，支发用，凶动尤甚。中财遁乙，末空败乘武，五阴卦。退向阴方，喜昼将巳乘龙化为生气，阴极阳生目下，虽不猛发，向后荣昌，不宜动谋。

　　发用丑加卯，详丙寅三局。昼蛇丁卯六局。夜白曰直视，又曰在野。

己卯四局

己辰己卯四局　弹射　三交　斩关　励德　龙战

```
         酉子
      丑辰
   辰己
甲丙
才子乙勾卯己
   卯己癸空
   败脱酉武蛇
   空子丙
      庚壬
   禄午阴空
      酉
```

```
            六卯
         朱寅　　勾辰常
         蛇丑　　巳午未申
            乙子　青空白常
               后亥戌酉
                  阴武
```

　　守墓厄塞，动值摇克。中末皆空，解忧是则。交亥互克，支上无礼，干上墓夜，又两常相夹，守则厄墓，虽是弹射，初财鬼乡，中空脱末生落空向前，好恶俱无，只可解忧散虑。

　　发用子加卯，详丁卯四局。昼乙曰登车。夜勾丁卯伏吟。

己卯五局

己卯五局　涉害　曲直　不备　乱首　狭童

浃女

卯己
亥亥
未亥

辛未　白后
寅乙丁
坐本　卯　六白
克官　未界
支　乙亥　后六
才亥
卯己

朱丑寅
蛇乙子
后亥
阴戌

勾青　空
六卯辰　白巳午　空未　常申　武

上门见制，乱首支来克干，卑凌于尊，支上更助家鬼尤的。循环不已。干传支，课体循环，末及支财，三传俱鬼，只可携财告贵，占病祷神。若取财，鬼贼纷纷。昼贵临狱，休凭夜旬空亦如是，干贵难依。

发用未加亥，详丁卯五局。昼白辛未四局。夜后乙丑三局。

己卯六局

己卯六局　重审　斩关　六仪　铸印

寅巳　酉戌　巳戌
寅卯　寅　戌

甲甲
比戌
卯己辛　白武
马生巳戌甲
才子　乙勾
巳

后丑
阴寅　空
卯辰　巳
武常　白　空
乙子　蛇亥
朱戌
六酉　申未　青

生气居中，中传之巳。子克巳戌，墓巳不容，巳全无气。身边官鬼，干上寅虽鬼能盗，子克戌。于火生扶巳火有功处，难中得幸也。巳昼乘虎，主父母有灾。如无父母，必墓生白蚁，以致人口不能亨旺。

发用戌加卯，详丁卯六局。昼夜皆朱日投罗。

己卯七局

丑己卯七局　返吟　回还　龙战　井栏射

九丑

卯酉	未丑	丑己
阴	武	常	白

己卯　武白
酉空　癸空
败空　酉　六蛇
脱　　卯丁巳
官脱　卯　武白
　　　酉空

蛇　乙子
亥　寅　后丑青
戌　卯　　辰巳
酉　午　　未青
申　　　　　空

官鬼初末，来去俱空。见凶不凶，常人喜鬼空，仕宦忌官空。夏夜夏蛇，昼将支合干后，初末武事多淫泆。夏夜占酉乘蛇，为火鬼见支。火怪虚惊必防，火烛虚惊，井泥涂灶禳之。

发用卯加酉，详丁卯返吟。昼武夜白，俱乙丑六局。

己卯八局

子己卯八局　铸印　乘轩　励德

申卯	巳子	丑申
后	阴	武	常

巳辛　白丙
辰生　甲戌
比　　巳辛
官甲　丁巳
　　　卯戊

子己　武白
巳子　　戌
　　申卯
　　　申

蛇　乙子
戌　丑　后寅勾
亥　卯　　辰午
酉　巳　　未空
申　白　　青

身子贵宅，申贵俱贵。干上贵作财，必得贵人之惠。夜贵昼惠，支上夜贵，旬空脱干伤支，必主有费。末来助初，卯木无畏，铸印卦。末助初生，卯不作鬼。如夜将申金脱人克宅，子乘陈，变作干害，必家中神位不齐，尊卑相压，邪正同处，人口灾衰。告贵，不宜申空。

发用巳加子，详丁卯八局。昼白己巳返吟。夜武乙丑五局。

己卯九局

己卯九局　涉害　乱首　不备

亥　未　卯　亥
　　　　　　己　巳

辛癸
闰本　末己　巳乙
才　亥　　蛇六
　　未癸
　　丁巳
官　卯　　武白
　　亥乙

　　　　乙　后　阴
六　　　丑
　朱　蛇　子
酉　戌　亥
勾　申　　　子丑　寅
青　未　　　　　　卯
空　午　　巳辰　卯
　　　　白　常　武

灾祸难遏，干上乙亥，财内藏鬼，遂不可守。投支又被支克，自取其祸。虎夜居末，支传入干，课体循环。末传卯木，夜乘白虎，仕宦逢之，催官符至。至常人遇，止可祷贵求神。自招其祸，何由免脱？若取财灾祸并至，一月，占死气。在未，兄弟不宜占病。发用未加卯，详丁卯九局。昼青，详甲子十局。夜后乙亥五局。

己卯十局

己卯十局　重审　励德　三交　斩关

酉　午　丑　戌
　　　　　　卯　戌　己

癸寅
空脱　酉壬
败午壬
甲丙
才　子丁
　　酉丁
　　丁巳
官　卯　武青
　　子丙

　　　　乙　后　阴
六　　　亥
　朱　蛇　子
申　酉　戌
勾　申　　　亥子　丑
青　未　　　　　　寅
空　午　　巳辰　卯
白　巳　　辰卯
　　　　常　武

交车喜美，脱空初至。元印末逢，穿窬防备。交车相合，干被戌遁甲木刑克，支被午昼空脱耗，交车不美。初传空脱，中财空乡，末鬼昼乘武，三交得此，故防穿窬之患。

发用酉加午，详丁卯十局。昼六乙丑九局。夜后曰倚户。

一三八五

己卯十一局

己己卯十一局　弹射　龙战　溟濛　源消根断

未　巳　亥　酉
巳　亥　酉　己

乙乙　　　蛇武
才　亥　　酉空
　酉空　　　丑后白
比　丑后　亥乙
　亥乙　　卯武
官　卯武　　丑丁
　丑丁

六酉后
　未申
戌亥后　　　勾申
　子丑

朱蛇乙后　　　午未阴
　寅阴

青　未　午　卯
空　午　巳　寅
白　巳　辰　丑
常　辰　　　卯武

弓在巳实，弹忘酉空，各乘脱气，弹射发用空乡。夜失亥，又乘武，须防失脱，尤甚。六阴全备，事尽昏迷，利阴谋，不利公。两贵受克，茫茫干贵，难以向靠。

发用亥加酉，详己巳十一局。昼蛇己巳十一局，夜武乙亥三局。

己卯十二局

坤己卯十二局　重审　连茹　斩关

申　酉　申　巳
己　卯　申　辰

戊庚　　　青朱
墓　辰　　酉卯
卯己卩　　戌亥后
生　巳辰　　亥子乙
　辰庚　　　子丑蛇
禄　午未　寅丑
　巳辛

白常申乙　　戌亥后
　酉戌

空青午巳　　　午未阴
　辰寅

勾　午　巳　武
六　巳　辰　阴
朱　辰　卯　后
蛇　卯　寅　乙
　寅丑　　丑

虚贵干遇干上申乃长生，夜贵旬空俱脱，宅乘日墓，日墓临支，与支六害。拱之欠一，夹定三传，中央虽生，拱虚一位。惟禄难顾，禄宫欠缺，得占人年命在午，补实可问求禄。否则，凡谋未遂值网刃，岂利动谋？

发用辰加卯，详甲子十二局。昼夜皆勾甲子十二局。

庚辰一局

```
辰辰　申辰　申庚
甲孤空德禄马才　辰申戌寅　常后青　辛辛官巳　长生　青朱
中庚辰一局　伏吟　斩关　元胎　孤辰
申乙
白未乙　　申酉戌亥　戌亥子乙
青巳午　常武阴后
勾卯辰
六卯
朱寅
```

空禄宜舍，申为德禄、旬空，遂不可守。元乘财马，中传财乘马生，末传巳火。仕宦喜财生官，常人逢之只可携金告贵。占病，祷神取财，则化鬼矣。官鬼长生，巳乘勾陈、土将为长生，夜将雀纯火。须用真假，官鬼尤的。

发用昼常，曰天德，一名捧印，主征召。又衔杯受爵，主迁转，亦有婚财喜。又名市贾生意，得财干乘白名持德，占武职吉，常人生忧。夜后曰修容池湖。

庚辰二局

```
寅卯　午未　未庚
己己才卯　辰庚戌　马才寅卯巳　丁丁墓丑　寅戌
庚未庚辰二局　元首　连茹　天狱
空白常武
勾青六朱蛇乙
未申酉戌亥子
辰巳午未申酉戌亥
卯寅丑子后
```

始贪物财，丁马遁来，详分昼夜，冬朱火灾。干乘夜贵，虽气生，但是闭口。及初、中皆财马居中，丁墓在末，若贪财而必有凶动。支上卯木冬为火鬼，昼将雀必防火烛之惊。

发用卯加辰用昼朱，俱戊辰二局。夜勾丁卯，伏吟。

庚辰三局

庚午
庚辰三局　涉害　励德　顾祖　回还

子寅　辰　午
寅　辰　午　庚

壬壬
败官　午　青蛇
中空　庚庚
顺生　辰　午午　戌戌
马才　寅寅　蛇青
　　　辰庚

六六
勾巳朱　六辰
朱卯辰
蛇寅丑　青空白常
乙　　　午未申酉
后子　戌武
　　　亥阴

彼己不和，各乘上克。寅来交唆，末财助初鬼伤干，故寅乃交唆之人。尊求卑下，休取财呵，只可携财祷贵、纳粟、奏名。倘取财，财化鬼矣。顾祖卦，自干传支，凡事未免屈尊礼于人。

发用午加申用庚子三局。昼青夜蛇甲子四局。

庚辰四局

庚巳
庚辰四局　元首　病胎　乐里悲

戌丑　寅　巳
丑　辰　巳　庚

辛辛
长官　巳　勾亡
长生　戌戌
马才　寅　巳辛　丁乙　蛇青
脱　　亥　寅戌
阴官　亥戌
　　　寅戌

朱卯辰　六辰
蛇寅丑
乙　　　勾青空白
后子　　巳午未申
阴亥　戌武
　　　戌常
　　　酉常

夜巳鬼名，干上巳火。昼巳长生，昼乘勾为长生，夜乘雀为官鬼。萧何喻亥，能败能成，中财犹助末亥，明制巳为救神，暗又递生，故喻萧何。支上昼作贵临宅夜破碎，丁丑可畏。

发用巳加申，详庚午四局。昼勾夜朱，俱戊辰伏吟。

庚辰五局

庚辰五局　重审　润下　不备　斩关　回还
自任　自支传干

申子
子辰　子
辰庚　辰
　　　庚

丙丙
脱　子子　蛇青
辰庚　甲空
空德　申申
禄子丙　庚庚
炁生　辰辰
武空　申空

乙丑　　后寅　阴卯
蛇　子亥　　辰巳　午未
朱戌　　　　申酉
六　武　常　白　空　青　勾

彼求于己，似乎不美。事已周完，致成迤逦。支来加干，自支传入末传，又归干上，名三会合。事成人来，彼求于我。又自干上迤逦递生，润下脱盗，必是先恶后盗，诱我之意，似乎不美。凡谋倘得他意识事即止，免遭饵计，切勿动用。

发用子加辰用夜青，俱壬申五局。昼蛇丙寅六局。

庚辰六局

庚辰六局　涉害　绝嗣　无禄

午亥　戌亥　卯
午亥　戌辰　卯
　　　　　庚

壬壬
败官　午午
亥乙
丁丁
墓　丑丑
午壬
甲空
空德　申申
禄丑丁

蛇子亥　后寅　阴卯　武
朱戌　　辰巳　午　常　白
六酉　　申未　空　青　勾

四课犯上，绝其祭享。申丑遁丁，动之灾障。交车六害，四下克上，卦名绝嗣。干上卯为财更，支上亥相生，只宜坐守。若动议，初午鬼投绝，中丑墓破碎乘丁，必主凶。动末得禄，破午克丑，墓全无气，岂利动？

发用午加亥，详壬申六局。昼白丙子四局。夜后壬申六局。

庚辰七局

庚寅
庚辰七局　返吟　绝胎　斩关　回还

辰戌
申寅
寅辰
戌戌
马才　寅　后白
　　申空　甲空
空绝　申　青蛇
禄　寅戌　后白
马才　寅　申
蛇　亥子
朱　戌酉
六　酉申
勾　申未　空
乙丑
寅卯　后阴
辰巳　武常
午未　白空

　　动意虽初，满目空绝。夜逢七虎，惊不可说。初末干上马乘财，金生巳绝寅，木生亥绝申，返吟来去俱空。满目空绝，欲动不能。夜将干上，初末虎六重及中传申共七虎，至惊至危。昼将支合干后，为淫泆卦，若男年在支，女年在干，必主私通。

　　发用寅加申，详壬申返吟。昼后夜白，俱甲子六局。

庚辰八局

丑寅
庚辰八局　重审　前后引从格
　　　　　又财大获格　　因财致祸格

寅戌
午丑
酉酉
戌戌
马才　寅　后白
　　酉空　癸癸
闲生　未　空乙
口气　寅戌　丙丙
脱　子　蛇
　　　未癸
乙　后阴
寅卯　武常
辰巳　白空
蛇　亥子
朱　戌酉
六　酉申
勾　申未
青　未　空

　　己财先费，始获后利。初引末从，夜丁昼贵。初寅干前，末子干后，前后引从。干在中，虽丁墓临干，昼为贵人，又为之拱贵。如夜占，亦赖中未冲破其墓，不足畏也。传三下克干上，岂不应迁官职也？凡占主得贵人之力引荐，又以日干支初迤逦克去，如以小利合本，向后必得大财。夜占墓神覆日冲无畏，必被妻伤其命，丑为旬丁作墓覆日是命运灾伤所致，不然娶恶妻，不孝父母。

　　发用寅加酉，详乙丑八局。昼后夜白，俱甲子六局。

庚辰九局

庚辰九局　元首　润下　不备　斩关　励德
回还　俯就　权摄不正

子申
子庚
子庚

庚辰　辰子　子庚　庚

庚生辰　武
空德　丙子空　蛇
禄脱　甲庚　蛇
　　丙子申

朱亥勾　子丑　寅卯　辰武
　酉戌
　申未
　　午　巳常
　勾青空白

课传循环，空脱在关。无心俯就，两贵难扳。各乘脱气发用，难为生气。润下兼中、末传空，空脱满前加仲为用，名关隔。干加支，支传干，课体循环，干被脱投支，俯就求生，贵难扳者，昼坐空克夜受克。

发用辰加子用。昼夜乘武，俱甲子九局。

庚辰十局

庚辰十局　弹射　生胎

寅亥
戌未
戌未

寅庚　亥庚　戌未　寅亥辰

马才　戊戌　后白
长官　寅乙辛　常阴
生　巳寅戌　青蛇
空德　甲申　勾
禄　巳辛

朱蛇乙后　亥子　丑寅卯　辰武
　戌酉
　申未
　　午　巳常
　六戌青空白

夜贵闭口，干上脱气，反乘夜贵。但是闭口告贵，难吉。马负财走，发用寅为财。又乘驿马生，中传官鬼。幸尔逢生，空亡逐后，末申为德禄，坐长生，奈旬空，元胎卦。动止不能，有始无终。

发用寅加亥，得阴人财乘龙秀美。昼后夜白，俱甲子六局。

庚辰十一局

庚庚辰十一局　涉害　斩关　孤辰　察微
涉三渊　回还

申　午　子　戌
午　辰　戌　庚

甲孤
空德
禄
生
炁

白后　午壬　丙丙　申空　丑子　戌甲

武武
戌亥
子丑

武　戌
阴　亥
后　子　乙
　　丑

常酉阴
戌亥子
寅蛇

白申
空未
青午
勾巳
六辰
卯朱

初中泛浮，两虎堪忧。乘生生克，乐里成愁。干上虽生气，但生午火受克，乐里成愁，初中皆空，末子遁丙，夜乘虎伤日冲支，人忧宅惧。涉三渊，岂利前行？能坐待，却得支上午助戌生，稍安逸。

发用申加午，详乙丑十一局。昼白戊辰十一局。夜后修容池湖。

庚辰十二局

酉酉　庚辰十二局　蒿矢　连茹

午　戌　酉
巳　酉　庚

壬壬
败官
巳辛
闲生
口气
禄德

午巳　未癸　申癸

常武
阴后

酉戌
戌亥
子
丑乙

空乙

白申后
空未
青午巳
勾巳
六辰
朱卯
寅蛇

支干交会，交车相合。各乘旺刃，巳实酉空。拱贵在内，蒿矢带金。申空无祸蒿矢金。又三四皆鬼诚凶喜。干支拱夜贵，居中末申空，虽惊不为害。

发用午加巳曰野火烧茅，乙雀龙常，文书必遂。昼青夜蛇，甲子四局。

辛巳一局

辛巳一局 伏吟 元胎

戌戌戌
巳巳戌
巳巳辛

癸辛
生官巳蛇六巳
德长
　丙空
官比申阴空
　庚戌
才寅勾乙

蛇巳午后未申青酉武
朱辰　　　　　戌常
六卯　　　　　亥白
勾寅丑子青空玄

施情莫巳，虽以巳为长生，中路而至，昼乘蛇三传三刑互克中路云云。凡事折腰，中传空也。中阻遇，中有滞，末传好恶，俱无能守。戌土得支助生。昼将常临干，宜开张茶酒，经纪生计，及婚姻喜庆事。虎冲支，宅上出石兽头，为害不宁。

发用昼蛇夜六，俱详丙寅六局。

辛巳二局

辛巳二局 元首 六仪 斩关 励德 连茹

酉申酉
巳酉申
卯辰酉

辛巳
才卯六蛇辰
辰庚戌
才寅勾乙
卯巳丁
墓丑青后
寅戌

蛇巳午后未申青酉武
朱辰　　　　　戌常
六卯　　　　　亥白
勾寅丑子青空玄

人足乘丁，岂容少停？斩关夜将，万里行程。面前六合酉旺禄，自空变害退茹，初中俱财，未为足神乘丁，传财化鬼，俱斩关卦。卯为六合，寅为天梁，丁为玉女。又乘龙万里之翼天福逃者，在家凶，出外吉。

发用卯加辰，详戊辰二局。昼六日入室。夜蛇丁卯六局。

辛巳三局

```
申辛巳三局  重审  三奇极阴
丑卯午申
巳丁  青后卯辛
墓丑后卯酉
卯乙乙巳
马脱亥  白武  乙后极阴
丑丁  午未申酉
丁空  阴武
禄酉  武白
亥乙
朱蛇巳六
卯辰  戌常
六  寅丑亥白
勾  寅
青
空子
```

申亦多空，墓盗须逢。家须富贵，丁马逢凶。交车相克，支上逢生，家必富贵；干上空申夜将空，空空如也。墓乘丁发用中马未禄，自空动必有凶，极阴卦。退旬空有始无终，岂利动谋？

发用丑加卯，详丙寅三局。昼青己巳二局。夜后曰临门。

辛巳四局

```
辛未辛巳四局  弹射  病胎  励德
亥寅辰未
庚戌  勾乙寅辛
才寅巳未
巳辛己乙
马脱亥  白六
寅戌申酉
比申丙空  朱蛇巳午
寅乙  辰午未
卯  阴武
勾寅丑亥戌
青  常
空子
白亥
```

彼己可守，各乘生气，彼此可守。贵临酉，户牖相克，故防门户之动。昼虎脱马，虽财引入中传，虎马相脱。夜虎闭口，未空亡，有费无成。干上癸未，夜乘虎，惟宜闭口坐待，可免实祸也。

发用寅加巳，详戊辰四局。昼勾甲子伏吟。夜乙辛未十一局。

辛巳五局

辛巳五局　元首　炎上

```
　　　午　辛
　　　丑　巳
　　　寅　午
　　酉
甲壬　丑　寅　午
戌甲乙常丑
官败午
庚戌
才寅勾乙
午壬甲
坐本戌常勾
寅戌

　　　勾　六
　　　丑　卯　后
　　青　辰　朱蛇
　　空　子　巳　巳
　　白　亥　午　乙
　　常　戌　未　后
　　　　　申　乙
　　　　　酉　未
　　　　　武　阴
```

　　将土传火，炎上纯火伤干，昼夜土将，窃其火气而育日干。常人脱祸，转祸为福。君子宜占官印相生，食禄荣昌。宅多倾堕，面前六合，丁墓支宅，故堕。

　　发用午加戌，详壬申十一局。昼乙日受贺，君臣喜悦。以财交贵则可，不可干贵。夜常曰乘轩。

辛巳六局

辛巳六局　涉害　乱首　绝嗣　不备

```
　　　未　子　子　巳
　　乙癸　巳　巳　辛
闭生　未　蛇白
口尽　庚戌　丙戌
　　　寅　常乙
才　未癸空
丁空　　六青
禄本　酉　戌
　　寅戌

　　　白　常
　　　丑　寅
　　空　卯　武阴
　　子　辰　后乙
　　青　巳　午
　　勾　戌　未　蛇
　　　　　申　朱
　　　　　酉
　　　　　六
```

　　课传上克，名曰无禄绝嗣。彼已皆怕，就名混渎。各乘上克，彼已受伤，绝嗣卦。支来伤干，巳被戌墓，上克下墓，就门混渎也。如秋夜将子为火鬼乘雀克支，必有火烛之厄。

　　发用未加子曰春冰遇日，主财帛，提挈怂悷产。昼蛇甲子十局。夜白曰登山。在野。

辛巳七局

巳亥戌辰
亥巳辰辛

癸辛
长官 巳辛 后武
生亥乙
己乙
马脱 亥辛 青六
巳辛
癸辛
长官 巳辛 后武
生亥乙

辛巳七局　返吟　绝胎　回还

青 亥子　　常 武
勾 戌　　　阴 后
白 丑 寅卯 辰巳
六 酉　　　午 蛇
朱 申 未　乙

长生莫举，就辰浊土。失什得一，勿登贵堵。交互乘脱，初末巳为长生，昼夜水神克，又被亥乘马，在中冲制，难以为生，反有所费。喜辰临土，干就浊相生，故失什得一也。两贵坐克，干贵无力。

发用巳加亥，详戊辰返吟。昼后曰裸体。夜武，详乙丑三局。

辛巳八局

卯戌申卯
戌申卯辛

辛己
才 卯戊 武后戊
成甲
丙空
空比 申丁 朱空
卯己
己丁
墓 丑 白蛇
申空

辛巳八局　重审　乱首　俯就　励德　斩关　不备

青 亥子　白 常 武阴
勾 戌　　丑
六 酉　　寅卯 朱
朱 申 未午 辰巳 后
蛇 乙

课体斫轮，昼虎逢丁。自取乱首，凶动难停。面前六合，递互相生。卯为胎财，在干发用，斫轮卦。科业占利，但丁丑乘虎，攻申克卯，空不守财，投于支下被克，是自不尊大，取祸也。

发用卯加戌，曰鹤唳。于天魁克孕贵，又争财走失囚狱。昼武乙丑六局。夜后曰临门。

辛巳九局

辛寅
丑酉
午寅
巳辛
酉

辛巳九局　比用　从革
权摄不正　狡童寒宿

丁寡
空禄　六青
巳乙
墓　丑　白蛇
　　酉空
长官　巳丁
生　丑丁

勾　酉戌
六　酉
朱　申
蛇　未
乙　午
　　巳
后

青　亥
子　丑　寅　卯　辰
空　白　常　武　阴

　　昼虎丁丑，凶动必有。禄空破碎，居家难守。交车六害，酉虽旺禄，空破在支，居家难守。中传墓遁，丁昼乘虎，必主凶动。干上寅木三传，分夺妻财，有损动作，欠宁。

　　发用酉加巳用。昼六，俱乙丑九局。夜青辛未六局。

辛巳十局

辛丑
丑辛
辰巳
亥申
申

辛巳十局　重审　生胎
孤辰

丙孤
比　申　青
巳辛
马脱　亥　青武
　　申空
才　寅　常乙
　　亥

勾戌　常
六　酉
朱　申
蛇　未
乙　午
后　巳

青　亥
空　子
白　丑
常　寅
武　卯
阴　辰

　　昼虎墓丁，丑为墓遁，丁昼乘虎。暗祸来侵，如十月占大煞月厌，天日在丑，极凶极怪。宅中败散，反乘空申，夜将天空。夜贵真诚，喜贵人在末，初中递生，凡谋可成，元胎卦。初中空亡，心怀忧疑，进退未决。

　　发用申加巳，详甲子十局。昼朱曰利嘴怪异，经官词讼。夜空曰衔杯，受爵迁转。

辛巳十一局

酉 未 寅 子
戌 未 巳 子
辛巳十一局　弹射　出三阳　根断

庚戌
才 寅　常乙　阴朱
　子丙
　壬庚
父 辰　乙勾
　寅戌
　甲壬
官 午辰丙

勾　青　白
戌　亥　子　空
六　酉
朱　申
蛇　未　午　巳
乙　后　阴
辰　卯　寅
武　常

弹射助鬼，面前六害，各自乘脱，弹射卦。初传虽是财，却生末传鬼，是传财化鬼。赖干上有子水，能制午火。未土不甘财，仍可取，又支上午与未合，复伤子水，故未土不甘之者。

发用寅加子，详辛未十一局。昼常夜乙，俱辛未十一局。

辛巳十二局

亥 子 午
亥 亥 巳
辛巳十二局　蒿矢　连茹　罗网

甲壬
官 午　乙勾辛　武　常　白　空
　巳辛
　乙癸
祇生 未　后青
　午壬
　甲壬
比 申
　未癸

后　阴　白　空
午　未　戌　亥
蛇　酉
朱　辰　亥　子
六　卯　寅　丑　青

蒿矢带金，诚为凶恶。交互相克，发用遥伤。射中伤身。虚惊定有，干上赖有，亥水能制午火，末传申更旬空，初虽惊恐，守默因循，向后自然消散。常人忻逢，仕宦所忌。

发用午加巳，详庚辰十二局。昼乙辛巳五局。夜勾辛未三局。

壬午一局

```
                 亥
        午 午 亥 亥        壬午一局 伏吟 自任 励德 元胎
   辛乙             亥 亥
   禄德 亥空常 午 午 亥
   丙壬                壬
   才午后六
   庚丙
   刃子青武
           后 未       勾
        阴 午        申 武
        乙 巳        酉 常
        蛇 辰        戌 白
        朱 卯        亥 空
           六 寅  丑 子 青
                   勾
```

禄上空常，财禄可伤。倘若他谋，暗伤不睦。亥为德禄，在干发用，昼空夜常，土将见在之禄，恐难将守。如已废旧，禄不意中，反有得也。支及中传，虽午为财末子为刃，又子午相冲，倘若动议，暗伤而不和睦也。

发用昼空癸酉十二局。夜常曰征召。

壬午二局

```
                 戌
        辰 巳 酉 戌        壬戌二局 元首 斩关 连茹 六仪
   庚甲             巳 午 戌
   官戌 白白 亥乙空
   己空                壬
   空败酉 常空
   戌甲
   马生申 武青
   空酉空
           后 未       勾
        阴 午        申 武
        乙 巳        酉 常
        蛇 辰        戌 白
        朱 卯        亥 空
           六 寅  丑 子 青
                   勾
```

关隔频频，亥为天门，戌为天魁，凡戌加亥上发用，是魁度天门。凡占阻隔，又在日上，故云。戌虎临身，昼虎相克，阻隔尤甚。退求生意，空亡后蹲，退向生方，那更旬空，见生无生，支上财爻，尤助官鬼，必是家亲，最忌取财求谒。

发用戌加亥，详壬申二局。昼夜俱白，曰落阱，又闭目。

壬午三局

```
　　　　寅辰　未酉
　　　　　酉壬
壬戌
脱　寅庚　　　　壬午三局
辰庚　　青六　　元首
刃　　寅戌　　　斩关
　　　庚甲　　　冥阳
官戌　白青
子甲
　　蛇辰
　　乙巳
　朱卯　　　　后　午
　六寅　　　　阴　未
　勾丑　　　　武　申
　青子　　　　常　酉
　　　　　　　白　戌
　　　　　　　空　亥
```

阳拱阳神干前后，申戌二阳神所拱。二贵为邻，支午上辰卯巳，二贵为邻。辰酉合定，酒色败身，冥阳卦。初脱中刃，末鬼三传，大利。虽面前相合，家必动摇。晦干乘空败亥，乃水神酉为嗜杯，故主酒色败身也。酉又少女为色。

发用寅加辰日，落花遇雨，官司文书，到病在内。尪羸昼六日乘辂，万事皆通。夜蛇甲子伏吟。

壬午四局

```
　　　　子卯　巳申
　　　　　申壬
乙辛
才巳　乙阴　卯午　　壬午四局
　申空　　　　　　　元首
壬戌　　　　　　　　病胎
脱　寅　六蛇　　　　孤辰
巳辛　巳辛乙
禄德　亥空勾
　　　　寅戌
　　朱蛇
　　卯辰
　六寅　　　　后　巳
　勾丑　　　　阴　午
　青子　　　　武　未
　空亥　　　　常　申
　　戌　　　　　　酉
　　白
```

虚生申乃旬空难靠。往谋脱耗，初传巳为财坐空乡，一传脱气，末坐脱方。天将宜详昼乘天空，若向前贪，所谋未得，所耗不已。昼贵坐克，勿告无力。

发用巳加申，详庚午四局。昼乙日受贺，君臣喜悦，以财交贵则可，不宜干贵。夜阴戊辰返吟。

壬午五局

壬午五局　重审

炎上　六仪　励德

戌　寅
卯　寅　卯　未
庚甲　白青　寅　午　未　壬
官戌
丙壬
才午　后武
戌甲
脱寅　六蛇
午壬

六寅
朱卯　蛇
辰乙
巳　午　后
勾丑
青子
空亥
白戌　酉　申　未
　　　　　　常　武

六合传合，递相互透。财化成鬼，凶难止遏。交车相合，彼此互脱，炎上财，干上未与支午六合，虽三六相呼见喜忻，但火局生起，未土为鬼，止宜携金祷贵，纳粟奏名，占病求神。若贩商取本，则传财化鬼。

发用戌加寅，详甲子五局。昼白甲子六局。夜青戌辰四局。

壬午六局

壬午六局　重审

赘婿　九丑　不备　回还

申　丑
丙壬　丑　午　壬
才午　后武　丑　午　丑
亥乙
官丑　勾朱
午壬
戌空
马长申　武白
空生丑丁

六寅　蛇
朱卯
辰乙
巳　午　后
勾丑
青子
空亥
白戌
常酉　申　未
　　　　武　阴

支财就日，面前六害。支来作财，虽丰富，但支上乘脱必倾堕，或无正屋。夜元恐失，如夜将武在午，上下夹克，财必有失。熟视其中，自初迤逦递生至申，育干本吉。但申被午克，丑墓全无气，反吉为凶，占尊不利。

发用午加亥用。昼后，俱壬申六局。夜武乙丑三局。

壬午七局

起壬午七局　返吟　三交　励德　回还

午子
巳亥
巳壬

丙丙
才午亥乙
庚丙
刃白六
午壬
丙壬
才午蛇武
亥

白子　常丑　武寅
空亥　　　　阴卯
青戌　　　　后辰
勾酉　　　　巳乙
六申　未午　午蛇
　　　　　朱

三财干初末三重，巳被贼下贼。两贵坐克侵克，干之无力。昼旺虎临支，及中传子为旺刃，昼乘白虎，反复冲制。左右不得，虽钱财遍地不得也。

发用午加亥，详丙子返吟。昼蛇甲子四局。夜武壬申三局。

壬午八局

壬午八局　比用　斩关　不备　赘婿

辰亥
酉辰
辰壬

甲庚
墓辰后亥
己乙
空败酉勾空
辰庚
壬戌
脱寅武蛇
酉空

权摄不正
比用　斩关　不备　赘婿

常武阴后
丑寅卯辰
白子六　巳乙
空亥　　午蛇
青戌　　
勾酉　申未
六　　　朱　午

彼己受伤，卑下难甘。彼此受伤，干被墓克，奔入支所而伤之，故卑下难甘。未免一动，天罡发用。盗贼多端，中空败未脱空乡，故云。不若俯就支下，亦为避难逃生，反得其所也。

发用辰加亥，详庚午八局。昼夜皆后日毁妆。

壬午九局

<table>
<tr><td>

丁癸
官未
卯乙
马德
禄未癸
脱卯
亥

卯
寅 戌 未 卯
朱勾 戌 午
癸乙
亥 空常
癸巳
阴乙

青
勾 酉 戌
六 申
朱 未
蛇 午

卯
壬午九局 重审 曲直 斩关
壬

子
白 亥 子
常 丑
寅
卯
辰
巳
乙

常
武
阴
后

</td><td>

　　人少宅宽，面前六合。脱干墓支，主宅合废更。三传脱干，生支曲直，主人衰宅广。虽费成欢曲直，却能制缚支上戌土，故虽费云云。三传俱脱，常人喜制鬼，仕宦反不宜。逃避尤安，斩关伏传，敌鬼，向前，并无阻碍，逃避尤安。

　　发用未加卯用。昼朱夜勾，俱丁卯九局。

</td></tr>
</table>

壬午十局

<table>
<tr><td>

己寡
空生 酉
败午壬
丙
刃子
酉寡
癸巳
脱卯
子丙

子
寅 巳 酉 子
勾空 午 寅
庚午
白武
酉寡
阴乙

青
勾 酉 戌
六 申
朱 未
蛇 午
乙 巳

壬寅
壬午十局 重审 三交 寡宿
壬

空
白 亥 子
常 丑
寅
卯
辰

空
白
常
武
阴
后

</td><td>

　　交互生意，干上寅生支，支上酉生干，终是不美。旬空作败，虽交生不美也。昼虎三交，夜防损己。四仲在传，三交卦。夜将合空，武后在四课，变为淫泆，必有阴私，奴婢损失。

　　发用酉加午，详丁亥十局。昼勾庚午十局。夜空癸酉九局。

</td></tr>
</table>

壬午十一局

壬丑
壬　申午
卯丑　丑

戌
孤空　长申　六青　申午
生午壬　戌
官申空　青白　庚甲
刃子　白武　戌甲

壬午十一局　重审　孤辰　励德　涉三渊

青　戌　空
空　亥　白
白　子　常

六申
勾酉　空
　　　戌空
朱未
蛇午　乙巳
后辰　卯阴　寅武

丁与壬午，交车六害。干上丑为鬼喜丁丑，丁与壬合，求谒为良。虎入朱雀，申加午上，必有非细之灾。遇殃不殃，因申旬空中戌，官鬼落空。

发用申加午，详乙丑十一局。昼六丙寅十局。夜青甲子十局。

壬午十二局

子壬
壬　申未　丑子
　　未　午
子

辛丁
官丑　常阴
子丙
脱寅　壬戌　武后
丑乙
癸乙
脱卯　阴乙
寅戌

壬午十二局　元首　连茹　三奇

勾　青空白
酉戌亥子　常
朱未
蛇午　乙巳
后辰　卯阴　寅武
六申　青

交互相克凌虐，面前六害。盗脱不祥。三传脱干生支，人衰宅广。刃子昼乘白虎，脱耗动变，罗网相伤。

发用丑加子用夜阴，俱壬申十二局。昼常丁卯二局。

癸未一局

癸未一局 伏吟 元首 稼穑 游子 三奇 励德

癸丑　癸丑
未未　丑丑
未未　丑丑
癸丁官丑勾阴
壬甲库官戌白白
巳癸才未阴勾

乙蛇巳午
后未勾
阴未勾
申酉戌亥
武常白空
朱卯
六寅　丑子　青

　　四丁分布干及初传，两重丁丑支及末传。末中二丁，水日逢丁，必主财动，俱人火库。中传戌为火库，徼幸得财，即宜抽身退缩，切勿再顾。如若向前贪恋，遂财入库，引起三传鬼贼，刑冲太重，灾患顿出。自干传支，未免俯就于人。

　　发用昼勾丙寅三局。夜阴壬申十二局。

癸未二局

癸未二局 弹射 退茹 旺禄临身

巳午　亥子
丁辛禄才巳乙未子癸
马壬午丙庚
墓辰蛇蛇
巳辛乙己
脱卯未乙
辰庚

乙蛇巳午
后未六
阴申酉常
未申酉戌亥
武常白空
朱卯戌白
六寅亥空
勾丑子青

　　干支下上，各自和畅。巳火丙雀，俱财可向。交车六合，各乘和畅。弹射初传，巳火中辰遁丙，昼蛇未卯乘雀，皆火为财，真财可向。又旺禄临身，动作坐叶麒麟吉胎，财临支七月，占生气旺干，妻为孕喜，但贵人遍地不一。

　　发用巳加午，详辛未二局。昼乙壬午四局。夜朱戊辰伏吟。

癸未三局

亥
卯　巳　　　亥
酉　　　　癸癸（玄）
亥　未　　　癸未三局
丁辛　巳　乙阴 巳 未 亥　弹射
德才　乙巳　　　　　　　转悖
马未癸
脱　　卯　未 乙
巳辛　　　癸丁
坐本　　丑　勾未
　　　　卯巳
　　　蛇 乙巳
　朱 卯辰　　午　后
　　　　　　巳阴
　六 寅　　未　阴　武
　　　丑　　　申
　勾　　　　　酉
　青 子　　亥　戌　白
　　　　　　　空

课值五阴，贵不一心。末丁初马，动获资金。发用巳财乘马末丁丑，丁马在传水日逢之，动获金资。但各值绝神互克转悖，五阴向后幽暗，利私议不利公，遍地贵人，不一心也。

发用巳加未，曰万象回春。昼乙壬午四局。夜阴戊辰返吟。

癸未四局

戌
丑　辰　未　戌
　　　　　　癸
壬甲 戌 白青 辰 未 戌　癸未四局
官　丑丑癸　　　　　　元首
乙　未甲　阴常　　　　稼穑
官　未戌　　　　　　　六仪
戌甲 丙庚
墓　辰　未癸
　　　　　蛇后
　　　　朱 卯
　　　蛇 辰后 巳 午 后
　六 寅　　　未　阴
　勾　丑　　　申　武
　青 子　　　酉　常
　空 亥　戌　　白

自干归家，我求于他。满前鬼贼，闭口为佳。干乘虎鬼，支乘墓蛇，三传皆土，鬼贼满前。仕宦吉，常人凶。自干传支，未免下气于人，癸未居中，凡为闭口，可免凶灾。

发用戌加丑，曰鸣鹤在阴，主人不生，逢卯外丧入内，昼虎壬午二局。夜龙曰登魁，小人争财。又为御雨，出入多劳，防凶。

癸未五局

酉　　　　　　　　癸
巳　未　酉
亥　卯　巳
丁辛　　乙阴
巳酉　　卯
酉空　　未
癸丁　　勾朱
丑巳辛　常空
巳辛空
酉丁
丑

癸未五局　涉害　从革　励德

　　　　朱卯　蛇
　勾寅　　辰乙后
　　　丑　　巳午阴
青子
空亥　　　申未
白戌　酉　常武

　　　三传育身，昼将生金。有官有印，俗庶难任。交互相脱，二传从革，盗支生干，人盛宅狭。昼将皆土，金为印，土为官，官生印，印生身，仕宦吉，常人恐难担荷返忌。又父母现卦伤支上卯，子息无。占冬占卯为火鬼，昼将雀，有火烛。

　　　发用巳加酉，详乙丑五局。昼乙壬午四局。夜阴戊辰返吟。

癸未六局

酉　　　　　　　　申
寅　未　申
寅　卯　申
乙巳　　乙
脱卯　　寅
申空
壬甲
官戌
卯巳
丁辛
德才　　乙阴
马　　　巳甲

癸未六局　重审　斫轮　罗网

　　　　朱卯　蛇
　勾寅　　辰乙后
　　　丑　　巳午阴
青子
空亥　　　申未
白戌　酉　常武

　　　虚生干申，实盗支寅，交车相脱。贵多难告，贵人遍野，空墓何益！朽木难雕，斫轮发用空乡，有木无金，不能雕刻。妻财怎靠，中鬼乘虎，末己入墓，故难靠。网刃在前为害，不利动谋。又曰费有余而得不足。

　　　发用卯加申，详乙丑六局。昼朱戊辰二局。夜乙曰登车。

癸未七局

癸未
癸未七局　返吟　元首　乱首　励德　回还

未 丑 丑 未
丑 未 未 癸

己癸
官 未 朱常
丑丁
癸丁
官 丑 常朱
未癸
己癸
官 未 朱常
丑丁

常 白
武 寅 丑 子 亥 空
阴 卯 朱 戌 青
后 辰 酉 勾
乙 巳 午 未 申 六
蛇 朱

俱丁俱鬼，加临不美。暗以财交，论讼暗止。交互相加，干被支克，所以不美。传俱丁马，财土为鬼，只可携金祷贵，纳粟奏名，占病求神，论讼，晴求关节，必须用财方息。若动取财物，则众鬼攒攻，祸患继至。

发用未加丑，曰羚羊触藩，进退不通，谋望难成。吊丧开都，行人阻病，凶。昼朱丁卯九局。夜常丁卯五局。

癸未八局

癸午
癸未八局　比用　铸印　长危

午 亥 子 巳
癸 午 未 子

丁辛
德才 巳 乙阴
马 子丙
壬甲
官 戌 青青
巳辛
乙己
脱 卯 阴乙
戌甲

白 空
常 丑 子 亥 戌 青
六
武 寅 酉 勾
阴 卯 申 六
后 辰 巳 午 未 朱
乙 蛇

彼已唇吻，递在乘害。相交六合，变为和顺。铸印仕宦忻逢，病讼深畏。末助初财，宜论秦晋婚姻为美，千亦午火，克处回归，又受其克，目损心劳，妻财不宜。

发用巳加子，详丁卯八局。昼乙壬午四局。夜阴戊辰返吟。

癸未九局

巳
卯
酉　巳
亥　未　癸
亥

癸未九局　涉害　从革　长危　寡宿

辛塞
空败　酉辛　勾空
　　　癸丁　常阴
坐本　酉空
　　　丁辛
马德　巳　乙朱
才丑丁

青戌
空亥常　子丑
　　　　寅卯
　　　　辰巳
勾酉　　　乙
六申
朱未午
蛇

人丰宅堕，传从革脱。支，生于利己，不利彼。我福他祸。昼将皆土生传，传金生我，官印双显。仕宦吉，常人忌，不可动谋。

发用酉加巳，详乙丑九局。昼勾庚午十局。夜空癸酉九局。

癸未十局

辰
丑　辰
未　戌
戌　未　癸
辰

癸未十局　元首　稼穑　斩关　回还

丙庚
墓辰　后蛇
丑丁
己癸　朱勾
闭官　未辰庚
口　　壬甲　青白
官戌　戌癸
　　未

青戌白
空亥常　子丑
　　　　寅卯
勾酉　　辰巳
六申　　　乙
朱未午
蛇

众情皆恶墓覆，日传皆鬼，仕宦吉，常人病讼畏。宜自相度。自干传支，凡事勉强俯就于人，闭口，癸未居中，免被凌虐。

发用辰加丑，详癸酉十局。夜蛇曰乘龙。昼后曰毁装。

癸未十一局

癸卯

癸未十一局　弹射　励德　变盈　源消根断

卯　巳　亥　酉　巳　卯
癸　卯　巳　未　酉　亥

丁辛　乙朱
才德　巳　卯
马　己癸　未勾
闲官　巳辛　辛空
口　空脱　酉
　　　　　未

青　空　白　常
亥　戌　酉　申
子　丑
卯　寅　　勾
酉　空　　六
戌　申
朱　未　午　巳
蛇　乙
后　辰　卯　寅　阴

　　传及支干，四课三传，总下生上，销根断源。三传递生，课传五阴，凡谋恶况，物满已缺，势过人衰，极不利于动用。

　　发用巳加卯，曰野云出洞，木履弓弩。昼乙壬午四局。夜朱戊辰伏吟。

癸未十二局

癸寅

癸未十二局　昴星　虎视　转蓬　空亡

寅　申　寅　卯　申　寅
癸　寅　卯　未　酉　申

庚孤　六青
空生　申
　　　未癸
　　　甲戌
脱　　寅　武后
丑丁
庚孤　六青
空生　申
　　　未癸

酉　戌　亥　子　丑　寅
　　　　　　　　　　卯
勾　青
酉　空
戌　亥
六　青　　朱
申　未　　蛇
　　　　　乙
朱　午　　后
蛇　巳　　阴
乙　辰
后　卯
阴　寅

第五十一章　术数汇考五十一

《大六壬立成大全钤》五

　　甲申起至癸巳止，计一百二十局，发用课格，悉按诸经集注，以备考核。贵人以甲戊庚牛羊分旦，暮旬空午未内有发用课格，类神同局者，悉注见某局内。其断事则与占课者，年命刑冲，德合相加为准，故不载。

甲申至戊子

甲申一局

```
　　　　　　　　　　甲寅
　　　　　寅寅　　　甲甲申一局　伏吟　元胎
丙庚　蛇青　申申寅寅　　　　　　　自任
马德　　　寅　申申　　　　空　未　乙
禄　己癸　勾朱　　　　　青　申
闭脱　　巳　　　　　　白　常　武　阴
口　壬甲　　　　　　　申　酉　戌　亥
　　　申　白后　　　　　　　　　子　后
　　　　青午　　　　六　辰　　丑　贵
　　　　空巳　　　　朱　卯
　　　　勾辰　　　　蛇　寅
　　　　六卯
　　　　朱寅
　　　　蛇　子
```

　　行人到户，未必欺侮。昼禄遁庚，末逢三虎。自干传支，是以礼不于人，而支辰克干，又是下欺上，故主欺侮。若占行人必到，寅为德禄遁，庚为鬼中巳，闭口而脱末，并支昼共三鬼，仕宦逢为催官符至，常人病讼凶。干乘支绝，支乘干绝，事久当结绝也。

　　发用。昼蛇夜青，俱甲子伏吟。

中华传世藏书

钦定古今图书集成

精华本

术数篇

一四一二

古今图惠

甲申二局

甲申二局　比用　连茹　三奇

丑丑
甲甲
午未子
未申
空白常武　阴常
后白未
青午蛇
勾巳
六辰卯
朱卯寅
蛇寅丑
乙丑子后

甲戌生子　丑己乙丁　長生子戊　甲丙武　才戌亥乙

递相蒙昧，交互乘墓，如我欲网他，却被他网我。两贵恃势相刑，彼此不悦。生计荣昌，喜三传俱水，脱支生干，主宅衰人盛。子孙乘废，父母现卦，子孙无占。

发用子加丑用。昼后夜白，俱甲子二局。

甲申三局

甲申三局　涉害　顾祖　励德　见机

辰午戌子
午申子甲
午空
戊壬
丙庚
寅辰壬
庚孤　空毗　甲申　才辰　午空　馬德禄
青六
六辰
勾巳朱
青午
六辰
朱卯
蛇寅
乙丑
后子
阴武

宅内脱空，交互乘脱，各自乘败，嗣息飘蓬。午火旬空，发用毁支。庚赖此制，中才空乡，末传寅，末遁庚伤日，赖午火制庚，不为害。然后尊荣，干得子水生也。五阳课，如年命在戌，六阳全备，利公干，不利私谋。经云：皆败势倾颓。占身，气血衰；占屋宅，倾颓，不可讦他人。

发用午加申，详庚午三局。昼青夜蛇，俱甲子四局。

甲申四局

亥
甲申 亥
寅 巳 申 亥
巳癸 巳 申 亥 甲
闭鼠巳勾未巳
口　申甲
丙庚
马德　寅　蛇青
禄巳癸
　　乙丁
生长　亥　阴常
寅庚

甲申四局　元首　病胎　回还　乐里悲

朱　六卯
蛇寅　巳六
乙丑　辰空
后子　未
阴亥　酉申常
　　戌
　　武

　　自支传干，交互相脱，彼此六害，各自乘合。彼求于我相向。自支传干，丁马交横。中禄鬼马，午未二丁，丁马交横，动摇未宁。闭口为上元胎，事绪阻滞。癸巳发用，惟宜闭口，各守其生为上。

　　发用巳加申，详庚午四局。昼勾夜朱，俱戊辰伏吟。

甲申五局

甲戌
子辰 午戌
戌申 戌 甲
甲丙 六六辰
才戌 寅庚
寅庚 戌空 白后
现 巳丙
　　戊丙
马德　寅　后白
禄午
后寅　阴卯常
乙丑　辰　武常白
蛇子　巳　午空
朱亥　未青
六戌　酉申常
　　　　青

甲申五局　斩关　涉害　炎上　见机　狡童　泆女

　　魁干戌，罡支辰，并临。中末沉沦，行人立至。虎马庚寅斩关，本主远行。初传引起炎上脱干伤支，虽中末空，夜将寅乘虎马亦空，岂利前行？如能坐守，自末递生，至戌为财，先费后得，亦取还魂债。又罡日上并并辰上千里为期，必到来。

　　发用戌加寅用。昼夜皆六，俱甲子五局。

甲申六局

甲面
甲申六局　比用　龙战　铸印　互网

戌卯　辰酉　酉甲
戌卯　申　卯

甲才　戌卯未　六卯半巳
脱闭口　巳丙常阴　丙戌
败生巳　壬戌蛇青
子

阴武　常白
后阴　常白
卯辰　巳午

蛇子　后寅　阴辰　常午
朱亥　乙丑　卯　巳　未空
六戌　勾酉　申　青

　　交互乘旺，人旺宅，宅旺人，主客兄弟夫妇皆然。各临墓上，彼此昏迷，甘招其晦。动为罗网，坐守为旺，动则网刃兜身绕宅，岂可前行？中传无况，戌为财，巳为子，但乘闭口，又被戌墓末子克，全然无气，故中传巳火受伤。

　　发用戌加卯，详丁卯六局。昼夜皆六曰入室。

甲申七局

申甲
甲申七局　返吟　乱首　无依　回还　绝胎

寅申　申寅
申甲　申
丙庚
马德申甲　寅申
禄甲官　壬甲
权摄不正　后阴武常
寅申　申
寅甲　寅卯辰巳
丙庚　　后阴武常
马德寅申　卯辰巳午
禄申

乙丑空
蛇子
朱亥　寅卯辰
六戌　　　巳午白
勾酉　申　未空
青

　　只缘不尊，干支相加，往来克绝，不自尊大，自取其祸，凶不可言。如逢夜卜，八虎跑源，三传寅申寅皆虎，夜将初末二虎，干上六申支寅遁庚乘虎共八虎。又遁庚寅，仕宦逢之，上任极速；常人逢之，病讼俱畏，凶不可言。

　　发用寅加申，详壬申返吟。昼后夜白，俱甲子六局。

甲申八局

甲未甲申未甲
午丑子未丑申
甲戌
败生子 蛇青
未空
己癸
闲脱巳 常阴
口 甲丙
才戌 （六六）
己癸

甲申八局 比用 天狱 三奇

朱 蛇
亥 子青
六戌 丑寅
勾酉 卯
青申
空未午巳辰
白常

乙后阴局

干支墓临，各自乘墓。又未加干，俯丘仰仇。病讼难明，斗系日，本为天狱卦。人才通泰，宅渐兴荣，干支丑未俱临贵，即讼解冤伸，故人泰宅兴。春夏身旺，宜取财，但昼占天空乘空，多虚小实。夜占贵人与传子害，恐弄巧成拙，俱当仔细。经云：害贵讼直作曲断，如占讼，理直而曲，争小成大。墓覆日如处云雾，倘占人本命未生，名为天罗自裹，必星辰不利，宜醮禳免殃。

发用子加未，用昼蛇夜青，俱甲子八局。

甲申九局

午甲申午甲
辰子戌午
戌壬
才辰 武武
子戌
壬甲
官申 青蛇
辰壬
甲戌
败生子 蛇青
申甲

甲申九局 元首 润下 励德

蛇 后
子丑青 乙后阴
朱亥 寅卯
六戌
勾酉
青申 辰
空未巳辰
白午 常武

人盛宅隘，我成他败。干上脱空，三传可解。彼此乘脱传盗支生干，故人丰宅隘，匪不有初，切勿用舍。此别谋干上空末传水，并制生计，虽荣子孙，利息亦欠顺。

发用辰加子，用昼夜皆武，俱甲子九局。

甲申十局

甲申十局　重审　六仪　生胎　回还

```
　　　寅　亥
　　　申　巳
　　　巳　甲
壬甲
官申　青蛇
巳癸　丁丁
长生　亥甲　朱勾
马德　寅辛　丙庚
禄　　亥　　后白

　　　朱蛇　乙后
　　　亥　子　丑
　　　六戊六　寅
　　　申　酉
青　　申　未　午　卯阴
空　　未
白　　午
常　　巳　辰　　武
```

　　克后脱交，贵怒畏初。马载庚虎，非细驰驱。各乘害脱，交车相生，先脱后交，如人合本而作营计。初传鬼中丁亥，末寅遁庚，夜乘虎马，主有非细之动。仕宦吉，常人凶。干上巳可敌申，惟宜坐待，不利动用。二贵履狱，干之难靠。

　　发用申加巳，用昼青夜蛇，俱甲子十局。

甲申十一局

甲申十一局　涉害　狡童　斩关　见机

```
　　　辰
　　　戌　午　辰
　　　癸三天
戌壬　辰甲
才辰　午　申
寅庚　子　午　申
　　　六六
脱午壬　庚空
辰壬　　青蛇
官申甲　壬甲
午空　　白后

　　　武阴　后乙
　　　戌　亥　子　丑
　　　常酉阴　寅蛇
　　　戌　亥　子
白　　申
空　　未　午
青　　午　巳
勾　　巳
六　　辰　卯朱
```

　　干支魁罡，本主动摇。中末空亡，登三天卦。事情远大，中末空亡，前进不能。移远就近，行者还乡。中脱末鬼，常人喜逢，仕宦不宜。贵登天门，罡塞鬼户。利于近为，不利远图。

　　发用辰加寅，昼夜六，俱甲子十一局。

甲申十二局

甲申十二局　重审　连茹　龙战

```
          甲卯
      戌酉辰卯
        酉申卯甲
戌庚
才辰 六六
卯巳辛
已 勾朱
辰庚庚
脱午 青蛇
巳辛
        空未
    青午末      常戌武
    勾巳        阴亥
    六辰      后
    朱卯寅蛇    丑子
              乙
```

人宅皆旺，各乘前辰，守则为旺，动遭罗网。夜占脱甚，中末巳午脱干伤支，彼此非吉。夜占雀蛇，皆必脱耗尤甚，岂利前进？坐守末助初财，费而可得。互坐墓上，交互坐墓，彼此昏迷，甘招其晦。又干乘支胎，支乘干胎，占孕吉。

发用辰加卯，昼夜六，俱甲子十二局。

乙酉一局

乙酉一局　伏吟　斩关　自任

```
          乙辰
      酉酉辰辰
        酉酉辰乙
庚壬
才辰 勾勾
卯酉辰辰
乙乙
官酉 武后
巳辛
禄卯 六青
        空午
    青巳末      常申武
    勾辰        阴酉戌
    六卯      后亥
    朱寅        丑子
              乙
```

可与交关，上下六合。酉鬼双攒，宅中奴婢，所以欺瞒。支及中传，二酉西兑象，少女作鬼，昼武夜后，阴私隐慝，俱在支上，故有奴婢之败。未卯禄被系辰害禄亦难得，倘若坐守辰上之才，必须加谨，少可安济。

发用，昼夜皆勾，乙丑伏吟。

乙酉二局

未　申
寅　卯
　卯
　乙

乙卯
乙酉二局　蒿矢　励德　连茹　六仪

甲甲
绝贵　常贵
德申　申
　癸空　白蛇
墓未
　壬空　午空
死脱　未空
　午

青巳
空午朱
　未申酉戌
白常武阴
　巳午未申酉戌
勾辰卯寅
六卯　寅
朱寅　丑子
蛇丑　子乙

辛申并至，旺禄临身，遁得辛卯，君子所贵蒿矢支辰发用，二申委镞坚刚，中未白虎。自未生初，仕宦逢之催官符至，禄位重迁。身宅皆凶，常人可畏。木生亥死，午墓未绝，申三传全逢病，尤畏。

发用申加酉，曰迷而未醒。乘虎五月宜麦，余月灾病。昼常庚辰伏吟。夜乙乙丑十一局。

乙酉三局

巳　未
子　寅
　寅
　乙

乙寅
乙酉三局　弹射　寡宿　回明

癸空
墓未　白蛇
　乙　六青
脱巳　酉
　辛癸
禄卯　空辛
　巳　己青

空白常武
　午未申酉戌阴
青巳六
勾卯辰
六卯　寅
朱寅　丑
蛇丑　子
乙子　亥后

昼虎墓身，勿近亲婚。取之既没，被枉难伸。支未虽财发用，二未乃墓，昼乘虎既向取之，旬空没溺，反被其墓屈枉难伸。

虎墓在宅，岂宜近亲？退向空脱，凡为皆欠利。

发用未加酉，详癸酉三局。昼白曰在野，又曰登山。夜蛇甲子十局。

乙酉四局

卯 午 丑
戌 丑 乙
丑 酉

乙酉四局 重审 稼穑 九丑 励德

丁巳才
壬辰丙
才戊阴
丑癸空
墓未戌丙

六辰勾 青
朱寅 空 白
蛇丑 巳 午 未 常
乙子 酉 申
后亥 戌 酉 武
　　 阴

面前丑午六害，里和酉辰，六合眷爱。若论财爻，初及干上，丑为支墓，末未干墓，昼乘白虎三传，虽财，彼明己暗。墓干生支，主自己昏迷，他人丰厚也。

发用丑加辰，曰车驾无辕，争斗土田。昼蛇曰乘龙。夜青丙寅十一局。

乙酉五局

丑 申 子
巳 子 乙
巳 酉

乙酉五局 元首 从革

辛癸 闲脱
口 酉丁 丁巳
才 丑 蛇青
巳己 乙
官 酉 武蛇
　　 丑

朱卯 辰 勾
蛇丑 寅 巳 白 青
乙子 午 空
后亥 申 未 白
阴戌 酉 常
　　 武

满盘皆鬼，来生子水。宜远其财，忧变成吉。支乘鬼破宅舍有伤，中丑虽财，三传俱鬼。若贪财，众鬼攻攒，喜干得子空其金传而育日干。鬼贼之生，凶中吉惠，惟宜坐守，切忌动谋。又自日生，初巳迤逦生至末传，反伤日干，为恩多怨深，恩将仇报。

发用巳加酉，用昼青夜武，俱乙丑五局。

乙酉六局

乙酉六局　重审　斩关　求受　不备

```
         亥
     亥  辰  午  亥
         亥  辰  酉
 壬空  脱  午  空阴
         亥丁
         丁巳
         才  丑  后青
甲甲
官德  申  乙
         丑巳
     乙  子  勾乙
     蛇  亥  戌
     朱  戌
     六  酉  申  未  青
               勾
```

亥水乘丁，奔入宅庭。舍益就损，空脱交并。止三课，辰午酉亥。自刑全干上长生，乘丁难守，不宜奔入支宫被克，名舍益就损。

不守福德，自取其辱。自日生初迤逦生至末传克干，恩以仇报，末申被午克，丑墓全无气。常人喜制鬼，仕宦不宜。

发用午加亥，详壬申六局。昼空夜阴，俱乙亥六局。

乙酉七局

乙酉七局　龙战　自信　斩关　回还

```
         乙戌
     酉  辰  戌  乙
         卯  辰  戌
 己辛  酉  卯  酉
 禄卯  武白
 酉乙
 官酉  乙乙
 卯辛  六蛇
 己巳  酉辛
 禄卯  武白
         乙
     后丑青  卯
     蛇  亥  子
         寅  卯  辰
     朱  戌  阴  武  常
     六  酉      白
     勾  申  未  午  巳
               青  空
```

三辛临卯，上下六合。内里交害，卯为旺禄。初末并支，共得三重，遁得辛金。所谋被恼，夜虎逢蛇。夜将虎更被中传酉乘蛇，往来冲制，所谋无成。禄难求饱，禄亦损伤。戌土临干，传干侵害，凡宜谨慎，切忌动谋。

发用卯加酉，用丁卯返吟，昼武夜白，俱乙丑六局。

乙酉八局

乙酉
乙酉八局
败交大获
比用　乱首　长危　天狱　不备

未寅
寅酉
酉乙

癸幕
才墓未青后
寅庚
丙戌
败生子乙勾
未空
辛癸
脱巳白武
午戌

乙子亥
朱戌勾
六酉　寅卯
勾申
青未　午巳
空辰白

　　三传空盗，切勿倨傲。就户欺凌，以德为报。初旬中空败六，空末脱气，故三传空盗。支酉加干克干，以卑临尊，寅为乙之兄。又就户受克，乃甘心结好，以德为报也。发用虽干墓，天狱卦，事多迍遭。秋占酉为火鬼，昼将乘朱雀伤日，须防火灾。

　　发用未加寅，详癸酉八局。昼青甲子十局。夜后乙亥五局。

乙酉九局

乙酉
乙酉九局
元首　渊下　六仪　向三阳

巳丑子
申申乙
丑酉

甲甲
官德申辰壬
丙戌
败生子乙勾
甲申
才辰庚壬
子戌常常

乙丑子
蛇亥六
朱戌　子
六酉　丑寅
勾申　辰卯
青未　巳
空午　辰
白常

　　人盛居狭，三传润下，脱支生干克干，墓支丑又助申，必是家鬼，切勿舍此妄动。贵多不协，贵人遍野，主事不一。将土传水，财印交接，大利求财及作生计，子息无占。

　　发用申加辰，曰白狩出山，逆子争臣。事主不顺，人心病迷。

乙酉十局

```
　　　　　卯子
　　戌未
乙未　　乙酉十局　重审　稼穑　游子　励德
丁寅
墓才　未辰壬　　　青蛇
　　庚丙　　　　　朱阴
才　戌未空
才　丑戌丙　　　　后白
　　辛巳
　　　　　　蛇亥　子丑寅
　　　　朱酉　　　　　卯武
　　　　六申　戌　　　辰
　　　　勾　未　午　巳　常
　　　　青　空　白
```

两未当作干上支及初传墓乙，赖重怜恤，子害戌刑。丑冲渐吉，二墓致人昏暗不亨。喜未被中传戌刑，支上子未害末丑冲，皆为救神。如人在难中，得怜恤也。被其网墓，渐吉。如秋冬占未为关神，尤防阻隔，喜交互稍生。

发用未加辰，详乙丑十局。昼青夜蛇，俱甲子十局。

乙酉十一局

```
　　　　　丑亥
　　申午
乙午　　乙酉十一局　重审　六仪　涉三渊
甲申
官德　申午空　　　勾蛇
　　甲甲　　　　　朱阴
才　戌亥乙
败生　子戌丙　　　后武
　　丙戌
　　　　　　蛇乙　亥子丑
　　　　朱后　　　　　寅阴
　　　　六申　戌　　　卯武
　　　　勾　未　午　巳　常
　　　　青　空　白　辰
```

空午脱干临身，宅乘丁马，贵来坐克，移易方亨。昼乘空，空空如也。空脱不已。初传鬼落空，中财鬼乡，末生冲克，两贵受伤。三传无益，支上马丁长生，惟宜移易就生，庶得亨通焉。

发用申加午，详乙丑十一局。昼勾辛未三局。夜乙辛巳五局。

乙酉十二局

乙乙酉十二局　重审　六仪　涉三渊

亥　戌　午　巳
戌　酉　巳　乙

丁丁
马长　亥　后武
生戌丙
丙戌
败生　子　乙常
亥丁
巳己
生才　丑　蛇白
乡　子戌

白　　常
空　午　　申　未　乙
青　巳　　酉　戌
勾　辰　　亥
六　卯　寅　丑　子
　　　　寅　丑　蛇
　　　　　　朱

面前被盗，前路可造。因动逢生，庶绝虚耗。干上被脱，喜传俱水，窃支生干，得制巳向前。步得其火生，又绝虚耗，如占家宅，虽人盛屋衰，亦不可舍此。径动酉实，为生气之源。

发用亥加戌，详癸酉十二局。昼后乙丑三局。夜武乙丑三局。

丙戌一局

丙己丙戌一局　伏吟　元胎　自任　励德

戌　戌　巳　巳
戌　戌　巳　丙

癸癸
禄德　巳　空勾
丙甲
马才　申　武蛇
庚庚
长生　寅　六白

白　　常
空　午　　申　未　朱
青　巳　　酉　戌
勾　辰　　亥
六　寅　丑　子
　　　　　丑　子　蛇
　　　　　　　　朱

财申禄巳长生，寅传内俱逢。居家昏暗，墓神在支，闭口安宁。五克三刑，动多迍邅。干占癸巳，惟宜闭口，末助初生，而却安宁。发用昼空夜勾，俱丙寅伏吟。

丙戌二局

```
              申 酉
        卯    卯   辰 辰
   辛辛  戌    戌   辰  丙
   败生  卯   勾空
        辰壬
   长   戌庚   寅   六白
   生        卯辛乙
   生脱   丑       朱常
   乡    寅庚
```

丙辰
丙戌二局　元首　斩关　连茹

```
        空白六
        辰巳午
        未申酉
        常武阴
        后
   青 辰
   勾 卯
   六 寅      酉 戌
   朱 丑 子 亥
      蛇   乙
```

退入生乡，进之亦强。壬辰在上，守则为殃。面前六合，彼此乘脱。三传俱木，克支生干，退逢生气。前进一步，就其旺神，进退皆吉。壬辰覆日，所以守见殃也。

发用卯加辰，详戌辰二局。昼勾乘卯，丁卯伏吟。夜空丁卯伏吟。

丙戌三局

```
              午 申
        卯    丑   卯 卯
   己己  申    戌   卯  丙
   脱    丑   朱勾
        卯己
   官    亥丁   乙未
        丑辛
   才    酉   丁乙
        阴乙  亥丁
```

卯丙
丙戌三局　重审　极阴

```
        白常武
        午未申
        酉戌亥
        常阴后
        巳乙
   青 辰
   勾 卯
   六 寅
   朱 丑 子 亥
      蛇
```

交加六合，我丰彼乏，卯木生干，申武脱支。二贵相救，事之废业，极阴卦。初破碎，中鬼末酉，虽财两贵相加，但伤干上生气，故事业废。

发用丑加卯，用昼朱夜勾，俱丙寅三局。

丙戌四局

辰未　亥寅
未　戌　寅　丙
己丁　乙未　未戌
官亥
寅庚　丙甲
马才　申丁　武后
亥丁
癸癸　空常
禄德　巳
巳甲
申甲

丙寅
丙戌四局　蒿矢　元胎

　　　空白常
　　青辰白
勾卯巳午未
六寅　　申
朱丑　　酉
蛇子　　戌阴
乙亥后武

　　昼贵蒿矢，告之委靡。生气临身，家人自毁。昼贵遥克，申金助水，蒿矢带金，射之必中。财化官，仕宦吉，常人宜告贵，不宜干上。寅木窃亥生日，中申明克暗助，支上未来，墓我生气，家有不肖人，自相毁坏。

　　发用亥加寅，用昼乙夜朱，俱丙寅四局。

丙戌五局

寅午　酉丑
午　戌　丑　丙
丁乙　阴乙　午戌
才酉
丑巳　癸癸
禄德　巳乙　空常
酉乙
脱丑　己巳　朱勾
丑癸

丙丑
丙戌五局　弹射　从革　励德

　　　青空白
勾卯辰巳午
六寅　　未
朱丑　　申
蛇子　　酉武
乙亥戌阴
后武

　　将助财业，面前六害。三传从革，脱支为财。夜将皆土助，财尤丰。尽得尽缺，昼将雀空太阴在传，酉被丑墓巳克财，全无气。总拿归家，如汤浇雪。又支脱干，旺刃在支，昼虎日武分财夺禄，此财尽被。支辰所费，故归家云云。

　　发用酉加丑，曰：丝纶包布，妇女怨病，主虚。昼阴曰闭户。阴人当家，有产降生，又出入防忧，又金珠，阴有盗贼，又奴婢病孕，又云孕喜。夜乙丙寅九局。

丙戌六局

丙子
丙戌六局　比用　幼厄　不备　三奇　求受
权摄不正

子　巳
未　子
巳　戌
子　巳

戊戌
官　子癸
　巳癸空
乙空
空脱　未　常阴
　子戌
长　寅　庚庚
生未空

蛇六巳
勾青　辰巳午　空白
六青　卯辰巳
朱丑　寅卯辰
蛇子亥　子亥戌　未常
乙后　申武
　酉阴

鬼来克身，甘分昏沉。禄虎闭口，病者丧魂。自末互克至初伤干，不得巳而投支上，巳禄又被所墓甘分昏沉，终难展脱。巳禄闭口，病及贪禄，皆不宜。占寅长生，落空人墓，长上可畏。

发用子加巳，用昼蛇夜六，俱丙寅六局。

丙戌七局

丙亥
丙戌七局　返吟　斩关　励德　回还

亥
巳　亥
戌　辰
巳　亥

戊辰
癸癸
闭德　巳亥　空常
口禄　亥丁
　巳丁
官　亥乙未
　巳巳
癸癸
闭德　巳亥　空常
口禄　亥丁

后子　亥戌
乙蛇　戌酉
朱　申
六
阴丑勾　寅卯辰
武常白　卯辰巳
　午青　辰午未

三传闭口，初末巳，中亥在巳乡所作，凡事难言。壬虎夜走。

进退俱难返吟，往来受克，前后逼迫。人伤宅朽，亥水伤干，墓神在支遁，壬乘虎，人被伤，宅亦朽。

发用巳加亥，详戊辰返吟。昼空丙寅伏吟。夜常戊辰返吟。

丙戌八局

戊
申卯　卯戌　戌丙
戌　戌
卯　卯
申　卯

丙甲
六后卯
才申
卯辛
巳巳
脱丑
申甲
甲空
空刃午　青武
丑　巳

乙　后
蛇戌　亥　子　六
朱酉　　丑　阴
六申　寅　武常
勾未　卯　白
青午　辰
巳　空

丙戌　丙戌八局　比用　六仪　斩关　不备

　　两蛇夹墓支，墓干，昼夜天将，皆蛇地盘。巳蛇本宫，抱石投江。采葛寻脑。申加卯，故细推丑墓申，申克卯，卯克戌，戌墓干互相暗攻，年命在戌，尤凶。在亥，昼虎冲破蛇墓，少免。凡占昏晦，祸卒难解。初财丑墓，午克妻财，不利。

　　发用申加卯，曰：山猿跳涧，有印绶金章之庆，主正母死，又寄胎重母。昼六丙寅十局。夜后曰修容池湖。

丙戌九局

午寅　丑酉　酉丙
丑　酉
酉　戌

丁乙
才酉
巳癸
巳巳
脱丑
阴勾
酉乙
癸癸
禄德巳　空常
丑

乙　后
蛇戌　亥　子　阴
朱酉　　丑　武
六申　寅　卯常
勾未　卯　白
青午　巳　辰
巳　空

酉丙　丙戌九局　重审　从革

　　夜将助财，交车六害。三传俱财，夜皆土将生助，尤丰，大利求财。唯长上灾，却盗支气。又伤寅木，昼武夜虎长生，无占。虎元加寅，金畏其财。如用昼将，初遭夹克，又被丑墓巳伤变虎，生而成殃，互克传墓人墓，妻财反畏。

　　发用酉加巳，详乙丑九局。昼朱夜乙，俱丙寅九局。

丙戌十局

丙申
丙戌十局　重审　生胎　六仪

辰　丑　亥
戌　丑　戌
　　　丙
才马
巳丁
官亥　乙阴
申甲
庚庚
长生　寅　武白

乙　后　阴　武
亥　子　丑
　　　寅

蛇　戌　后
朱　酉　乙
六　申　未　午　巳
　　勾　青　空

　　　元胎生气，又被财制。迤逦育身，丁马交莅。交互乘脱，破碎在支，初财乘马，中官带丁，末传长生。昼武夜虎，皆主动摇。然三传递生，隔二隔三，上人举荐，但寅被申暗助明克，岂得安逸？成败皆申。又进元胎，虽主迟疑，先滞后通。

　　　发用申加巳，详甲子十局。昼六丙寅十局。夜蛇甲子十局。

丙戌十一局

丙未
丙戌十一局　重审　三奇　天狱　励德

寅　子　子
酉　未　丙
戌　未　丙
官子　戌丙
庚庚
长生　寅戌　武白
子壬
　　辰　白青
　　才寅庚

向三阳
壬辰乘虎

蛇　乙　后　阴
戌　亥　子　丑
　　　　寅
朱　酉　乙
六　申　未　午　巳　辰　卯
　　勾　青　空　白　常　武

　　　空脱临身，鬼仇家人。墓呼病者，虎载壬辰。面前六害，干乘空脱，子为鬼，戌为墓。子加戌发用卦，名鬼呼。又在支上，必是家中人也。虽向三阳，壬辰乘虎在墓，常人岂可前进？病讼凶。

　　　发用子加戌，曰：夜行失盗，有暗昧不明，主阴私、阴小之灾。昼后甲子二局。夜武丙寅二局。

丙戌十二局

丙午丙戌十二局　重审　连茹

午丙
未午
亥未
子亥

己丁　绝官
戌丙　乙阴
子丁　官
丑　贶官　阴常
乡子戌

朱蛇　连茹
贵后
六申蛇
酉戌
亥子
丑寅阴武
勾午未
青巳
空辰
常卯

　　昼贵入宅，结绝凶逆。旺气虽临，熟视何益！干虽乘午，旺刃旬空，又被传制，故无益。昼贵入宅传俱水，仕宦官位频迁，常人绝神发用，只可结绝。凶逆倘别谋，恐兴病讼也。

　　发用亥加戌，详癸酉十二局。昼乙己巳十一局。夜阴曰裸形。

丁亥一局

丁未丁亥一局　伏吟　自信　励德

亥亥
未未
亥亥
未未

辛丁　绝德官
亥乙阴
丁丁空
未常朱
辛己
丑未常

武阴后乙
申酉戌亥
常未朱
白巳午
空巳辰
青卯
勾寅
六寅丑子
朱蛇

　　身宅皆丁，干上未丁，神本宫支上亥，岂容久停？伏吟见丁。

　　递相蚩噉，未伤支亥，亥克干丁。惊怪交并，极惊极怪，发用官鬼干及中末，三土相制，常人喜制鬼，仕宦不宜也。

　　发用亥加亥，用戊辰十局。昼乙丙寅四局。夜阴曰裸形。

丁亥二局

丁亥二局　元首　连茹　斩关　旺禄临身

```
            午丁
      巳午  丁
戌戌  亥
庚  后后  戌
丙戌  亥乙  阴乙
墓  亥乙  酉  戌  武蛇
己  酉  戌甲
才  申乙
才
        空巳  白午六
    青辰  未申  酉
  勾卯  戌
六寅  亥乙
朱丑  子蛇
```

　　昼虎乘禄，旺禄临身，旬空乘虎，遂不可守。初墓墓宅，墓戌在支发用，魁度天门，凡谋阻隔。弃此寻财，中末虽财，春夏遇之，身旺财弱，可以向取。死痛凶厄，秋冬遇之，财旺身弱。火生寅死酉，必因财致祸，因食伤身。又成其害，岂可取之？

　　发用戌加亥，详壬申二局。昼夜皆后乙丑三局。

丁亥三局

丁亥三局　弹射　励德　回还

```
            巳丁
      卯巳  丁
酉亥
乙  阴乙
才  亥丁空  未乙癸  常阴
本  巳  酉
马比  未空  丁空
            青午  白常武  常阴
          午未  申
        空巳常  戌乙
      勾辰  后
    六寅  亥乙
  朱丑  子蛇
```

　　用遥传陷，自支归干。破碎临支，钱财聚散。交互相克，事主解离。弹射发用，酉金为财。但破碎临交，退向空亡，主钱财耗散。喜自支传干，彼求于己。自末递生，尤助其财，故散而复聚。传及干支，课体循环，欲明不明，事更幽暗。

　　发用酉加亥，详乙亥三局。昼阴丙戌五局。夜乙丙寅九局。

丁亥四局

丁亥四局　元首　病胎　斩关

丁辰
巳申　丑辰
申　亥　丁

乙癸　空常
马比　巳
申甲　壬庚　六青
长　寅
生巳　癸丁
德官　亥　乙朱
　　　　寅庚

勾　卯
青　辰　白
　　巳午未申
　　空常武阴
六　寅
朱　丑　子
蛇　乙　亥
后　　　戌酉

　　昼名斩关，干上天罡。闭口突出，大利逃亡。罡加日昼乘龙，初巳马，中寅天梁乘合，末丁亥玉女，斩关，得此大利。逃亡出外吉，在家凶。但癸巳发用，首尾相冲，必须闭口猛突，方出也。

　　发用巳加申，详庚午四局昼空丙寅伏吟夜常戊辰返吟。

丁亥五局

丁亥五局　元首　曲直　乱首　不备　励德　赘婿

丁卯
卯未　亥卯
未　亥　丁

丁篡　常阴
本　未
坐亥丁
癸辛　勾空
财生　卯
　　　未空
　　　辛丁
官德　亥　乙朱
　　　卯辛

青　辰　白
　　巳午未申
　　空常武阴
勾　卯
六　寅
朱　丑　子
蛇　乙　亥
后　　　戌酉

　　人得传力，将传废宅。自取其祸，半厄半吉。干加支克支乱首，自取其祸。传木局脱支生干，人盛宅狭，昼将土又来克，故将与传并废宅也。干加支，支传干，课体循环，传生将脱，半凶半吉。发用未加亥，用昼常夜阴，俱丁卯五局。

丁亥六局

丁亥六局　重审　孤辰　旺禄临支

```
　　寅　　丁寅
丑　午　丁亥
酉　午　　丁
壬孤　白武
禄午　亥午
辛巳　
脱丑　朱勾
午甲甲　　　六寅青
才申　武后　　卯辰巳
　丑　　　　勾青空
　　　　　朱丑　午白
　　　　蛇子　申未常
　　　　乙亥　武
　　　　后戌
　　　　阴酉
```

交关丑再，妻财废弛。禄无空亡，守之可矣。交车相合，空禄临支，占禄不宜。末传申金，丑墓午克，全然无气，妻财废弛，长生临干，守之最吉。

发用午加亥，详壬申六局。昼白丙子四局。夜武壬申三局。

丁亥七局

丁亥七局　返吟　绝胎　励德　回还

```
　　亥　　丁丑
丑　巳　丁亥
未　巳　　丁
乙癸　空常
马比　亥丑
巳癸　
辛丁　
官德　乙未
亥癸　巳癸
巳巳　空常
乙癸　武常白空
马比　亥卯巳午
巳丁　后丑寅辰未
　亥　阴勾
　　　　乙亥
　　　　蛇戌
　　　　朱酉
　　　　六申
```

改变双双，丁马俱载。论讼难断，闭口为良。巳双女，亥双鱼，初末皆巳乘马，中丁亥返，得此往来不定，改变双双也。三传不离癸巳，论讼难诉，凡事闭口为良。

发用巳加亥，详戊辰返吟。昼空丙寅伏吟。夜常戊辰伏吟。

丁亥八局

```
        丁子
      巳子  丁
    酉辰巳子
 乙癸 巳  空常常    丁亥八局  重审  铸印  斩关
 子戊
 庚丙
   戌  蛇蛇
 巳癸
   卯  常空
   戌丙
        乙   后子
      蛇 戌  亥 丑六
      朱 酉  阴 寅
      六 申  武 卯
      勾 未  常 辰
        午      白
        巳      青
                空
```

　　壬辰及子，支干两水。引从虽逢，虎墓宜视。干上子水，支上壬辰，两水伤日，墓虎居宅，事皆深畏。但祈末引从地支，中传戌乘蛇，冲破墓神，如家宅久废，忽遇迁修而渐亨通也。铸印官迁，孕吉病讼，俱忧更喜。坐下未敌子，狐假虎威，宜坐谋辰将更妙。

　　发用巳加子，详丁卯八局。昼空丙寅伏吟。夜常戌辰返吟。

丁亥九局

```
        未卯
      未卯 卯亥
    亥亥 丁
 丁寨
 空本 未  阴        丁亥九局  重审  曲直  寨宿  回还  乱首
 坐卯卯常丁         不备
 德官 亥  乙未
 未空
 败生 卯
 亥丁
        乙   后子
      蛇 戌  亥 丑六
      朱 酉  阴 寅
      六 申  武 卯
      勾 未  常 辰
        午      白
        巳      青
                空
```

　　人丰宅隘，支来伤干，卑凌于尊，喜化木局，脱支生干。昼失依赖，昼将纯土脱盗，日干亦赖传制土将，不能为耗。三传皆空。

　　夜将驿马，如夜将初中空亡未乘天空，空空如也。独存亥水伤日，依旧驱验，未免受人抑勒。

　　发用未加卯，用昼勾，详丁卯九局。夜阴丁卯五局。

丁亥十局

丁亥十局 昂星 冬蛇掩目 炎上 斩关

戌丁
亥戌
丑亥
寅丑
巳寅

丙孤
禄午卯辛庚丙青六
墓戌未壬庚蛇后
长生寅亥武白

蛇戌后
朱酉
六申
勾未
青午
空巳

乙后阴武
亥子丑
寅
卯常
辰白

四虎来哐，支末二寅。夜将乘虎，课虎视共四虎。宜守术业，干受墓脱，初空为不入之禄，中墓末长生在支。火局天盘，寅午戌临地盘，亥卯末木。受用不乏，初处困危，终遇生助，比弟现卦。妻财无占，昼占可，夜占凶。

发用午加卯，用夜六，详丁丑十局。昼青甲子四局。

丁亥十一局

丁酉 丁亥十一局 重审 凝阴 励德 回还
我求彼事

卯丑
酉亥
亥酉
酉丁

己乙
才酉未空丁
未申辛丁乙阴
德亥酉乙
官酉巳辛丑阴常
脱亥丁

蛇乙后阴
戌亥子丑
朱酉乙
六申寅武
勾未卯常
青午辰白
空巳

自日传辰，礼下求人。财为破碎，虽然末助初财，但酉为破碎，昼乘雀夹克。妻伤婢身，妻伤财破，凝阴卦。事尽昏暗，利阴谋，不利公。为贵人遍地，干贵主不一。

发用酉加未，详丁卯十一局。昼朱夜乙，俱丙寅九局。

丁亥十二局

申丁
酉申丁亥
丑子
甲戊
才申　六蛇空
未乙
己乙
才酉　朱乙
申甲庚丙
墓戌　蛇后
酉乙
勾　六　申蛇
青午　未申蛇
空巳　酉戌　亥子
白辰　戌乙　丑子
常卯　寅丑　子乙
　　　武　阴　后

丁亥十二局　重审　六仪　连茹

三传财喜，交车六害。入宅化鬼，传财化支上。子水为官鬼，止宜携财祷贵，纳粟奏名。仔细推详，余占则火生寅病，申死酉墓戌。病死墓矣，或贪财致祸，或因食伤身，占病大忌。

发用申加未，用己巳十二局。昼六丙寅十局。夜蛇甲子十局。

戊子一局

子子　巳巳
巳巳　巳戊
己癸
德巳　勾朱子子　巳戊
禄　壬甲
长魁申　白后
生　丙庚
马官寅　蛇青
　　　青午　申酉戌亥
勾巳辰　未申酉戌
六　申　乙　乙
朱卯　　　
蛇寅　丑子
　　　乙

戊子一局　伏吟　元胎　自任

昼虎甲申，夜龙马寅。迤逦克干，闭口免迍。交互克伐，解离频仍，不守德禄，持其在己之刚刑，于他人中传长生，申遁甲昼乘虎，末传鬼马，夜却乘龙，迤逦克干。一乐一苦，怒怒喜喜，不若坐守闭口之禄，又得未助初生，可免迍遭也。

发用昼勾夜朱，俱戊辰伏吟。

戊子二局

戊辰　　　　　　　　　戌　亥　卯　辰
戊子二局　　　　　　　戊　亥　子　辰
比用　连茹　斩关
　　　　　　　壬丙
　　　　　比　戊　武武
　　　　　　　亥丁
　　　　　败脱　酉　常阴
　　　　　　　戌丙
　　　　　长　申　庚甲
　　　　　生　酉乙　白后
　　　　　　　　　青　巳　空　未
　　　　六　辰　午　蛇　白　申
　　　　朱　卯　　　　　常　酉
　　　　蛇　寅　子　　　武　戌
　　　　乙　丑　子　后　阴　亥

墓神覆身，主人昏晦。丁处家庭，宅亦欠宁。发用元武魁度天门，事外关隔，中末脱气。盗贼后行，末传虎鬼遁乙丙丁，仕宦欣逢，常人最忌。

发用戌加亥，详壬申二局。昼夜皆武甲子三局。

戊子三局

戊卯　　　　　　　　　卯　丑　申　戌
戊子三局　　　　　　　戊　丑　戌　子
重审　励德　极阴
　　　　　　　癸己
　　　　　比　丑　乙卯
　　　　　　　卯甲
　　　　　才　亥　癸丁
　　　　　　　丑己　阴常
　　　　　败脱　酉　辛乙
　　　　　　　亥丁　常阴
　　　　　　　　　青　巳　极阴
　　　　六　辰　午　朱　空
　　　　朱　卯　未　　　白
　　　　蛇　寅　申　　　常
　　　　乙　丑　子　戌　戌
　　　　后　子　亥　武　阴

彼己遭苦，面前六合，各被上克。常防门户，卯酉冲丑加卯发用，贵人临门。仕宦如逢，荣耀宗祖。昼雀在干，中亥生助，中末及支，遁乙丙丁，故荣耀宗祖。常人难当，吉象变作极阴，病讼深虑。

发用丑加卯，详丙寅三局。昼乙夜空，俱戊辰三局。

戊子四局

戊寅
午 酉 亥 寅
　　　　戊戌子寅戌
甲庚
马官 寅　蛇青 子寅
巳癸　　丁
才 亥　　阴常
　寅庚
　庚甲
长 申　白后
生 寅丁

戊子四局　涉害　病胎　水日逢丁

朱卯　六辰六
蛇寅　巳午
乙丑　午未
后子　　申
阴亥　戌酉
　　武　常

身及三传，皆被鬼觇，交互相脱，二寅伤人。莫持申酉，支及末传，二金虽为救神。甲乙尤添，那更甲，甲乙酉昼，甲虎三传递生。仕宦催官符至，赴任极速，若常人大凶。

发用寅加巳，详戊辰四局。昼蛇夜青，俱甲子伏吟。

戊子五局

戊丑
辰 申 酉 丑
　　　　戊戌子丑戌
丁癸
禄德 巳　常阴 申子
酉庚
长 申　青蛇
生 子丙
癸己
比 丑乙空
巳癸

戊子五局　昴星　九丑　虎视

后寅　武常
乙丑　辰巳
蛇子　午
朱亥　申未
六戌　酉青
　　　勾

昼龙遁甲，交车相合。昼中遁甲乘龙，在支伤干。有贵可压，喜得昼贵临干，能伏诸鬼，不敢侵犯。闭口随时，癸巳发用。闭口随时，庶免惊疑。虎藏槛柙，明虽无虎，昴星如虎在槛中，凡官酌量，不可轻为。又干乘虎在戌，主父母有灾，或墓中生蚁咎。

发用巳加酉，详乙丑五局。昼常夜阴，俱戊辰返吟。

戊子六局

戊子六局 重审 赘婿 三奇 不备

```
          寅 未  蛇青
          未 子
          子 戊
      壬戊
      才子
      巳癸
      空比 未 空乙
      甲庚
      马官 寅
          未空
        乙丑  后寅
        子    卯 阴
      蛇亥    辰 武
      朱戌    巳 常
      六      午 白
      勾 酉 申 未空
```

　　循环不外支加干，干加支，课体循环。凡事不出其外马载虎鬼，虎马在末，鬼在墓上，总亦可畏，切不可动谋。财自天来，面前六害，支来加干，进退难矣。支乘害克，必无正屋可居。三传互克，使我喜财。克处回归，又乘其克，难进难退。

　　发用子加巳，详丙寅六局。昼蛇夜青甲子八局。

戊子七局

戊子七局 返吟 三交 空亡 回还 水日逢丁

```
          子 午  巳 亥
          午 子  亥 戌
      戊孤
      刃生 午 白后 午 子
      空子戌
      壬戌
      才子 蛇青
      午戌
      戊孤
      刃生 午 白后 午 子
      空子戌
        乙丑  后寅
        子空  卯 阴
      蛇亥    辰 武 常
      朱戌    巳 午 白
      六      未空
      勾 酉 申 青
```

　　身上财丁午亥，动即虚声，因财而动，初末两生，往来空陷。中传财旺，来去皆空。凶吉平，好恶无成，切勿动用。

　　发用午加子，详丙子返吟。昼白丙子四局。夜后壬申六局。

戊子八局

戊戊
巳卯戊
巳子

丁癸
禄德
子戊甲丙
比 戊 六六
巳癸乙辛
官 卯 阴常
戊丙

戊子八局 重审 铸印 回还 斩关 不备
乱首 权摄不正

戊 戊
巳 戊
卯 戊

蛇子青
乙后阴武
丑寅卯辰
朱戌亥
六戌酉申
勾酉
青空未午巳
白常

传课循环，干加支，干传干。往赴财乡，千克支，人就财乡。干禄吉兆，禄临支亦被支克。鬼坐生方，幸有末助，初生卯木，不可作鬼。

发用巳加子，详丁卯八局。昼常夜阴，俱戊辰返吟。

戊子九局

戊酉
丑酉
甲辰

戊子
酉戌

丙壬
墓辰武武
子戊庚甲
长申青蛇
生辰壬壬戌蛇青
才子甲申

戊子九局 元首 润下 斩关 励德

甲辰
丑酉
酉戌

蛇乙后阴
子丑寅卯
朱亥辰
六戌巳常
勾酉申未午
青空白

夜雀从魁，会数生财。开博大获，卜宅兴灾。面前六合，润下干上，酉金生助，其财罢发用，如开博营计，必然大获。墓神伤支，占宅凶甚。酉为信神，夜雀，但会三传财，虽丰富文书，欠利。

发用辰加子，详甲子九局。昼夜皆武甲子九局。

戊子十局

戊申 戊子十局 蒿矢 三交

午 卯 亥 申 戊
卯 亥 申 戌

乙辛 卯 阴常 卯
官 子戊 戌孤
生刃 午 白后
卯辛乙
败脱 酉 勾朱
午空

朱蛇 亥 子乙 后
六戌 六 戌 丑 寅
青申 酉
空申 未 卯阴
白 午 辰武
常 巳

初遥遥伤传空，凡占力轻，蒿矢带金，但传干上申金，虽然空地，有始无终，脱日亦喻救生。宅中失耗，支卯无礼，刑逢脱耗。休依贵庭，两贵辰戌，干贵无力。

发用卯加子，曰：遇虎不猎，妻亡，逃亡，投井。昼阴癸酉返吟。夜常丁卯返吟。

戊子十一局

戊未 戊子十一局 重审 狡童 登三天

辰 寅 酉 未 戊
寅 子 未 戌

丙壬 辰 六六 辰
墓比 寅庚 戌孤
刃 午 青蛇
辰壬庚甲
长 申 白后
生午空

武 酉戊 阴亥
常申 子乙
空未 丑 寅蛇
青午 卯寅
勾巳 辰 卯朱
六辰

自墓传生，递互相欺凌。昼虎遁甲，细详好恶。利害交并，空未墓寅，鬼亦难兴。虽贵登罡塞发用，自墓传生，虎鬼在未，岂利前行利害云云。

发用辰加寅，详甲子十一局。昼夜皆六甲子五局。

戊子十二局

```
　　　　　戊午
　　　　　戊子十二局　比用　连茹　罗网　九丑
　　寅丑　蛇青　　　常　武　阴　后
　　未子　　　　　　酉　戌　亥　子
　　午戌　　　　　　戌　亥　子　乙
甲庚　官　寅　　白申　　　　丑乙
丑己　蛇青　　　空未后
乙辛　官　卯　　青午巳
寅庚　朱勾　　　勾六辰
丙壬　墓官　辰　朱卯
卯辛　乡　六六　　寅蛇
```

　　虚生空午无益，传逢日鬼木实，昼贵伤支，宅必欠宁。龙初合末，夜将贼三传纯木，脱支伤干，鬼贼纷纷。拱虚一位，生禄皆空。春夏鬼贼当时，名贪荣旺，有事乘速了绝。秋冬为饿鬼必伤人。吴释越，而越终灭吴。

　　发用寅加丑，详乙丑十二局。昼蛇夜青甲子伏吟。

第五十二章　术数汇考五十二

《大六壬立成大全钤》六

己丑至癸巳

己丑一局

己未己丑一局　伏吟　稼穑　自任 丑丑未未 乙巳 丑未己 乙巳岁比 丑蛇白 甲丙 官比 戌 阴阴 养比 带 平空 未 白蛇 空 白 午蛇 巳午未蛇 青 巳 午 常 武 酉 阴 勾 辰 戌 后 六 卯 朱 寅 丑子亥 蛇 乙	自支投干，彼来巳向，可畏之因，昼夜天将。比肩太重，课传三刑，蛇虎阴俱凶神，静中生动，故可畏也。发用昼蛇乙丑四局。夜白曰直视，又在野。

己丑二局

己丑二局 重审
旺禄临身
连茹 三奇 励德

午巳 己
巳午 丑
子午乙丑 丑午
亥子 乙常 子午
甲戌
才 子丑乙丁
才 亥戌
此 甲丙
　 亥丁 阴阴

空午未 白
青巳 常 武阴
勾辰
六卯
朱寅
蛇丑 子午 亥戌
乙 后

用贵失禄，交车六合，各自和畅。旺禄临身，昼将天空，禄必有失。丁马相逐，贵发用传皆财。丁马居中，因财而动。文书不就，夜雀在干上，妄被传伤，文书不利长生，妄为凶。占婚极速，子加丑也。又交互乘胎，妻妾必怀孕。

发用子加丑，详甲子二局。昼乙夜常乙丑二局。

己丑三局

己己丑三局 重审 时遁
巳巳
亥亥 卯亥
酉亥 巳丑
乙丁 丑巳
才马 后亥 亥亥
丑巳 武后
癸乙
鼠酉 亥丁
未申 辛空
坐酉乙 蛇

空巳午 白
青巳六 常
勾辰 未申 武
六卯 亥戌阴
朱寅
蛇丑
乙子 酉
　 后

宅用马丁，丁亥驿马，在支发用。迁移难存，主宅迁移，动摇不宁。临事闭口。课传五阴，事尽昏暗。生气在干昼乘龙，又被三传递生，至变复伤，必家有悖逆之人。逆翁姑，坏生意，只可闭口守生，不可贪财坏印。

发用亥加丑，详己丑三局。昼后夜武，俱乙丑三局。

己丑四局

> 己辰　己丑四局　昂星　励德　斩关
> 未 戌
> 丑 戌
> 辰 丑
> 己 辰
>
> 甲戌 才子 乙勾
> 卯辛
> 戊壬 墓辰 勾常
> 未空
> 甲丙 比戌 阴朱
> 丑巳
>
> 　　　　六卯
> 朱寅　　勾辰常
> 蛇丑　　巳 青空
> 乙子　　午 白
> 后亥　　未 常
> 　　　　申
> 　　戌 酉 武
> 　　　阴

　　叠值魁罡，变作斩关，滞中忽动，远涉他乡，岂能安逸？在家尤凶。贵财发用，子临卯地。无礼相刑，须防干贵，欠利。柔日昂星，伏愿万状。

　　发用子加卯，详丁卯四局。昼乙乙丑二局。夜勾日沉戟，又曰临官，托倚成刑，又为将军失马。

己丑五局

> 卯己　己丑五局　涉害　从革
> 巳 亥
> 酉 丑
> 卯 己
> 巳 卯
>
> 己癸 闲生 己武
> 口巳 青巳
> 比丑 百己 蛇青
> 己巳 癸乙
> 败脱 酉丑 武蛇
>
> 　　　　六卯
> 朱寅　　辰 勾
> 蛇丑白　巳 青空
> 乙子　　午 白
> 后亥　　未 常
> 阴戌　　申
> 　　　酉 武
> 　　　　常

　　传及宅上，俱为脱诳。身既乘鬼，赖此降障。干上卯为鬼传，及交合成金局，虽为脱气能制卯。占病酉即良医，或自家人。不然神堂祈护，自愈。常人喜制鬼，仕宦不宜。

　　发用巳加酉，用昼青夜武，俱甲子五局。

己丑六局

己己丑六局 重审 从革 斫轮

寅
己
丑
寅

卯 申
酉 寅
寅 己
申

丁辛 卯 武白
官甲 申
比甲丙 戌 朱朱
卯癸
生戌丙 巳 白武

乙
子 后 丑 阴 寅 卯 辰 巳
蛇 亥　　武　常　白　空
朱 戌
六 酉 申 未 午
　　勾 青 空

寅干上卯，初传二木，仕宦忏逢。灾祸相逐，常人深畏。夜贵神灵申长生，又夜贵能制官鬼，祛殃降福。常人遇之，家堂佑祸降福，仕宦反忌，交车网罗，彼此暗昧，不利动谋。

发用卯加申，用昼武夜白，俱乙丑六局。

己丑七局

己己丑七局 返吟 井栏射

丑
己
未
丑

丑 未
未 丑
未 丑

乙丁 亥 蛇六
马才 巳癸 辛空
空丑己 未 青后
比丑乙己
　　　未空

乙
子 后 丑 青 寅 卯 辰 巳
蛇 亥　　　阴　武　常　白
朱 戌
六 酉 申 未 午
　　勾 青 空

德来相会，干加支，支加干。丁马并至发用，丁马为财，返吟得此。动可取财，却道遂意。守之无遂，支破临干。

发用亥加巳，详丁丑返吟。昼蛇己巳十一局。夜六辛未四局。

己丑八局

己子
巳巳
子子
己巳

亥午巳子
己癸
生巳 白武 午
于戊
甲丙
比戌 朱朱
巳癸
丁辛
官卯 武白
戌丙

蛇戌 乙子勾
朱戌　丑卯
六酉　寅辰
勾申　卯巳白
青未　午空

己丑八局　比用　铸印　励德　权摄不正

后阴武常

先冲后击，上下相冲，交车六害，各自乘合。交后有益，贵财临干，禄神在支。末助初生，官迁孕吉，病讼不宜。如砒在蜜，大抵合中犯害。

发用巳加子，详丁卯八局。昼白己巳返吟。夜武乙丑五局。

己丑九局

亥亥
巳巳
卯丑
己亥

酉卯亥
乙乙
败蛇酉 六蛇
巳癸
乙己
比丑 后青
酉乙
巳癸
生巳 白武
丑己

蛇戌 乙子六
朱戌　丑寅
六酉　卯辰
勾申　巳午
青未　常白
空午

己丑九局　涉害　从革　察微

后阴武常

丁马载财，三传脱气，却生干上。亥乘丁马为财，多取还魂债格。传尽生来，启齿便有。做人先施恩惠于人，不待启齿，今却自远来相补报。闭口无灾，旬尾支上用末归癸巳，惟宜闭口，庶免灾迍也。

癸用酉加巳，用昼六夜蛇，俱乙丑九局。

己丑十局

己丑十局　昴星　斩关　三奇

戌
未　辰　丑　戌
己
丑　丑　戌　己戌

孤　禄　庚午卯辛　空朱　甲丙戌　朱阴　卯壬戊　常勾　墓辰丑巳比

蛇乙　后阴
亥　子　丑　寅
朱戌阴
六酉
勾申酉
青未
空午
白巳辰
常卯武

三奇昴星，空禄发用。昼乘空盗，须逢盗失，尤甚。魁罡干支，中末并视四重。斩关遇此，动不容停。时遁三传，全甲戊庚，君子常人，出外腾达，在家横防。

发用午加卯，详乙丑十局。昼空乙亥六局。夜朱甲子四局。

己丑十一局

己丑十一局　元首　迎阳

酉
巳　卯　亥　酉
巳
巳　卯　亥　酉丑

丁辛官　卯巳　己癸生　卯辛空　本坐　未　武青　巳癸

朱蛇乙　后阴
戌　亥　子　丑　寅
六酉后
勾申
青未午
空午巳
白巳辰
常辰卯武

败酉败巳，土干藏遁乙。卯木入宅，外勾干上，酉为支之三合，遁乙伤丑。里连支上，卯为干之三合克支，共为祸也。两贵坐克，烦剧干之无力，五阴事尽昏迷。

发用卯加丑巳，巍峰枯木，外干心固，父妻亡母，患分田土。见土为隔，或七处有木助，为破隔。隔中得通，利逃亡吉。昼武乙丑六局。夜青己巳二局。

己丑十二局

<table>
<tr><td>

```
          卯
      寅   酉
  申   丑
  己
丙庚  朱空
官寅
丑己  酉 戌 亥
丁辛  武 阴 后
官卯      乙
寅庚  白 常 申乙
戊壬  午 未 戌 亥
墓官 辰  空 丑 子
乡卯辛 青 巳 寅朱
    勾 辰  蛇
    六 卯
```

己丑十二局　元首　连茹　亦名曲直

</td><td>

　　三传辰阴，俱鬼克日。夜贵中乘在干，屏斥众鬼，虽彰全然不畏。伏蒙日贵为官，夜为神祇，利卜官职。仕宦禄位高迁，常人守则安逸。网刃在前，岂利动为？

　　发用寅加丑昼乘朱，详乙丑十二局。夜空乙丑八局。

</td></tr>
</table>

庚寅一局

<table>
<tr><td>

```
      申   寅
  申   寅
  庚
甲甲  白后
马德       寅
禄申  常 武 申申
戊庚  白 阴 寅寅
才寅  蛇青
辛癸  空 未乙
长官巳 申 酉戌
生  勾 巳 戌亥
    六 辰 丑子
    朱 卯 寅乙
    蛇 寅
```

庚寅一局　伏吟　元胎　自任　六仪

</td><td>

　　禄马申扶身发用，两火井临昼将虎，中传寅乘火将生起，末传巳火官鬼乃长生。居官极品，仕宦大吉，庶事忧深，常人因财化鬼，病讼凶。交互乘绝，凡谋可失，又申虎冲支上，寅兽头例。

　　发用昼白夜后，俱戊辰十一局。

</td></tr>
</table>

庚寅二局

庚寅二局 比用 连茹 三奇

```
        子 丑 午 未
        丑 午 未 庚
        寅 未 庚
丙戌
脱 子      后白
丑丁
丁丁
脱 亥      阴常
子戌
丙丙
生 戌      武
亥丁
        青午蛇  未
        勾巳    空
      六辰      白
      朱卯      常
      蛇寅      武
      乙丑子亥戌
        后   阴
```

昼贵墓身，夜贵墓庭，三传俱水，两丙一丁。两贵作支干墓，如我欲网他，却被他人网。巳未空乘空虎作，尤甚。三传虽水，时遁丙子。丙戌丁亥皆火，夜将子乘虎，凶尤甚，惟占婚利耳。

发用子加丑，用昼后夜白，俱甲子二局。

庚寅三局

庚寅三局 涉害 斩关 顾祖 励德 孤辰

```
        戌 子 辰 午
        子 辰 午 庚
        寅 午 庚
壬孤
败 午      青蛇子
申甲
庚壬
生 辰      六
戊庚
才 寅      蛇青
辰壬
        青午朱  未
        勾巳    空
      六辰      白
      朱卯      常
      蛇寅      武
      乙丑子亥戌
        后   阴
```

虚忧必有，弃之不守。倘取钱财，祸患尤丑。交脱各败，初午伤干，赖空无害。末助初，只可携金告贵，占病求神。倘取财，因财生祸。喜支上子制午，若亥干上投于支下，可克。

发用午加申，详庚午三局。昼青夜蛇，俱甲子十局。

庚寅四局

```
              申亥  寅巳
         辛癸    巳 庚
         官长 巳勾朱
         生申甲
           才寅 蛇青
           巳癸
           丁丁
         脱亥 阴常
           寅庚

                朱卯
            六辰六
         蛇寅    巳午
         乙丑    未申
         后子    戌酉
         阴亥    戌常
                  武
```

庚寅四局　元首　元胎　回还　乐里生悲
勾青空白

干传于支，我求于彼。我就他宜，却得其财。亥末传虽解祸，明救暗助。生祸实为祸根，由斯交重六合，各乘和畅，癸巳临干，凡为闭口，可免失迻。

发用巳加申，详庚午四局。昼勾夜朱戌辰伏吟。

庚寅五局

```
              午戌  子辰
         丙丙    戌 寅辰庚
         生寅庚
           壬午白后
         败官 午丙
         空  戌庚
           才寅
                  寅午
         后寅    白后
         阴卯
         乙丑    辰
         蛇子    巳午
         朱亥    未申
         六戌    酉青
                  勾
```

庚寅五局　涉害　炎上　斩关　狡童
武常白空

始谋不畏，传火局伤日，诚可畏。动用非细，非细辰戌，干支也。喜辰上窃火气而离日干，又中末传空脱陷，先凶后吉。止宜守为上计，不利动谋。常人忻逢，仕宦反申金为德，巳火为刑。斩关遇此，忌助刑代德，利于小人，不利君子。

发用戌加寅，用昼夜皆六，俱甲子局。

庚寅六局

庚寅六局 比用 斫轮

卯庚
戌卯
酉寅
辰酉

丙丙
生戌
卯辛癸 六六
长巳 常阴
生戌丙
脱子 蛇青
巳癸

蛇子　后寅卯　阴
朱亥　乙丑　　卯辰巳　武
六戌　　　　　　　午　常
勾酉　　申未　　　未　白
　　　　　　　　　申　空
　　　　　　　　　　　青

丙子丙戌，五子元逮。中传合巳，会成火局。君子宜占忻逢，不宜庶士，常人大忌。交乘旺刃，递互罗网，癸巳居中。凡为各坐墓地，事终难进，闭口可免灾迍。网刃在头，岂可前行？

发用戌加卯，用丁卯六局。昼夜皆六甲子五局。

庚寅七局

庚寅七局 赘婿 绝胎 回还 返吟

寅
申申寅
寅申庚
申

戊庚 后白
寅 甲甲
申甲 青蛇
马德 寅申戊庚
禄 寅申 后白
才 寅
甲

朱亥　寅子　　　后阴武
六戌　乙丑空　卯辰　　常
勾酉　　　　　　午巳　白
青申　　未　　　　　　空

他来我家，支加干被干克。我去投他，干加支而克支，彼损我益。满目财禄，来绝卦。昼占传后龙，可以向取。夜贵蛇虎，遍地不佳，取即为灾。

发用寅加申，详壬申返吟。昼后夜白，俱甲子六局。

庚寅八局

庚寅八局　比用　铸印　三奇

```
　　　　　丑
　　　　　庚
　　　子　未　午
丙戌　　　寅　未　丑
子　蛇青
未空　　　　　　乙　后阴
辛癸　　　　　　丑　寅　卯　辰
长生子戌常阴　　寅　卯　辰　巳
丙丙　　　蛇亥　　　　　　　武
生戌　（六六）
巳癸　　　朱亥子青
　　六戌　　　丑寅巳
　　勾酉　　　　　午
　　青申
　　空未午
　　　白常
```

干支乘墓，彼此昏迷。昼夜贵遇未空丑实，喜为贵人，相冲解吉。丙子丙戌时遁，与巳同聚，合成大局。仕宦忻，常人畏。闭口居中，凡事不宜动谋。

发用子加未，用昼蛇夜青，俱甲子八局。

庚寅九局

庚寅九局　元首　润下　励德

```
　　　　　子
　　　　　庚
　　　戌　午　辰　子
庚壬　　　午　寅　子
生辰武武
子戌　　　　　　乙　后阴
甲甲青蛇　　　　　丑　寅　卯
马德申　　禄辰壬　寅　卯　辰
丙戌蛇青　　　　　　　　武
脱子申
　　六戌　　　蛇亥子勾
　　勾酉　　　　丑寅辰
　　青申　　　　　巳武
　　空未　　　　　午
　　白午　　　　　常
```

人衰宅广，我赢彼旺，各乘脱死润下，盗干生支。官鬼午居家在支，全不相向。午火被制传尽，常人喜，仕宦畏。

发用辰加子，用昼夜皆武，俱甲子九局。

庚寅十局

亥
申巳寅亥
甲甲 庚寅巳
马德禄 申 青蛇 巳 寅亥庚
丁丁
脱 亥 朱勾
戊庚
才 寅 后白

庚寅十局 重审 生胎 六仪 回还

勾 六 申 酉 朱蛇 亥 子 乙 后
青 六 戌
空 未 丑 寅
白 午 卯 阴
常 巳 辰 武

害变六合，各乘亥脱。交车六合，大利生涯。丁马相杂发用，驿马中丁，递生末财。贵嗟覆狱，干贵无力。夜虎财踏，夜寅乘虎，亦不可取。

发用申加巳，用昼青夜蛇，俱甲子十局。

庚寅十一局

戌
午辰子戌
庚壬 庚寅巳
生 辰 六 辰寅戌庚
寅庚
官 午 青蛇
辰壬
甲甲 马德禄 申 白后
禄 午空

庚寅十一局 涉害 斩关 登三天

空 未 申 常 酉 阴 戌 亥 子 丑 寅 蛇
青 午 巳 武 阴 后 乙
勾 巳 卯
六 辰 朱

全值魁罡干支，又登三天。身动非常，事情远大。呼吸动用，中官鬼下，德禄空亡，为移远就近。常人喜鬼空，仕宦不宜。虽贵登罡塞，生谋可用，动行无益也。

发用辰加寅，详甲子十一局。昼夜皆六甲子十二局。

庚寅十二局

庚酉
戊　酉　庚
卯　寅　酉
辰

庚壬
生辰　六六
卯辛
　　辛癸
长官　巳　勾朱
生　辰壬　壬空
败官　午　青蛇
　　巳癸

庚寅十二局　重审　连茹

空申后
　　酉戌　常武
白申后　亥　阴
青午未　子　后
勾巳　　丑　乙
六辰　　寅　蛇
朱卯

人宅皆旺，动遭罗网。干支坐墓，情怀不爽。三传俱入，脱支伤干，仕宦可，常人畏。如能坐待末助初生，亦有享用，但互临墓，干招昏晦，情怀不爽。

发用辰加卯，用昼夜皆六，俱详甲子十二局。

辛卯一局

辛戊
卯　戊　戊
卯　卯　辛
卯

辛辛　六蛇
才卯
戊戊
脱子　空阴
甲空
官空　午　乙勾
败

辛卯一局　伏吟　自信　斩关　龙战　三交

后未青
　　申　阴武
乙午　酉　常
蛇巳　戌　白
朱辰　亥　子空
六卯　丑　青
勾寅

交合幸美，上下相合，凡占和美。然后中传子卯无礼相刑，又脱干气，未传落空，变出支克干上戊，干克支上卯。尔既如然，我亦如然，解离之卦。始交时如花似锦，后来有始无终，故尔我云云。

发用卯加，用己卯伏吟。昼六日入室。夜蛇丁卯六局。

辛卯二局

```
              辛卯二局  旺禄临身  重审  连茹  励德  天狱
        丑 寅
        申 酉
        酉 辛
        卯
  己己
  墓丑
  寅庚
  戌戌
脱子 空阴
  丑己
  己丁
脱亥 白武
  子戌
        蛇巳
        乙巳
      后午 勾
        未 申 阴
      朱辰 酉 武
      六卯 戌 常
      勾寅 亥
      青丑 子 白
           空
```

禄乘夜虎，昼元变为六。每被忧煎，墓初脱中丁末挠，不得安然。

金日逢丁，必有凶动，守动不宁，皆被墓脱忧煎也。支干拱传，退空一位，如命年亥上乘戌，作为三奇，科第魁名，仕宦吉庆。

发用丑加寅，曰：墓火焰天，不利父母。有孕，交冬防病。

辛卯三局

```
              辛卯三局  涉害  九丑  极阴
        亥 丑 午 申
        丑 卯 申 辛
  己己
  墓丑
  卯辛
  己丁
脱亥 白武
  丑己
  己乙
  禄酉 武白
  亥丁
        乙丑
      后午 六
        未 申 阴
      朱辰 酉 武
      六卯 戌 常
      勾寅 亥
      青丑 子 白
           空
```

申有旬丁，凶动不宁。昼夜天将，元虎交并。极阴卦。墓神发用，中传丁亥，昼虎夜元。末传旺禄，夜虎昼元，元虎交并，凶动不宁也。

发用丑加卯，详丙寅三局。昼青己巳二局。夜后曰偷窥。

辛卯四局

辛未辛卯四局　昴星　龙战　励德　回还

酉子辰未
子卯未辛
戊戌
脱 子卯未辛
空朱子
乙空
空生未后白
子戌
戊戌
脱 子卯辛

六 朱
勾 寅 辰
青 丑 巳阴
空 子 午未
白 亥 戌 申
　　常 酉武

虎视虚行，不合上害，各自乘刑。六害重迎，三传日辰，全作六害。极惊极恐。虎视夜未乘虎，凡占惊怪病讼，皆凶。实脱初末，虚生中未。

发用子加卯，详丁卯四局。昼空日在室，一云溺水。又张弓断弦防舟车。夜朱曰损羽，又曰投江。自伤难进灾退。

辛卯五局

辛午辛卯五局　比用　曲直　娄宿

午寅
卯午辛
乙塞
生未寅白
空寅丁
辛辛后
才卯
未空丁
己丁
脱亥白六
卯

六 朱
勾 寅 辰
青 丑 巳后
空 子 午未
白 亥 申阴
　常 戌 酉武

财化为鬼，足下乘丁。交互乘脱，干上官鬼。三传俱财，末又丁亥，传财化鬼，只可携金祷贵，纳粟奏名。财散方成，将本求财，则为祸矣。昼如告贵，财散方成。午火在干，如夜勾常，必鬼为祟。

如昼占上乘，贵人乃是神，只不可作鬼。

发用未加亥，用丁卯五局。昼后乙亥五局。夜白曰在野，又登山。

辛卯六局

辛卯六局　重审　龙战　斩关　回还　乱首

```
          巳  戌  子
          辛  勾  戌
              巳  卯

    戌两
本   戌   卯辛
坐   卯   癸癸
马长  巳后武
生  戌两
脱子  戌戌
巳癸   空朱

        白  武  常
        丑  寅  卯
            辰  乙
            巳  午
        空  子  阴后
        青  亥  午乙
        勾  戌  未
        六  酉  申  蛇
                未
```

人就财所，切宜急取。传课循环，动意难阻。子克巳，巳克干，干又加支，克支为财。干传支，课体循环，惟宜急取，迟则反被卯克，戌被伤而回。魁罡发用，势不容巳，但中传巳为鬼长生，驿马被戌墓子克，全然无气，动意难阻也。

发用戌加卯，详丁卯六局。昼夜皆勾曰下狱，又佩剑凶慎起居。

辛卯七局

辛卯七局　返吟　龙战　回还　权摄不正

```
          卯  酉  戌  辰
          辛  武  戌  辰  辛
              才  卯  阴
              酉  乙

禄  酉  六青
    卯  辛辛
辛  才  卯  武后
        酉  乙

        白  常  武
        丑  寅  卯
        蛇  子  辰  阴
        青  亥  巳  后
        勾  戌  午  乙
        六  酉  未
        朱  申  蛇
```

交互六害，然后上下和会相合，先害后合，旺禄克支，宅内欠宁。

两贵受克不欢，干之无力。难施恩惠返吟，初未俱财，却伤干上生气。

发用卯加酉，详丁卯返吟。昼武乙丑六局。夜后曰临门。

辛卯八局

```
          丑申  申卯  卯辛        辛
           申    卯    辛        卯
才 辛卯戌丙                      八
官 申丙甲                        局
墓 丑己甲                        重审
   卯辛  戌丙                    赘婿
   申丙甲  空朱                  励德
   卯己己  蛇白                  不备
   丑甲                          回还
               朱 子 空
            蛇 丑    寅 乙后阴
         六 亥          卯
      勾 戌             辰
      青 酉             巳 武
      空 申             午 常
      白 未             未
```

　　课传循环，财就人傍。丑墓申，申克卯，卯投与干，合和为财。取之宜速，但循环体，止宜急取，迟则传归丑墓，又被甲夺卯，又伤戌，反为祸矣。迟滞墓赘婿，支上乘克，必无正屋可居。

　　发用卯加戌，详辛巳八局。昼后乙丑六局。夜武曰临门。

辛卯九局

```
          亥未  未午  午寅        辛
           未    午    寅        卯
乙生未空卯辛                     九
    巳丁                         局
    亥未                         涉害
    卯丁                         曲直
才 卯亥                          龙战
               空 子 丑          长皮厄
            白 亥       寅 常武
         青 戌             卯
      六 酉                辰 阴
      朱 申                巳 后
      蛇 未                午
```

　　夜贵寅木，临干为财。支及三传助来，合成木局。中逢丁亥，金日逢丁，传财化鬼，只可携财祷贵，纳粟奏名。取即为灾，以本求财，则生祸矣。

　　发用未加卯，详丁卯九局。昼蛇甲子十局。夜白曰在野，又登山。

辛卯十局

辛卯十局　重审　三交　励德　九丑

```
　　　　　　　丑辛
　　酉午辰丑
　　午卯丑辛
丁乙　　六白
禄酉
午空　戌戌
脱子　空阴
乙
百辛辛　武蛇
才卯
子戌
　　　六戌　勾
　　　　　戌　常
　　朱申　酉
　　　　亥　青
　　　　子　空
　　蛇未　丑　白
　　　　子　常
　　乙午　寅
　　　　卯　武
　　后巳　辰
　　　　　　阴
```

昼乘虎墓，身下合上，害美里生。嗔墓虎，病讼，畏凶。夜禄虚惊，旺禄空克，夜虎须惊。中传脱盗，末财乘武。三交子卯相刑，前途欠顺。昼贵在支，空脱无形。

发用酉加午，详丁亥十局。昼六乙丑九局。夜白曰临门，防折，人口争讼。

辛卯十一局

辛卯十一局　蒿矢　泆女　变盈　龙战

```
　　　　　　　子辛
　　未巳寅子
　　巳卯子辛
癸癸　后武
巳酉
卯辛　蛇白
乙乙
未癸　六青
巳癸
丁乙
酉空
未空
　　朱申　六
　　　　酉　青
　　蛇未　戌
　　　　亥　空
　　　　子　白
　　乙午　丑
　　　　卯　常
　　后巳　寅
　　　　　　常
　　阴辰　　武
```

遥克传空，蒿矢带金，传向空地。所作无踪，好恶俱虚。源涸根断，课传五阴，迤逦下生，流消其源。枝断其根，耗盗无穷。脱耗无穷，将空在日，脱之尤甚。动作更凶，病必死矣。脱空格。凡占干上脱乘天空，指天说地，无中生有，遥克空亡，如说。

发用巳加卯，曰：野云出洞，木履弓弩。昼后曰裸体，夜武乙丑五局。

辛卯十二局

辛卯十二局

巳辰子亥　辛卯十二局　连茹
壬壬未未　　　　　　　龙战
生辰卯辰卯亥辛　　　　斩关
　卯辛　　　　　　　　重审
马长癸癸　蛇六
德生巳巳
官甲空
空官午乙勾
败巳癸

后　阴
乙午　未空
蛇巳　辰
朱辰
六卯

　　武　常　白　空
　　戌　亥　子
　　　　　　丑青
　　　　　　寅勾

　　丁火伤身，不合递生，主客眷恋。但丁临干，金日逢丁，为天头患。病必头疼，递互可恶。昼贵何踪？三传鬼昼，贵末空更。网刃在面，岂利前行？常人仕宦同如坐守。末助初生，虽有患，难得宁。

　　发用辰加卯，详丙寅十二局。昼夜皆朱曰投罗。

壬辰一局

壬辰一局　伏吟　自任　励德

辰辰亥亥
辛丁
禄亥　空常辰辰亥壬
乙癸
阴巳　乙朱
才口
戊甲
长申　武青
生

后　阴
乙巳　午勾
蛇辰　未
朱卯
六寅

　　武　常　白　空
　　申　酉　戌
　　　　　　亥
　　　　子丑青
　　　　　　勾

　　德禄丁亥，乘丁发用。贪财岂宁？水日逢丁，静中财动。及向取之。中末辰戌，昼夜蛇虎，分财夺禄。中逢墓克，仕宦欣逢，常人凶动。惟宜坐守，庶得少宁。戌虎末逢，戌虎冲支，如占家宅，必须安镇。

　　发用亥加亥，详乙丑三局戊辰十局。昼空癸酉十二局。夜常征召。

壬辰二局

壬辰二局　比用　斩关　连茹

彼己倥偬，面前六合，彼此受伤，他轻我重。戊土在干发用，中末既生，舍厄可用。退向生方，但魁度天门，动多关隔。惟宜猛弃，方能就生。若冬占卯为火鬼，昼雀伤支，须防火鬼。

发用戌加亥，用昼夜，俱白壬申二局。

壬辰三局

壬辰三局　元首　冥阳　拱定

交互相脱和顺，克支败干。间传拱定，三传夹定，支拱于前，所谋不出规谋。但退间传以阳人阴，凡为委曲匪由径也。夜占虎冲支寅，兽头冲制例。

发用寅加辰，详壬午三局。昼六甲子五局。夜蛇甲子伏吟。

壬辰四局

壬辰四局　元首　病胎

戌丑巳申
丑辰申壬

乙癸乙阴
闭口　乙癸巳
马脱　壬庚　六蛇
　　　寅
禄德　巳癸辛丁　空勾
　　　亥寅庚

　　　　朱　蛇卯辰
　　六寅　　巳　乙
　　　　　　　午　后阴
　　勾丑　　　未　
　　青子　　申　
　　空亥戌酉　武
　　　　白常

长生在干，难处。昼元夜虎，故不可处。闭口初传癸巳之财，马中寅丁未亥之财，动取三传递生。初传破碎在支，鬼临三四，动可取财，病讼忌鬼。元胎之卦，先滞后通。

发用巳加申，详庚午四局。昼乙壬午四局。夜阴戊辰返吟。

壬辰五局

壬辰五局　重审　润下　励德　三奇　狡童

申子卯未
子辰未壬

庚戌
刃　子青六子
辰壬
长生　戌甲申　武白
墓　甲壬
　　辰　蛇后

　　　　朱　蛇卯辰乙
　　六寅　　巳　
　　勾丑　　　午　后阴
　　青子　　未　
　　空亥　申　
　　白戌酉　武
　　　　常

干上未土，干鬼喜旬空，故无畏。支墓末位，三合之课。子未六害，合中犯煞，末传辰为墓故，病凶讼刑，病必因蹇讼，主淹留，行人立至。自旺传墓，行人却有归意。比肩太重，妻财损矣。

发用子加辰，详壬申五局。昼青甲子八局。夜六丙寅六局。

壬辰六局

壬辰六局　权摄不正

比用　乱首　孤辰　不备

```
        午 亥
        丑 午
        午 壬
        亥 辰
   丙   孤  才  后武
   亥辛巳
   官 丑乙朱
     午午戊甲
   长 申丑己
   生
          六寅蛇
       勾丑   卯辰蛇巳
     青子       午后
     空亥
     白戌
     常酉 申未武阴
```

不尊失序，干加支被支克。被下欺侮，不自尊，被下侮。三传递生，申长生，被午克，丑墓，全然无气。长上生计，无占，夜必亡财。午为胎财旬空，纵七月生气在午后，必有损。夜占武在午，财亦有失。怪临门户，墓乘蛇临酉，故门户生怪。亥禄被支墓克，无用。

发用午加亥，用昼后，俱壬申六局。夜武壬申三局。

壬辰七局

壬辰七局　返吟　斩关　励德　回还

```
        辰 戌 亥 巳
        戌 辰 巳 壬
   乙癸   闲才  乙阴
   巳乙巳
   闲 亥空勾
     巳癸乙阴
   禄 巳乙巳
   德   闲才
          乙阴
       武丑朱   寅卯辰巳
     常子       辰乙
     白亥子
     空戌
     青酉
     勾申 午未朱蛇
```

巳及丙丁，干及初末。三巳中丁，亥支丙戌。总是财星，水日逢斯，总是财星。秋冬遇之，身旺之际，可以取财。春夏遇之，财旺身弱，反有所费。两贵受克，病讼皆凶。斩关课名，戌在支上，乘龙返吟、斩关，大利逃亡。

发用巳加亥，用夜阴，详戊辰返吟。昼乙壬午四局。

壬辰八局

寅　酉　酉　辰
酉　　　辰　辰　壬

壬庚　　武蛇
马脱　寅
酉乙
官　丁空
　　未　朱常
　　寅庚
　　庚戌
刃　子　白六
　　未空

壬辰
壬辰八局　重审　斩关　不备　乱首

空　白　子　常
青　戌　亥　丑　武
　　　　六　寅　阴
勾　酉　　　卯　后
六　申　　　辰
朱　未　午　巳
　　　　蛇　乙

　　上门欺凌，面前六合。支辰华盖，墓克日干。丑昏且晦，欲避不能脱也。寅虽可靠，能克辰土，本为救神。但自坐克，不能为救，力难兴渠。三传下克，中末传空，向后好恶皆平。酉为败神，在支，家中亦有败坏，更防酒色之迷。

　　发用寅加酉，详乙丑八局。昼武丙寅返吟。夜蛇甲子伏吟。

壬辰九局

子　申　未　卯
申　　　辰　卯　壬

丁寡
空官　未　朱勾
卯乙　辛丁
禄德　亥　空常
未空
癸辛
脱　卯　阴乙
亥丁

壬卯
壬辰九局　重审　曲直　寡宿

青　空
勾　戌　子　白
　　酉　亥　丑　常
　　　　常　寅　武
六　申　　　卯　阴
朱　未　　　辰　后
　　蛇　午　巳
　　　　乙

　　夜将皆土，传末救护。常人忻之，君子深畏。六车六合，各自乘脱，传木局。盗日伤支，赖辰土申，能敌木局。如夜贵皆土伤干，赖传救，常人喜逢制鬼，仕宦制官。

　　发用未加卯，详昼朱夜勾，俱丁卯九局。

壬辰十局

戌未巳寅
壬辰十局　蒿矢　稼穑　孤辰

壬寅
未辰寅壬

庚丙　青白
官戌　未空
辛丁
官丑　常阴
戌丙
甲壬
墓辰　后蛇
丑丁

勾青空白
六申戌亥子
朱酉
蛇未　子丑常
午　寅武
乙巳辰卯寅
后辰阴

互相吞生，夜戌虎盛。身幸乘寅，众鬼钦敬。交互乘克，寅是未空，蒿矢三传皆土戌。夜乘虎伤日，诚至凶。喜干乘寅敌鬼，乃救神不作脱气，宜坐待，不利动谋。又传助伤德，占逃隐，小人利，君子忌。

发用戌加未，曰：重山欠利，后妇嫁争，婚病。昼青癸未四局。

夜白，壬申二局。

壬辰十一局

申午卯丑
壬辰十一局　重审　六仪　涉三渊

壬丑
午辰丑壬

戊甲　六青
长申　申空
生酉庚丙
官戌　青白
申甲庚戌
刃子　白武
子丙

勾青空白
六申戌亥子
朱酉空常
蛇未　子丑
午巳辰卯寅武
乙巳
后辰卯寅阴

发用长生，丑午来憎。勿依末旺，戌虎来吞。面前六害，支破伤干，空财临支，发用长生。自坐空乡，被支上午克干上丑墓，全然无气。涉三渊，中戌鬼乘龙，末传旺神，遁戌乘虎，岂利动用乎？

发用申加未，详乙丑十一局。昼六丙寅十局。

夜青，甲子十局。

壬辰十二局

```
          壬壬辰十二局  元首  连茹
    午巳丑子
  辛己  巳辰子壬
  官丑常阴
    壬庚
  马脱寅  武后
    癸辛
  脱卯  阴乙
          朱未  六申青
          蛇午    酉戌
          乙巳      亥  白
          后辰      子
          阴卯  寅丑
              寅丑
              武常
  勾青空白空子青
```

　　昼旺乘虎，那堪遁戌。休赖木旺，渠自受苦。交互相克，旺刃临干，遁戌乘虎，发用丑又鬼。中末二木虽救神，但遁庚辛金在内木被克，不能为救，连茹虚拱，一位网刃，岂利动谋？牛女相会，占婚却宜。

　　发用丑加子，用夜阴，俱丙申十二局。昼常丁卯二局。

癸巳一局

```
          癸巳一局  伏吟  自信  稼穑  励德
    巳巳丑丑
  癸己  巳巳丑癸
  丑勾阴
    壬丙
  戌  白白
    己辈
  未  阴勾
          后午  阴未勾
          乙巳  申酉戌
          蛇辰  酉戌亥
          朱卯  子青
          六寅  丑子勾
                武常白空
```

　　五虎相攻。子并，初传，二丑，中传上下二戌，末传二未。旬空折半，共成五虎。闭口免凶。癸巳在支，闭口可免灾咎。昼夜天将，戌乘白虎，仕宦催官符至，常人病讼皆凶。病讼垂逢。

　　发用昼勾丙寅三局。夜阴壬申十二局。

癸巳二局

癸巳二局 元首 斬關 連茹 旺祿臨身

子
卯　辰　亥　子
乙辛　朱乙
脫子　卯　辰　巳　子　癸
辰壬
甲庚
脫子　寅　六后
卯辛
癸巳
官　丑　勾陰
寅庚

蛇　辰
巳　后午六
朱　卯　未申　陰武常白
六　寅　酉
勾　丑　戌
　　子　亥空
　　青

遞相克賊，交互克代，解離之卦。祿臨身披，夜將元食，若晝乘龍，誠為吉泰，難進難退，干支拱傳退，連茹。初中脫氣盜，末傳官鬼課名，故后迫前逼。

發用卯加辰，用晝朱，俱戊辰二局。夜乙乘卯曰登車。

癸巳三局

癸巳三局 重審 極陰 回還

亥
丑　卯　酉　亥
癸己　勾朱
官丑　卯　巳　亥　癸
卯辛
癸丁
馬比　空勾
丑己
辛乙
敗生　酉　常空
亥丁

蛇　辰
巳　后午六
朱　卯　未申　陰武常白
六　寅　酉
勾　丑　戌
青　子　亥空
　　白

丑癸坐于克方，末酉雖敗，坐于脫鄉，丁馬獨在，中及干上，上乘亥馬。千里之行，水日逢丁，行行千里，獲財十倍。卯為貴德，加臨巳上，兩貴相加，極陰卦。惟宜暗求兩處關節，卻得貴人周濟。

發用丑加卯，用晝勾夜朱，俱丙寅三局。

癸巳四局

亥　寅　未　戌
壬丙　戌　巳　戌　癸
官白
丑巳
空官
戌丙
墓辰　　　　元首　稼穑　斩关

朱　蛇卯　　　　乙巳　后
六　　寅　　　　　午　阴
勾　　丑　　　　　未
青　　子　　　　　申　武
空　亥戌　　　　　酉　常
　　　　　　　　　戌　白

干上戌及三传纯土，为众鬼皆彰。又交互相脱，诚为凶咎，凶祸难吉。宅中喜乘寅木，可敌仇冤。及喜中末传空，先凶后吉。

夜占申乘虎冲支上寅，必主宅上怪事不宁。

发用戌加丑，用夜青，俱癸未四局。昼白壬申二局。

癸巳五局

酉　丑　巳　酉
丁癸　巳　酉　巳　癸
阴才
酉丑
官癸
巳巳
败生
酉丑　　　　元首　从革　俯就　不备　回还

朱　蛇卯　　　　乙巳　后
六　　寅　　　　辰午　阴
勾　　丑　　　　　午
青　　子　　　　　未　武
空　　亥　　　　申酉　常
白　　戌　　　　　　

人就财乡，干乘破败，遂不能守。投就支生，支又为败。课传循环，末又传干，昼将皆土伤干。忧变怡颜，却赖三传窃土生日。

发用巳加酉，详乙丑五局。昼乙壬午四局。夜阴戊辰返吟。

癸巳六局

癸巳六局 重审 斫轮 铸印

申 癸
卯 子 未
乙辛 卯 未乙 申 癸
脱 戌甲
壬丙 官戌 白青
卯辛
丁癸 乙阴
闭 巳 巳
口 戌丙

六 寅 朱
青 子 丑 卯 蛇
空 亥 辰 巳乙
白 戌 后
常 酉 申 未 午
武 阴

交关车相，合为最美，财神巳矣。旺禄克支，宅下欠安。生虎鬼龙，末传巳火重重被墓，妻财所畏。如何夜将戌鬼乘龙，申生乘虎，一悲龙克，一喜虎生。

发用卯加申，详乙丑六局。昼朱戌辰二局。夜乙曰登车。

癸巳七局

癸巳七局 返吟 励德 回还

巳 癸
亥 丑 未
巳亥 亥 丑未 巳未癸
己癸
闭才 乙癸 乙阴
口
马比 亥
巳癸
丁癸 巳阴
闭才 巳 亥丁
口

白 常 武
亥 子 丑 寅 阴
青 戌 卯 后
勾 酉 辰 巳 乙
六 申 未 午 蛇
朱

皆马皆丁，初末皆财。丁马居中，水日返吟。动获资生，不容久停。贵两贵受克，难倚靠无力。财却丰望，二传财交生助干上，未土为官，携财祷贵纳粟尤宜。彼此受伤，各自坐克。

发用巳加亥，用夜阴，俱戊辰返吟。昼乙壬午四局。

癸巳八局

发用财空，夜武上下夹克，钱财累耗。午宫又被亥克，是克处回归。又受其克，故累耗。各值元辰，阴日冲后一辰，名元辰，俱怀凶暴，支上戌被末传辰冲，干上午被辰脱，故伤丁元辰，俱怀凶暴也。七月生气，在午，占产速，防胎损。

发用午加丑，曰：渡江野马，主文字，暗昧不明，涉历危。昼蛇甲子四局。夜武壬申三局。

癸巳九局

财来贼我，支乘破碎，败不能守。加于干上为财，循环相锁，三合之卦。自支传干，彼向于我，将克昼将，俱土传金局生。仕宦逢之有官有印，革故鼎新，权双美。常人遇之，重口难播，凶中得利，美里防殃。财乘官鬼，纳献偏宜。

发用酉加巳，详乙丑九局。昼勾丙寅伏吟。夜空丙寅伏吟。

癸巳十局

癸巳十局　重审　生胎　六仪

```
          癸辰
        亥申
      未辰
    申巳
甲申长生  庚申六青
  巳癸
  癸乙亥空常
  申甲庚寅武后
  马比
  寅
  亥乙
        勾申酉      青戌亥白
      六申酉空      朱未戌
    蛇午未          乙巳辰
  后                亥空
  子丑常武
  寅阴
  卯辰后
```

墓干上乘辰克其身，支乘合，主自己昏迷，他人逸乐倚赖末寅，能克辰土不甘之者。初支两申反克，伤寅木而寅木不能制辰，诚恐救不能矣。发用六合，末传武后在干，淫泆卦。值男女德命干支，占婚，先有私，后成。

发用申加巳，用夜青，俱甲子十局，昼六丙寅十局。

癸巳十一局

癸巳十一局　蒿矢　励德　寡宿　入炅

```
          癸卯
        巳卯
      未巳
    卯癸
己寡未卯勾
  辛乙酉勾空
  未癸丁亥空常
  马比亥乙
  酉
        六申酉空      青戌亥白
      朱未戌          戌空
    蛇午未            亥子常
  后辰                寅丑
                      卯寅武
                      辰阴
```

源洇根断，凡谋泛泛。迤逦脱耗，渐入幽暗。彼此乘脱，自干至末，俱是下生。迤逦脱耗，课传五阴，发用旬空，名源消其源，根断其根。凡谋虚泛，渐入幽暗，而无成就也。

发用未加巳，曰：万象回春。昼朱戊辰伏吟。夜勾戊辰伏吟。

癸巳十二局

己寡
官未
午空
庚甲
长申
生未空
败生酉
　申甲

寅
癸巳十二局　蒿矢

卯癸
寅

未午
午巳

　　　连茹　寡宿
未午　朱勾　勾青　白
　午巳　六申青　酉戌亥
　蛇　午未　朱　青空
　乙　巳辰　　子
　后　卯　　　丑
　阴　　　寅
　　　　　元武

蒿矢空亡，交车六害，发用蒿矢，反喜旬空无畏。前路佳祥，中末皆金，为生气也。寅元空午，支上午为财旬空，干上寅木脱气，昼乘元武，故失脱。须防子虎冲支，家宅不宁。

第五十三章　术数汇考五十三

《大六壬立成大全钤》七

甲午起，至癸卯止，计一百二十局。发用课格，悉按诸经集注，以备考核。贵人以甲戊庚牛羊分旦暮旬空，辰巳内有发用，课格类神同局者，悉注见某局内。其断事则与占课者年命刑冲德合相加为准，故不载。

甲午至戊戌

甲午一局

午午寅寅
丙壬
禄德寅 蛇青午午寅甲
己寡
空脱巳 勾未
壬丙
马官申 白后

甲寅
甲午一局 伏吟 自任 元胎

青
空午未贵
勾巳 申白常武
六辰 酉戌阴
朱卯 亥
腾寅 丑 子 后
贵 后

不肯守禄，支脱干气，昼蛇，禄不能守。去投空谷，面前被已空脱。中传空名。断桥折腰，中多有阻。马载虎鬼，末传申乘虎马。仕宦催官符至，常人病讼，俱凶。末后相逐，如能俯就支下，虽为脱气，能制官鬼，庶几免祸，亦不利动谋。

发用昼蛇夜青，俱详甲子一局。

甲午二局

甲丑
甲午二局 比用 连茹 三奇

丑甲 空
子午丑 白常
巳巳 武
辰午

甲庚 子 后白
败生 丑辛 乙巳 阴常
长生 亥 甲戌 武
财 戌己

青午腾
勾巳
六辰
朱卯
腾寅
贵丑
子后

未 申 酉 戌 亥
空 白 常 武 阴

退遇生方，不利干进。进值空亡，夜将虎逢庚子，美里成殃，交车六害。润下课生干克支，主人口丰隆，宅及子孙不利，子加丑，占婚吉。

发用子加丑，用昼后夜白，俱详甲子二局。

甲午三局

甲子
甲午三局 涉害 悖戾 励德

寅辰戌子 甲
戌午子
辰

甲戌 戌武武
财 戌庚 壬丙 白后
官 申 戌甲 青蛇
脱 午丙 庚申

朱卯 勾巳朱 青
六辰 午未申 空白常
腾寅 酉
贵丑 戌武
后子 亥阴

夜子昼虎，生朊临干，夜乘白虎，初传虽财，中传官鬼，昼乘白虎，末传脱朊。城是凶神，退间倒拔蛇之难，岂利动谋？如能坐守，得末助初财。六阳数足，公为明取却得，革故鼎新。

发用戌加子，用昼夜皆武，俱详甲子三局。

甲午四局

甲亥
甲午四局　蒿矢　病胎

甲亥
甲

```
              子　卯　申　亥
      壬丙          卯　午　亥
   马官 申   亥己 已空
      白后   申后 卯　午
   脱 巳    申丙
   丙壬      蛇青
禄德 寅   巳空
           朱卯
         六辰六
      螣 寅        巳 午 未 申
      贵 丑       勾 空 白 常
      后 子
      阴 亥　戌　酉　申
                  武　常
```

申为矢箭，射中非善。马载虎鬼，昼难脱免。卦虽蒿矢，发用申金。

昼乘虎马，射必伤重。凡占至惊喜，传空地，能坐待长生，在干窃金时日，先被惊危，后有生意，最不利动用。

发用申加亥，详甲戌四局。昼白夜后，俱详戌辰十一局。

甲午五局

甲戌
甲午五局　重审　炎上　回还　斩关　狭泆
不备　求受

甲戌
甲

```
              戌　寅　午　戌
      甲戌          午　戌
   财 戌   六六王
      戌戌   寅庚甲
   脱 午    后白
   丙壬      后白
禄德 寅   寅甲
   午甲      午戌
           阴卯常
         武常白空
      贵 寅        辰 巳 午 未 申
      螣 丑       武 常 白 青
      朱 亥
      六 戌　酉　申
```

人衰宅旺，炎上，脱干扶支。他忤我向讼，宜顺他讼。喜火局制鬼，干加支，惟宜俯就仗彼力。官鬼不能为害，故宜顺他。病虚脱，长三传脱炁，能生戌土为财，亦可取还魂之债，如占病，是虚脱后必难全，仕宦畏制官。

发用戌加寅，用昼夜皆六，俱详甲子五局。

甲午六局

甲酉

甲午六局　元首　四绝

```
       申 丑 辰
       酉 午 丑
         酉
         甲
     癸丁
官  丁酉  勾朱
     寅壬  戊孤
空财  辰      武
     乙己
长生 亥  朱勾
          辰空
         阴  武  常  白
      卯  辰  巳  午
   寅            未空
   贵子丑
   腾亥
   朱戌
   六  酉  申
   勾  青
```

元财在中，交互相克，彼此欠和。中传财武乘亥，又是旬空，财必有失。末生坐空，末传长生，投干空墓，长上无占，干及初传。

丁神作鬼，初传丁酉，二重支上，丑土助克，必是家鬼，害家人也。故主动凶，重逢辰酉六合，三传自刑，卒难称意。

发用酉加寅，详己巳六局。昼勾，详庚午十局。夜朱，详丙寅九局。

甲午七局

甲申

甲午七局　绝胎　回还　返吟

```
       午 子
       午 子
       寅 申
       申 甲
         甲
   丙壬  禄德
午  寅  后白
   中壬丙 蛇
马官 寅壬
   丙壬  禄德
     寅
         后  阴  武  常
      卯  辰  巳  午
   寅            未空
   贵丑空
   腾亥
   朱戌
   六  酉  申
   勾  青
```

支子乘蛇克，干申乘龙克，皆伤，彼此受伤。又坐克，方干落甲，支落子。舍就不可，返吟遇此，前逼后迫，进退难矣。彼此非良，秋占火鬼，子克午，更防火烛灾。

发用寅加申，课详壬申七局。昼后夜白，俱详甲子六局。

甲午八局

未甲
子未
亥午
辰亥

庚子 蛇青
未乙 寨常阴
巳庚子庚
财戌 巳空

甲午八局 比用 三奇 天狱
贵 后 阴 武
丑 寅 卯 辰
朱亥
滕子青
六戌
勾酉
青申
空未 午 巳
　　白 常

交互彼已，交车六合。两边不利，墓干脱支。夜害未贵，人与发用，子为六害。讼遭官制，斗系日本，天狱深畏，初、末拱宅，引从何益，巳被戌墓子克，又是旬空，子息大忌，中末传空，缓而解释。

发用子加未，用昼蛇夜青，俱详甲子八局。

甲午九局

寅戌
戌午
午甲
丙壬 寅后白
戌庚 庚甲
脱午壬 寅壬
甲戌
财戌 午甲 六六

甲午九局 元首 求受 泆女 炎上 斩关
励德 回还
贵 后 阴
丑 寅 卯
滕子青
朱亥勾
六戌
勾酉
青申
空未 午 巳
　　白 常 武 辰

循环脱耗，支并三传，合火脱干，秋冬急暴，昼午夜寅，皆乘虎。春夏木旺，火相可作旺官，秋冬遇之为饿鬼。身体频灾，家庭累盗，亦墓脱，家宅倾堕，彼此不顺，惟喜脱烎，生戌还魂之债，未免屈身循环，俯就于人，稍可取财也。

发用寅加戌，详甲戌九局。昼后，详甲子六局。夜白，详甲子六局。

甲午十局

巳甲　甲午十局　比用　生胎
申巳
酉午
子酉
　　　　　朱　巳
　　　　　腾　亥
　　　　　贵　子
　　　　　后　丑
　　　　　　　寅
壬丙
马官　申蛇
巳空　亥
乙亥　　　　六　戌　勾　申
长生　丙　　戌　　　酉
　　　甲申　　六　青　申
禄德　丙寅　　　　空　未
　　　亥己　　　　白　午
　　　后白　　　　常　巳
　　　　　　　　　　　辰武
　　　　　　　　青　申
　　　　　　　空　未
　　　　　　　白　午
　　　　　　　常　巳
　　　　　　　　　卯阴

脱空碎破，丁鬼宅内，初马载申，生禄，后配丁酉，在支申发用，卦诚凶，干上巳为空脱破碎，能制官鬼，遂三传化为递生，初起末传，寅木德禄，巳火不可作。空脱实为救神，亦不可动用也。

发用申加巳，用昼青夜蛇，俱详甲子十局。

甲午十一局

甲辰　甲午十一局　涉害　淡女　斩关　登三天
午甲
辰甲　察微　孤辰　回还　武阴　后贵
　　　　　　　　　戌女子丑
戌孤
空辰　六戌蛇
寅甲　午空青　　　　常酉阴
脱午　庚　　　　　白申
　　　壬丙　　　　常酉
马官　申后白　　　白申
午甲　　　　　　　空青
　　　　　　　　　勾六
　　　　戌女子丑寅螣
　　　白申
　　　常酉
　　　空青
　　　勾六
　　　　　　卯朱

空财动众，马载虎鬼。贵坐天门，辰塞鬼户，天罡发用，斩关动摇。

初空财引入，中脱，末传及支，虎马官鬼，自干传支，又登三天，虽贵坐天门，罡塞鬼户，仕宦忻逢，常人岂可前进？

发用辰加寅，昼夜六，俱详甲子十一局。

甲午十二局

甲午十二局　重审　连茹　孤寡

卯　甲
甲　卯
申　未
未　午

戊孤
财辰　　辰六
卯癸　　卯癸
　　巳寡
空脱　　辰空
庚甲
空脱　　午蛇
巳空

青　午
勾　巳
六　辰
朱　卯

常　武　阴　后
白申　酉　戌　亥　子
午　巳　辰　卯　寅　丑贵
青　勾　六　朱　螣

支干拱传，空脱双全，行人在彼，耗盗忧煎。初传空财引入，中、末空脱破碎，网刃在头，虎鬼墓上，岂宜前进。墓神作财，临干支上，如在外，商贩必因折本，在彼忧煎羁留，占者遇之，当退步守旺就财，庶免前凶。

发用辰加卯，详甲子十二局。昼夜皆六，详甲子十二局。

乙未一局

乙未一局　伏吟　斩关　稼穑

乙　辰
乙　辰
未　辰
未　辰

庚孤
财辰　　辰勾
未未　　未未
　　癸乙
墓　　　未蛇
　　　丁辛
财丑　　蛇白

青午　　常武
巳未　　酉阴
辰腾　　戌后
卯　　　亥
寅　　　子贵
螣　　　丑

三传日辰，总类财神，俱财干上空辰。丑未支及，中传墓神，昼乘白虎。大吉末传，夜虎乘辛，占遇如商贩取本，必因贪财致讼，因食伤身，以致昏晦，自累羁留，不能亨旺。识者远其财，急流勇退，庶免迍遭。

发用昼夜皆勾，详乙丑一局。

乙未二局

乙未二局　昴星　励德周遍　旺禄临身

```
　　巳午寅卯
　　　　　乙
丙戌　　未未卯
财戌　阴巳辛
禄　　癸卯旬
闭旬　壬午空
口尾　甲未乙
旬首　　　　　白常武
　　　　　　　未申酉戌
　　　　　青巳　阴
　　　　　空午朱
　　　　　勾辰卯
　　　　　六卯寅
　　　　　来寅丑
　　　　　腾丑子贵
```

干上旬尾，支上旬始，首尾迂回，如环无端。常被虎视，卦名虎视，主常常忧惧。又互乘死炁，干上虽旺禄，不能开口，变为六害乘合，主自己熬煎。初戌为不入手之财，中六害，末脱炁，冬占掩目伏慝。伏慝万状，虽主助福神，亦勿远动，首尾相见，谋事成凶散。

发用戌加亥，详壬申二局。昼阴曰裸形。夜阴，详乙丑三局。

乙未三局

乙未三局　昴星　衰胎

```
　　巳子寅
　　　　　乙
　　巳未寅
丁巳　　后武
长亥　戊辛
生丑　　壬
比寅　空
　辰空　六
　辛巳乙
马巳　
脱未乙
　　　勾辰　空白常武
　　　青巳六　未申酉亥
　　　午未申酉阴
　　　六卯寅丑
　　　朱寅丑
　　　腾子予
　　　贵亥后
```

怀胎衰替，孟临季位，被其克脱。嗣类支逢空亡而已，面前六害，彼此猜忌，传上生下，故曰衰替。至孕妇多疾，家道衰替，支上巳为子孙支空。占产生速，亦不长久，进长占事多沉慝，虚甚不和。

发用亥加丑，用昼后夜武，俱详乙丑三局。

乙未四局

乙丑乙未四局　重审　稼穑　斩关　励德　不备
培基
乙丑
丑乙
戌丑
辰未
丑辰

丁辛　蛇青
财丑　辰空
丙戌
财丑　朱后
癸未　戌戌
墓

青　午　未　申　常
空　巳
白　午　未　申
常
六卯　辰
勾辰　常
朱寅　卯
腾丑　子
贵子　亥
后亥　戌　酉
　　　　　武
阴

干就支所，皆财。财宜急取，稍缓反被支墓。迟昏却为祸也。

满眼皆财，墓神在末，辛丑临干可畏，传财化鬼，止宜交贵献纳，占病求神，妄动贪财，祸患踵至。

发用丑加辰，用昼蛇夜青，俱详乙丑四局。

乙未五局

子乙未五局　元首　曲直　狡童　权摄不正
乙子
申子
卯申
亥卯

己癸　六白
闲禄　卯乙
口　未乙
长生　丁巳
墓　亥癸
卯癸
癸乙
未己
亥

亥　卯　申　子
勾青　空
辰寅　白
辰　巳　午　未　申
朱寅
腾丑　子
贵子　亥
后亥　戌　酉　申
阴戌　　　　　武
常

贵临乙未，支乘干禄。仔细推之，无礼反目。支、害互刑，无礼反目，旺禄临支，昼合夜虎。乙木伤支，人虽盛旺，宅必倾堕。昼贵育干，惟宜坐守。贵人周济，不利动为。

发用卯加未，详己巳五局。昼六曰入室。夜白，详乙丑六局。

乙未六局

乙未六局 重审 六仪 用夜贵吉

```
乙亥
亥 乙
午 亥
寅 未
酉 寅
壬甲   脱午   空阴
丁辛   财丑   后青
午甲丙  德官申  辛
          丑
          子丑
          后青
          巳丑
          阴寅空
          卯辰巳
          武常白
          午空
贵子
腾亥
朱戌
六酉  申未午
        勾青
```

守有生路，支虽被克，干乘长生，如能坐守，生计荣昌。所忧散虑，初传午脱干，迤逦生，至末申金，却又伤日。恩多怨深，互将仇报。昼贵子落空亡。夜贵申临干之墓，常人喜利鬼贼，足可解忧，仕宦不宜。

发用午加亥，详壬申六局。昼空夜阴，俱详乙亥六局。

乙未七局

乙未七局 稼穑 斩关 孤辰 回还 返吟

```
乙戌
未 丑 辰 戌
丑 未 戌 乙
丙戌   财戌   未未
辰庚   空财   辰
丙戌   财戌   未未
          阴武常白
贵子  后丑青
腾亥  寅卯辰巳
朱戌  午空
六酉  申未午
        勾青
```

满目空财，传财俱是旬空去绝。往而不来，宅乘辛丑。辛丑在支，财化鬼昼后，故因妻致灾。或贪财伤身，欲诗不取，钱财满眼。取财过多，恐生灾厄。惟宜三省，可免劳费。卯为禄，乘鬼坐克，夜并虎，占病可畏。

发用戌加辰。昼夜朱，详乙丑七局。

乙未八局

酉
乙未八局　比用　铸印　长危　寡宿

巳子寅酉
辛寅　　乙
马朐巳　白武子庚
空子庚　　丙戌
丙戌　朱朱
财戌　巳空
巳空
阴禄卯　武白
口　戌戌

朱戌
六酉
勾申
青未

贵子勾
丑寅卯巳午
阴武常白空
亥后

丁鸡抱蛇，干乘合，支乘害。酉丁夜蛇，酉属鸡，故丁鸡抱蛇，凡占，极凶极怪。初巳虽救神，旬空坐克申，坐克虚华。卯未传虽是禄，元昼虎夜相加，占禄大忌，铸印不成，仕庶不利。

发用巳加子，详丁卯八局。昼白，详己巳七局。夜武，详乙丑五局。

乙未九局

申
乙申未乙九局　重审　曲直　狡童

卯亥子申
丁巳　　乙
丁巳　六
长亥未己　白武
生未己癸　武
闭禄卯乙癸　后
口　亥己癸未卯
墓

朱戌
六酉
勾申
青未

贵后阴武
丑寅卯巳辰
后阴武常白
子亥六

现六害交互，可生不生，亥墓未自亥传未。自生传墓，先醒后雾，为事之先，如花似锦，至末后昏晦迷踪，故有始无终。昼申在干为鬼，乘勾伤身，夜鬼贵德，相扶保护，干贵求神，阴灵保护。

发用亥加未，详辛未九局。昼蛇，详己巳十一局。夜六，详辛未四局。

乙未十局

乙未十局　重审　稼穑不备　励德　赘婿　回还

丑戌　戌未　未乙

癸乙　墓未
青蛇空辰　丙戌
财戌　朱阴
未乙　丁辛
财丑　后白
戌戌

腾贵后阴
亥子丑
朱戌阴
申酉
六
勾
青申未
空午
白巳辰卯
常武

辛鬼后墓，三传俱财。末传辛丑，传财化鬼，休卖田地，虽支辰华盖覆日，主人昏晦，亦喜作财，可以养身，最不可弃却田土宅舍。

循环三刑，支加干，干传支，课体循环，更值三刑，止宜携金告贵。

倘若贪财，因财受苦。行人不来，冤枉分诉难明。

发用未加辰，详乙丑十局。昼青，详丙寅十一局。夜蛇曰乘龙。

乙未十一局

乙未十一局　重审　涉三涧

午未乙　申午　午乙　亥酉

甲丙
德官申勾贵
午甲丙戌
财戌朱阴
申丙
丙庚
败生子贵常
戌戌

朱腾贵后
亥子丑
戌亥阴
酉
勾申
六
青未申
空午
白巳辰卯
常武

丁鬼入宅，费用不一。尚可交关，贵勿悯恤，酉午名四胜，各逞其能。虽交车合，然彼此乘脱。又鬼乘丁在支，惊恐非宁。初鬼赖午制，常人喜仕宦，不宜中财鬼乡，末传昼贵，坐戌受克，两贵无力。

发用申加午，用昼勾夜贵，俱详乙丑十一局。

乙未十二局

巳乙
午未 巳乙
酉申 申未
乙丁
官 酉 戌武
申丙戌阴
财 戌丁巳
酉丁巳后武
长生 亥戌

乙未十二局 蒿矢连茹

白未
空午 巳
青 巳
勾 辰
六 卯
寅
丑子朱腾
常申贵
武阴
戌 亥后贵

空脱实鬼，干上巳火旬空，不能制鬼，反为空脱。面前六合，鬼临三四，蒿矢纯金，庶俗深畏仕宦，宜占三奇，儻值遁乙丙丁三奇吉卦。

发用酉加申，用曰千里贵，随女嫁他乡。昼武曰拔剑。九江贼怀怒攻之，反伤，又盗贼。夜后曰倚户。

丙申一局

申申 巳巳
申申 巳丙
癸寡
禄德 巳空勾
空 丙丙
财 申申戌地
庚壬 寅六白
马长生

丙申一局 伏吟 元胎 自任 寡宿

空巳午
青 辰
勾 卯
六 寅
丑子朱腾
常申未朱
武阴
戌 亥后贵

禄空德亡，上下六合，巳旬空昼天空，故不能守。中并支申为财，昼将乘元，财必有失。末传长生，夜将虎。壬遁寅边，无生反害，守虽无实，动则凶矣。

发用昼空丙寅一局，夜勾，详戊辰一局。

丙申二局

```
辰
卯 丙
未 辰
辛癸  勾空 未
闭生卯空  庚壬
口噭辰壬  六白
马长寅癸
生卯辛  己辛  常 武
脱生丑壬  朱常  未 申 酉 戌
乡寅壬
     青辰 白巳
     勾卯 午六
     六寅 空巳
     朱丑子
        腾贵
```
丙辰 丙申二局 元首 连茹 斩关

　　退逢生处，进入空所。事到中门，寅在卯地为门。马载鬼虎，干乘空脱，支乘实生，前进就禄，奈旬宅退向生方，行至中传，得寅马，遁得壬，夜将虎。仕宦宜占，常人深畏。

　　发用卯加辰，详戊辰二局。昼勾夜空，俱详丁卯一局。

丙申三局

```
辰 卯 丑
午 丑 卯 丙
己辛  午 申 卯
脱丑己   白 常 武 阴
官亥卯癸  庚辛  午 未 申 酉 戌
  丑辛
财酉丁   青辰 空巳
  亥     勾卯 午六
        六寅
        朱丑
        腾子亥
           戌后
           酉阴
```
丙卯 丙申三局 重审 极阴 周遍 首尾相见

　　干上旬尾，支上旬始，干谒贵人，最宜启齿。各自乘败，午昼白虎，彼凶己吉，中末两贵宜干求，二贵虽有周济，极阴逢酉亥，酒色大忌。

　　发用丑加卯，用昼朱夜勾，俱详丙寅三局。

丙申四局

寅
巳
亥　寅
寅　丙
巳　申

丙丙申四局　元首富贵　病胎　不备　寡宿
回还　赘婿　权摄不正空　白常　武

桑寅
禄德　空常寅庚壬
空　申丙庚壬
马长　寅　六青
生巳空　寅空　己巳
官　亥　贵未
　　　　寅壬

六　寅卯
朱　丑
腾　子
贵　亥
后

青辰　白
巳　午　未　申
勾卯　　　空
酉阴
戌

人往就财，传课萦回。所欲未得，所畏须来，下合上害，于加支克，支为财支。又传干巳成旬空，昼将天空，循环萦回，所欲未得。支乘六合，干乘六害，官鬼在未，主自己熬煎，他人逸乐，畏须来也。

发用巳加申，详庚午四局。昼空，详丙寅一局。夜常，详戊辰七局。

丙申五局

子　辰
酉　丑
丑　申
丑　丙

丙丙申五局　重审　润下　斩关　励德　孤辰

子辰
戊庚
鬼子　蛇六丑
辰巳　丙丙
财申　武后
子辛　孤
壬孤辰
空肥　青白
申丙

青空　白常
辰巳午未申
勾卯空
六寅
朱丑
腾子
贵亥
后戌酉阴

事虽难行，亦有可成。惟宜姑行三六合，并润下伤干，赖丑能敌众鬼，虽多全不畏也。又丑与初子合三六，相呼见喜忻，总然带恶不生嗔。事虽难行，亦可成就。唯宜坐赖丑力，倘若动谋，妄取申财，谓传鬼化财，财险危也。致众鬼侵伤矣。

发用子加辰，详壬申五局。昼蛇，详甲子八局。夜六，详丙寅六局。

丙申六局

丙子
丙申六局　比用　铸印　乘轩

子　丙
未　子
卯　申
戌　卯
墓　戌　戌
　　卯　癸　空　常
禄　巳　午
空　戌　戌　庚
　　子　蛇　六
鬼　子
　　巳　空

　　　卯　青　空　白
六寅青　辰　巳　午　未
朱丑　巳　午　未　申
子亥　　　　武
腾贵后阴
亥戌酉申

彼己干合，主刑无礼，反目。癸卯在支，遇事闭口，庶免灾咎为美。各自生墓，彼此昏迷。病绝药饵，四绝卦占病、讼俱忌，铸空传空，占官岂吉。中传禄，旬空人墓，子克戌掩，全然无气。

发用戌加卯，用昼后，详丁卯六局。夜蛇日入冢解释。

丙申七局

丙亥
丙申七局　返吟　绝胎　励德　回还

亥　丙
巳　亥
申　寅
寅　申
　　庚　壬
马　长　寅　武　青
生　丙　丙
财　申　六　后
　　寅　庚　壬
马　长　寅　武　青
生　丙

武　卯　辰　午　未
常　寅　辰　午　未
白　卯　辰　午　未
空　巳　午　未　申
阴丑勾
后子
贵亥腾朱六
戌酉申

上下相合，递互六害猜嫌，尽在和美之中，致生猜忌。夜被鬼灾，初、末生旡往来，投绝干上，亥夜将省，必鬼为灾。昼占昼，乃是神鬼怪，四绝卦，正事宜结绝。

发用寅加申，详壬申返吟。昼武，详丙寅七局。夜青，详甲子一局。

丙申八局

丙戌
丙申八局　元首　斩关

午丑卯戌
辛癸
闲生　卯　常空
口败　戊戊
丙丙
财　申　六后
卯癸
巳辛
脱　丑　阴勾
申丙

贵　戌　亥
后子六
腾　戌
　　　丑
朱　酉　　寅
六　申　卯　辰
勾　未　午　巳
青　　　　空

阴武常白

彼己逢墓，彼此昏迷，两蛇夹干，病、讼俱凶。总年命在亥辰，旬空不能为救。夜贵履狱，干贵无力。昼病须亡，中人棺木。中传申昼乘合，三月死气在申，占病凶。申类妻财灾尤的传，占亦作床，病未愈也。

发用卯加戌，详辛巳八局。昼常，详丁卯七局。夜空，详丁卯一局。

丙申九局

丙丙
丙申九局　重审　从革

辰子丑酉
丁丁
财　酉　朱贵
巳辛
己辛　阴常
脱　丑
酉丁
禄德　巳　空丑
空　癸

贵　戌　亥
子丑六
腾　戌
　　　寅
朱　酉　卯　辰
六　申　　白
勾　未　午　巳
青　午　辰
　　巳　空

阴武常

身乘夜贵，各乘死炁，人宅欠爽。昼财破碎，酉虽是财，昼乘朱夹破碎。又会从革生支子鬼止，宜携财祷贵，纳粟求名。如用夜将皆土生，传之脱炁反助财，宜乎假贷，先费后得。

发用酉加巳，详乙丑九局。昼朱夜贵，详丙寅九局。

丙申十局

六仪 乐里生悲格

丙丙申十局 重审 生元胎 赘婿 不备

贵后阴武
亥子丑寅
朱酉贵
腾戌后
六申
勾未午巳辰
青空白

财申官亥
六蛇

长生末传财，初申贵中亥，下合上害，支来加干而却被克。夜贵蛇虎，太阴在传不美，变吉为凶。众口赞扬，昼占贵合元武，三传递生，无有穷已，隔二隔三，人推荐也。赘婿卦支上乘武，必无正屋可居。

发用申加巳，用夜蛇，俱详甲子十局。

丙申十一局

六仪 斩关 三奇 向三阳

丙未申十一局 重审

腾贵后阴
戌亥子丑
朱酉贵
六申
勾未午巳辰
青空白

官子
后武

鬼在墓存，招呼病人，夜遁壬虎，勿视其寅。下合上刑，美中不足，虽向三阳，初传鬼在墓上，招呼病人，中传寅长生，遁壬夜乘虎，凶恶尤甚，末辰旬空，幸干未能敌子水，只宜坐守勿动谋。

发用子加戌，详丙戌十一局。昼后，详甲子二局。夜武，详丙寅一局。

丙申十二局

戌酉未午
酉申午丙

丙午
丙申十二局
弹射　连茹

丁丁
財酉　朱貴　酉
墓戌　蛇后
官亥　貴陰
申丙戌
酉丁巳
巳己
戌戌

　　　六　朱
青午未　酉戌貴后
空巳申　亥子
白辰　寅丑陰
常卯　　武
　　螣

身宅盛旺，下合上胜，各逞其能。各值前辰，守则为旺，动变网刃，申贵难凭，三传俱贵，主事不一。丙火虽财，死于酉，墓于戌，绝于亥，岂利前贪，亦勿退动。

发用酉加申，详乙未十二局。昼朱夜贵，俱详丙寅九局。

丁酉一局

酉酉未未
酉酉未丁

丁未
丁酉一局
伏吟　自信　励德

巳丁
財酉　朱貴　酉
脱未　勾朱
脱丑　陰常
未酉未
乙
辛辛

　　　六　朱
青午未　酉戌貴
空巳申　亥子后
白辰　寅丑陰
常卯　　武
　　螣

贵人之财，支上夜贵，为财发用。远方寄来，虽系伏吟，上乘丁神，必是行动。中末二土尤助，不待劳力两得，故主远方寄来。宅内阴灾，财虽丰厚，但支被丁神克，昼乘阴，而宅内阴人有灾。

发用昼朱，详丙戌五局。夜贵，详丙寅九局。

丁酉二局

```
                    丁酉二局  弹射  连茹  三奇  六仪  回还
          旺禄临身
       丁午  丁
     巳午    酉
   未申      午
戊丙      申
财申  武蛇
脱    常朱
禄    白六
          白午六
      空巳  未申酉
    辰        戌
  青卯        亥
  勾寅        子
  六丑      腾贵
  朱
```

支传于干，彼向干己。干支拱传，不越模范，谓所谋也。昼禄虎临弹射之财，三传递助，动获资金，虽旺禄临身，昼乘虎禄，伴虎眠守之情惨。

发用申加酉，曰迷而未惺，乘虎，五月宜麦，余月灾病。昼武，详丙子五局。夜蛇，详甲子十局。

丁酉三局

```
                    丁酉三局  别责  不备  求受
        巳未  巳
      卯巳    丁
      巳未    酉
辛辛    丑  朱勾
脱
乙癸    巳乙
空比        空常
巳乙        巳乙
空比      未乙
  青辰
  勾卯    空巳常
  六寅    午未申
  朱丑    酉戌
  腾子    亥贵后
```

干就支财，干往加支，俯就为财。破碎虚偕三重，如此虚忧心怀，但干乘巳，自空破碎，昼天空，别责卦，中、末俱归干上巳火三重，不能就财，空偕而回。把心不定，虚忧空想，占者遇之，惟在三思。弃大就小，宜礼下求财，不可首先错过也。

发用丑加卯。昼朱夜勾，俱详丙寅三局。

丁酉四局

丁酉四局　元首　高盖　三交　龙战　斩关

权摄不正

丁辰
辰丁
丑辰
午酉
卯午

甲午丁
丙午丁
禄　午酉癸　白空
闭败　癸卯甲　勾空
口生　午庚　蛇六
官　子卯癸

　　　白　空　常　武
六寅　巳　午　未　申　酉阴
朱丑　子　亥　戌　酉
腾子
贵亥

交加相合和睦，脱空在干。午神为禄，昼虎夜元，却实克支。匪美休卜，传虽生，无礼反目，变高盖为三交，交之不美，故休卜。

发用午加酉，详甲子四局。昼白，详丙子四局。夜武，详壬申三局。

丁酉五局

丁酉五局　元首　从革　励德　寨宿　飞战

丁卯
卯丁
亥卯
丑巳
巳酉

乙巳丁
寡空比
脱　辛丑空常
财　己酉巳丁丑辛

　　　青　空　白　常
勾卯空　辰　巳　午　未
六寅　申武
朱丑　子　亥　戌　酉阴
腾子
贵亥
后戌

破碎并空，宅上皆逢，家财已废，将助仍丰。丁午克支，辰酉金为财，但巳火旬空破碎，克支为用，故主家财废。三传从革，夜将皆土，生传废而仍丰财，爻现卦伤干上卯长上，无占。

发用巳加酉，详乙丑五局。昼空，详丙寅一局。夜常，详戊辰七局。

丁酉六局

```
            丁寅
寅      丁
亥辰    酉寅
辰      酉

丁酉六局　重审　斩关　寡宿

辛巳
马官    亥辰    贵朱
德  丙甲
禄      午      白武
辛辛辛
脱      丑      朱勾
   午甲

         六寅青
勾 青 空 白
卯 辰 巳 午
朱丑         未常
子 亥 戌 酉 申 未
贵 后 阴       武
```

　　昼名斩关，天罡在支。逃者不还，昼将龙万里翼也。干上寅乘合，人在私门，斩关遇此，大利逃亡。各逢生炁，主客丰隆。昼贵落辰，无力休干，午为旺禄，乘虎亥克丑亥，投于绝神，占禄不宜。

　　发用亥加辰，曰：船行风损，忧疑失脱。昼贵夜朱，俱详丙寅四局。

丁酉七局

```
            丑丁
丑      丁
未丑    酉
未      酉

丁酉七局　返吟　龙战　励德　回还

癸癸
闲败    卯      常空
口生  己丁
财酉    卯      朱贵
癸癸
闲败    卯      常空
口生

         阴丑勾
武 常 白 空
寅 卯 辰 巳
后子         午青
亥 戌 酉 申 未
腾            六朱
贵 腾 朱 六
```

　　皆贵皆财，皆丁往来。凡谋岂定？行人即回。干乘支墓，支乘干败。卯亦无炁，被酉冲克，难进难退，支及中传，皆是丁酉，夜贵为财，但系返吟，往来不定，丁神虽动，来绝卦归家之象，行人即回也。

　　发用卯加酉，昼乘常，详丁卯七局。夜空，详丁卯一局。

丁酉八局

丁子
丁酉八局　涉害　长危　回还

三传：
子　丁
巳子
未寅

本坐官
丁乙
丁未　勾阴
乙寅壬庚
丁未乙庚
空比巳常
子庚

贵　后子六　阴武常
　　　　丑寅卯
腾　戌　　　亥
朱　酉　　　申
六
勾　未　午　巳　辰
　　青　空　白

四下克上，名曰绝嗣。三传互克，内战自支，上寅克，初传末，未克子，子伤干。事必窝里相犯，丑声在外，破碎同空。又自初克至末，巳克酉金，巳乃旬空破碎，故主钱财损减，若坐身下，未土敌子水，喻狐假虎威，切忌动谋。

发用未加寅，详癸酉八局。昼勾，详甲子一局。夜阴，详乙丑八局。

丁酉九局

丁亥
丁酉九局　元首　曲直　贵德临身昼

三传：
亥　丁
卯丑
巳丑

辛巳
马德亥　贵阴
官未乙　亥酉
闲败卯癸　常空
口生亥丁
　　乙
本坐　卯癸
未卯

后阴武常
子丑寅卯
贵亥
腾戌
朱酉申未午
六勾青空白
　　　辰巳

克身墓宅，交互相脱。两贵坐下，受克难靠。昼皆土，将窃干，脱干生支。所赖三传木局，可以制土扶干，鬼化生气，先恶后善，四课三传，皆五阴事幽暗。

发用亥加未，详辛未九局。昼贵曰列席。夜阴，详丁卯五局。

丁酉十局

丁戌
丁酉十局　蒿矢　斩关　三奇　六仪

卯子丑戌
官　子　丑　戌
　　后武　癸癸　常空
闭生　卯
口德　禄
首旬　午
尾坐　卯癸

朱　滕戌后
申　亥　贵后阴
未　子　丑
午　卯常
巳　辰
六　勾　青　空　白

墓干脱支，交车六害。身宅虚危，夜占子乘元武，家必被失盗。闭口而回，发用蒿矢，诚可畏惧。赖戌制不幸中幸，课传三交，满眼刑、破癸、卯居中，闭口可免非。

发用子加酉，日夜行失盗，如乘贵淫乱，口舌、奴婢有暗昧不宁，阴私小灾。昼后曰倚户。夜武，详乙未十二局。

丁酉十一局

酉亥亥
丁酉十一局　重审　赘婿　不备　凝阴

丑亥亥酉
财　酉　亥　酉
　　朱贵　丁丁
丁　亥
马官　己己
德　丑
脱

朱　滕贵后
申　亥　贵后阴
未　子　丑
午　卯常
巳　辰
六　勾　青　空　白

身宅皆贵，支加干作财名赘婿。干夜贵，支昼贵。循环无已，旬干传支，课体循环。财自然来，末又助起，虽干丁支马，末助初财，传财化鬼，宜携财祷贵，占病禳神。如年命在申，必得三贵之力，试登魁甲不在申，为遍地贵人。凝阴卦，不宜动谋，居无正屋。

发用酉加未，详丁卯十一局。昼朱夜贵，俱详丙寅九局。

丁酉十二局

丁酉十二局　比用　连茹　斩关

丁申
亥戌酉申　丁
戌酉申　丁

辛己　亥戌
德官　贵阴
马　戊戌
官子　后武
辛辛　亥己
脱鬼　丑常
乡子庚

六申　朱膝
酉戌　贵后
勾未　亥子
青午
空巳　寅丑
白辰　武阴
常卯

传归绝墓，干上财支，及三传皆术火，生寅绝亥。商贾勿举，传鬼其上，财爻化鬼。商贾逢之，举动大凶。全赖奴仆，如能退守，幸支上戌土，敌制鬼戌奴也，故赖奴仆。

发用亥加戌，详癸酉十二局。昼贵，详丙寅四局。夜阴曰裸形。

戊戌一局

戊巳
戌戌巳巳　戊
戌戌巳巳　戊

戊戌一局　伏吟　自任　元胎　斩关　孤寡

丁寨
禄德　空
长脱　生马
官　萧戊　何败
巳戌巳巳
勾朱
申白
甲壬

白常武阴　元胎
空未贵　斩关
申酉戌　孤寡
青午　亥子
空未贵
勾巳辰卯寅丑
六辰
朱卯
膝寅

自初至末，迤逦侵代，德禄旬空，遂不能守。前贪长生，致惹互克三刑。昼将乘勾蛇，虎凶不可遏。如用夜将后，乃能弥猖獗。又得末助初，生不可动谋。

发用昼勾夜朱，俱详戊辰一局。

戊戌二局

```
            申 酉 卯 辰        辰
            酉 戌 辰 戌   戊戌二局   元首
  乙癸                   戊戌
闭官 卯 朱勾              辰
口  辰空
   蛇青                  斩关
官 甲寅
   卯癸
比 丑                    连茹
   贵空
   寅壬

    六 辰 卯
    朱 卯 午 滕    青午滕
    滕 寅 未 申    空未 白申 常
    贵 丑 子       勾巳朱
                   六辰卯
                   朱卯
                   滕寅
                   贵丑 子 亥 戌
                      后 阴 武
```

　　退入鬼乡，春夏遇之，鬼贼当时，事宜速了，免致后患，秋冬遇之，其木休囚，即为饿鬼，实患踵来。进向就禄，又是空亡。守身昏晦，墓神覆日。败酉坏门墙，干辰支酉，虽为六合，酉戌六害，门墙败坏。

　　发用卯加辰，昼乘朱，戊辰二局。夜勾，详丁卯一局。

戊戌三局

```
            午 申 丑 卯        卯
            申 戌 卯 卯   戊戌三局   重审
  癸辛                   戊卯
比 丑 贵空               卯
   卯癸
财 亥 阴常               极阴
   丑辛
   丁                    励德
败脱 酉 常阴
   亥己

    六 辰 勾巳朱
    朱 卯 辰     午 未 申 酉
    滕 寅       青 空 白 常
    贵 丑        戌 武
    后 子 亥     阴
```

　　交车相合，可以彼生支乘长生，我忌干乘官鬼。破碎初逢极阴，发用破碎，中财末败，退入幽暗。闭口无畏，癸卯在干。惟宜闭口，可免灾迍。

　　发用丑加卯，详丙寅三局。昼贵夜空，俱详戊辰三局。

戊戌四局

戊戌四局 元首 元胎

寅戌 亥寅 未戌 辰未

甲壬 蛇青 空
官 寅 巳空
癸己 阴常
财 亥
寅壬 白后
马长 申己
生亥

朱卯 六辰六 巳午未申
滕 寅 勾青空白常
贵 丑 酉
后 子 戌
阴 亥 武

寅夜青龙，又是木神。身初两逢伤日。末传昼申，救神虽制，昼乘白虎，助寅尤凶，仕宦返喜。

发用寅加巳，详戊辰四局。昼蛇夜龙，俱详甲子一局。

戊戌五局

戊戌五局 蒿矢

丑戌 午戌 酉丑 寅午

甲壬 后白
寅 午甲
甲戌 戌
寅壬 六
午戌 甲后

贵 后子 丑寅 辰巳午未申 酉戌
滕 亥 阴卯常 武常白空青勾
朱 戌

火局生身，本为吉卦。但发用蒿矢，又夜虎临寅，末井宅上，两午皆甲。凶神两甲，午乘虎干乘破碎，丑午六害，合中犯煞，灸内成殃，午又生炁，乘虎在戌，父母多厄，或墓蚁凶残。

发用寅加午，曰野火烧茅，官事文字。昼后夜白，俱详甲子六局。

戊戌六局

戊戌六局　重审　三奇　不备　求爱　权摄不正

子
巳　未　子
子　戌
巳　戌　子　戊

財　壬庚
比　子巳　　蛇青
官　巳乙未子庚　空貴
　　甲壬寅未　　後白

貴丑
騰子　　後寅　　陰　卯辰
朱亥　　　武　　巳
六戌　　常　　午白
勾酉　　　未空
青申

我求子，彼两身契美。夜虎临寅。昼占无畏，三传互克，子水被伤，进退难矣。末鬼夜虎诚可畏。昼乘后自坐墓，全然无咎不足虑。

干加支，比合为美。初末引从昼贵，告贵用事，吉。

发用子加巳，昼乘蛇，俱详丙寅六局。夜青，详乙丑五局。

戊戌七局

戊亥　戊戌七局　返吟　绝胎　斩关　寨宿

亥
巳　亥
戊　戌
辰　戌　辰

禄空　丁巳寡巳己
財　　癸亥亥己　　朱勾
禄德空　丁巳寡巳己　　陰

貴丑空
騰子　　後寅　　陰　卯
朱亥　　　武　　辰巳
六戌　　常　　午白
勾酉　　　未空
青申

我去彼绝，去绝者，火绝亥，水土绝巳。中传居日，初末绝乡。凡占，歇灭反吟，三传皆空。病讼皆凶，巳为德禄，生炁旬空绝克。行人被截，往来遭陷。

发用巳加亥，详戊辰七局禄昼常主征召。夜阴日裸形。

戊戌八局

戊戌八局　知一　斩关　不备　培本

戊戌
戊戌
申卯　卯戌

庚丙　青蛇
马长　申　卯癸辛
比　丑　乙空
败　午　申丙甲
羊生　白后
刃丑　丑辛

丑　贵后　阴武
寅　青
子青　朱腾
戌亥　六
酉申　勾
申未　青
午　空
巳辰　白常

　　昼虎甲午，午生丑，丑生申，申克卯，卯克戌，戌奔干所墓，将午火遁甲，乘虎变日，彼此凶甚。申类最弱。申被午克丑墓，昼乘龙上下相加，如三月逢之，父母子孙占病，大凶。如用夜贵当权，初、末拱护，官必高升，亦可告贵用事。

　　发用申加卯，详丙戌八局。昼青夜蛇，俱详甲子十局。

戊戌九局

戊戌九局　元首　炎上　泆女　励德

戊戌
戊戌
午寅　寅戌

甲壬　后白
官　寅　戌戌
生败　戊戌
炁习　寅壬　壬戌　午甲
比　戌
六六

酉丑　酉
午寅　丑酉
贵后　阴
子丑　朱腾
寅卯　六
戌亥　勾
酉申　青
申未　空
午巳辰　白常武

　　寅并甲午，昼夜皆虎。酉金求救，火局焚去。交车六害，传虽炎上，会作生炁发用，并支二寅中午，昼夜虎干上酉能制。本为救神，被火局煨烬无用，乐里成愁，仕宦宜占，常人忌。

　　发用寅加戌，详甲干九局。昼后夜白，俱详甲子六局。

戊戌十局

戊申 戊戌十局 弹射 生胎

辰丑亥申
丑戌亥申

财 癸亥 朱勾
官 甲寅壬 后白
禄德 丁巳 亥己
空 申丙 常阴

亥 朱腾贵后
子 丑
丑 寅
卯 阴
辰 巳 武

六戌六
勾酉
青申朱
空午
白常

　　长生须弃，财引逢鬼，昼贵入宅，夜为破碎。

　　长生申在干，才守却贪弹射之财，遂财化鬼乡，末旬空支上丑。昼为贵人，人宅能伏诸煞，倚用夜将，则为破碎。家必破空。如能坐守，夜申敌鬼，庶可安宁。

　　发用亥加申，详辛未十局。昼朱，详丙寅四局。夜勾曰褰衣。

　　若在丑未，有酒食田宅，又宜求财，主防小口。

戊戌十一局

戊未 戊戌十一局 重审 三奇 洗女 向三阳 中末拱地盘昼贵

寅子 酉戌
子戌 未戌

财 子 壬庚 后白贵
官 寅 甲壬 蛇青
空 辰 子庚孤 六六

三奇 洗女 向三阳
戌 武阴后贵
亥 戌亥子丑
子 寅卯
寅 腾
辰朱

白申
常未酉阴
空午巳
青巳
勾辰
六

　　夜贵午未身边，支反初传丙子六害焉。夜占讼，必屈抑难伸。

　　昼占罡塞鬼户，昼贵登天，虽向三阳，自暗出明，但初子生，中寅鬼，末又旬空，纵贵登罡塞，谋无阻碍，向后少益。

　　发用子加戌，详丙戌十一局。昼后夜白，俱甲子二局。

戊戌十二局

戊戌十二局　重审　连茹　三奇

```
      子 亥 未 午   戊午
   癸己              戊戌
财 亥  阴常
   成戌
财 子  后白
   亥己
比才乡  贵空
 癸辛子庚 丑
        青 午未   空申后   常   武
        勾 午巳   白戌亥   酉戌   阴后
        六 辰     子丑     亥子   后
        朱 卯     寅       丑贵
              腾
```

罗身网宅，各乘前辰。守则为旺，动则网刃遭厄。三传俱财，发用支上，财在家中。身旺财弱，可以取财，财旺身衰，多贪疲役，病必伤食，父母无占。

发用亥加戌，详癸酉十二局。昼阴曰裸形。夜常曰征召。

第五十四章　术数汇考五十四

《大六壬立成大全钤》八

己亥至癸卯

己亥一局

亥	未未己	己己亥一局 伏吟 元胎 自信	
亥亥	未未		
乙己 财	辛乙 本坐	常 武 阴 后	
后武 白蛇	未乙午丑 比 蛇白	白 戌 膝 申 戌 亥 百	
		空 午 膝 辰	青 巳膝
		勾 卯	六 寅
		朱 丑 子 贵 膝	

元临才土，支财一位，夜乘元武。贼累相向，又被重土分夺。

昼占白虎入未，临身作用。传三刑虽不见伤，主暗中惆怅，不得安宁，妻才无克。

发用亥，用详戊辰十局。昼后夜武，俱详乙丑三局。

己亥二局

午己亥二局　元首　斬关　连茹　旺禄临身

```
        巳午
      戌巳
    戌亥 午己
甲戌 阴阴 丁
比戌 己癸 武后
脱脱 酉戌
    壬丙 常乙
长申申丁
生
        青 午 空
      白 未 申 酉 朱
      常     戌
    勾 辰 武 亥 阴
    六 卯       后
    朱 寅   子
    腾 丑   贵
```

弃禄尤宜，禄虽脱身，昼空守，则无益。关隔卑微欲动谋，魁度天门主关隔。魁居宅上，干支拱传。内缺一位，破败居中。

百无所依，常人略可，仕宦深畏。

发用戌加亥，详壬申二局。昼夜皆阴，详甲亥二局。

己亥三局

己亥三局　蒿矢　狡童　断间　抛鸡不斗格

```
          巳
        卯酉 巳巳
      未酉 卯 亥
丁寰 空 乙 六青
空官 卯乙
乙癸 丑
冲比 丑 蛇白
    卯辛 卯空
财亥 后武
    丑癸
        青 巳 六
      午 未 申 空
      勾 辰     酉
      六 卯 戌 阴
      朱 寅
      腾 丑 子
      贵
```

六阴俱全，主阴私万状。又末助初鬼，诚为可畏。空脱迭遭破败，丁酉干马，支丁乘酉，破败脱气。必主家中嗣婢破败，熬煎，喜蒿矢发用，空乡似不足畏，但宜年命制水，绝生祸之象。

发用卯加巳，详癸未十一局。昼六曰入室。夜青，详己巳二局。

己亥四局

己辰
己亥四局　元首　元胎　斩关　励德　孤辰

　　巳　申　丑　辰
　　申　亥　辰　巳

己乙
马六申戊
胜　丙寅
官德　寅乙　乙空
财　亥　后武
　　寅空

六卯
朱寅
腾丑
贵子
后亥

青　巳　勾
空　午　辰　青
白　未
常　申
　　戌武
　　酉阴

子上墓神，主人昏晦。虽喜自末而生，递生至初育午巳，亦旬空，驿马，未足取信。欲脱不脱，夜将两常相加，昏迷尤甚。宜守家庭，支乘长生昼常，故宜守家中生意，向后荣昌也。

发用巳加申，详庚午四局。昼青，详乙丑五局。夜六，详丙寅六局。

己亥五局

卯己
己亥五局　涉害　曲直　泆女　不备　赘婿

　　卯　未　亥　卯
　　己　未　亥　卯

辛乙
本　未白亥
坐　己　丁癸
闭官　卯乙　六白
口　未己
财　亥　后六
　　卯癸

六卯
蛇丑
贵子
后亥
阴戌

勾　巳　白
青　午
空　未
常　申
　　酉武
　　寅

彼己俱乘，癸卯伤干，未虎伤支。弃而就财，仔细推详，干内奔入支上，克支为财。循环不已，财化鬼会，木伤干支相传，课体循环，止宜献纳。倘恋财，必生灾。

发用未加亥，详丁丑五局。昼白曰在野，又曰登山。夜后，详乙亥五局。

己亥六局

己亥六局 重审 六仪 权摄不正

寅己
己亥
寅寅
午亥

丑午酉
庚甲空阴寅亥
禄午己辛
比丑乙丑后青
长午壬丙
生申壬丙
申丑辛勾乙

武常白空
阴寅空　卯　辰　巳午
后丑
贵子　亥
腾　戌
朱　酉
六　申　未
勾　青

交关和顺，禄神巳昼，嗣及长上，占之有咎。交合虽顺，禄临支，提绝受克，煨烬殆尽。末申长生，又是子孙破干墓，子丑全然无气。

故嗣及长上，皆不宜占。寅虽鬼，赖生下未，墓不能伤干，亦喻狐假虎威，昼巳乘虎入墓，父母及墓园灾，忌。

发用午加亥，详壬申六局，昼空夜阴，详乙亥六局。

己亥七局

己亥七局 反吟 绝胎 寡宿 回还
末传引从地支

丑未巳亥
己巳
未丑
巳亥

丑未巳亥
己寨巳己
马生巳己
空炁丁亥
财亥巳己蛇六
巳空寨
己寨巳己
马生巳己
空炁巳白武

阴武常白
寅卯辰巳
后丑青
贵子　午空
腾亥　未青
朱戌　酉申
六　勾

来去皆空，初及支，末己为长生，旬空受制。长上己，乃生炁，须凶。中传妻财奴婢落空，昼蛇。当忧家中巳，又双女昼虎夜亥返吟，来去冲陷，不能安息，家中大小，所以须忧。

发用巳加亥，详戊辰七局。昼白，详己巳返吟。夜武，详乙丑五局。

己亥八局

己亥八局　知一　铸印　斩关

子 己 子
巳 己 亥
辰 亥 辰
酉 辰

己寡
马生巳 白武
空亥卯庚
甲戌
比 戌 未朱
巳空
丁癸
闲官卯 武白
口 戌

贵子 丑
朱戌 寅
六酉 卯
勾申 巳
青未 午

后阴
阴武
常

辰
巳白
空

　　墓覆家庭，元虎为邻，贵财俱子，昼子临空，虽初末引从地支，被墓神覆克，前后蛇虎，家庭不宁，阴谋窃害，喜中传戌乘冲墓为救，但坐空无力。昼占干上子，为贵财生，贵人资助铸印，卦虽末，助初生，初甲俱空，谋为费力，只可指空话空险为不可，宜迁修家宅，则吉。

　　发用巳加子，详丁卯八局。昼白，详己巳七局。夜武，详乙丑五局。

己亥九局

己亥九局　涉害　曲直　不备　赘婿　回还

亥 己 亥
卯 己 亥
未 亥 卯
卯

辛乙
本未 青后
坐卯癸
乙己亥 蛇六
财 卯己
丁癸
闲官卯 武白
口 亥

贵后 丑
朱戌 寅
六酉 卯
勾申 巳
青未 午
空

子 阴
后阴
武
辰常
巳白
空

　　财支亥就身，宫会成木局，恋则为凶。传鬼乘财，只宜早弃，止可献纳。免被贼通，贪则生祸循环，鬼贼纷纭，商贾大忌，赘婿支上乘脱，必无正屋可居。

　　发用未加卯，详丁卯九局。昼青，甲子十局。夜后，详乙亥五局。

己亥十局

己戌　己巳　　　　　　　巳寅　丑戌　戌巳
己亥十局　蒿矢　生胎　斩关　励德　　　　　　巳　戌
　　　　　　　　　　　　　　　　　　　　　丙壬
　　　　　　　　　　　　　　　　　官　寅阴巳空
　　　　　　　　　　　　　　　　　　　亥己
　　　　　　　　　　　　　　　　　马生　巳白六
　　　　　　　　　　　　　　　　　空亥　寅壬丙
　　　　　　　　　　　　　　　　　　　长生　申乙巳空

　　　　　六　朱戌阴
　　　　　申酉　亥
　　　　　腾　　子丑
　　　　　贵　后阴
　　　　　勾　申未　子丑寅
　　　　　青　未午　卯武
　　　　　空　午巳
　　　　　白　巳辰

巳类为弓，申象箭容。蒿矢带金，诚为凶咎。但中、末空，堕弓坠马，落箭荫箭。所作无功，干乘刑，支乘合。自己熬煎，他人逸乐。又交车相克，名为解离。占事先虽许允，后必更况不相顾。

发用寅加亥，详庚寅十局。昼阴夜空，俱详乙丑八局。

己亥十一局

己酉　己酉　　　　　　　卯丑　亥酉　酉巳
己亥十一局　涉害　出户　　　　　丑　亥
　　　　　　　　　　　　　　　　　　乙辛
　　　　　　　　　　　　　　　比　丑阴丁癸
　　　　　　　　　　　　　　　　　卯亥
　　　　　　　　　　　　闭官　卯丑辛塞
　　　　　　　　　　　　　　　　己巳
　　　　　　　　　　　　马生　巳白六
　　　　　　　　　　　　空卯癸

　　　　　　朱　腾贵后
　　　　　戌亥　子丑
　　　　　六　　亥阴
　　　　　酉申　子丑寅
　　　　　青　未午　卯武
　　　　　空　午巳
　　　　　白　巳辰
　　　　　常　辰卯

破败酉临身，那更又乘丁，昼合夜后，魑魅之神。更兼五阴柔日，凡占阴私，杳冥不明。丑土比肩，克宅发用，必至家中破败，暗损其财。中鬼闭口赖酉制。出户虽自暗投明，末空亦不能出。酉为己子人婢妾，家中必生败子，因酒色而破家财。

发用丑加亥，详癸酉十一局。昼后，详乙丑三局。夜白，详辛未四局。

己亥十二局

乙辛　丑　子
比　丑　酉　申己
　子庚　蛇白　亥
丙壬
德官　寅　朱空
丑辛
闭官　卯
口　寅

申己
己亥十二局　元首　连茹
　　　　武
酉戌　阴后
亥　贵
子
丑朱
騰

白
常　申未　贵
空　午
青　巳
勾　辰
六　卯

身夜贵，宅昼贵，拱贵俱伏，三传虽鬼贵力，亦赖申制三奇，又值进传连茹，遁乙丙丁。君子宜占，贵人反忌。各值前辰，守则为旺。动为网刃。

发用丑加子，详壬申十二局。昼蛇，详乙丑四局。夜白曰直视，又在野。

庚子一局

甲丙
禄德　申　子子　申庚
戊壬　申后子子
马财　寅　蛇青
辛寨
空官　巳　勾朱

庚申
庚子一局　伏吟　自任　元胎
　青午
空　未贵
　申　白常
酉　武
戌　阴
亥
子后

勾　巳午
六　辰
朱　卯
騰　寅丑子贵

两虎临禄，申为德禄，遁旬丙火，昼虎发用，遂不可守。中传财破，马逐乘蛇。末官鬼空破碎，常人喜，亦不可取财，仕宦不宜。

夜为嗣续，支上子，夜虎必被嗣息脱耗也。

发用昼白，详戊辰十一局。夜后曰修容，又池湖。

庚子二局

庚未　庚子二局　元首　连茹　天狱

```
戊　亥　午　未　庚
丙戌　戌　亥　子
生燕　戊　己　丁　常阴
刃　酉　乙
        戊　戊
禄德　甲丙　白后
        申丁
        酉
勾巳　青午蛇
    未　申　空白常
六辰巳
朱卯　未　申　酉
腾寅　　　　戌武
贵丑子　　　亥阴
    后
```

　　末传昼虎丙申禄，故难亲加用夜将，贵临身，宜守贵。先屈后伸，交互六害，魁度天门。凡占阻隔，作事难通。中、末比肩，妻财虽怕遁乙丙丁，科甲高中。君子宜占，常人畏逢。

　　发用戌加亥，详壬申二局。昼夜皆武，详甲子三局。

庚子三局

午　庚子三局　涉害　斩关　励德　顾祖
枉做恶人格

```
申　戌　辰　午　庚
壬甲　午蛇　戌　子
败官　申丙　孤
空生　庚辰　六六
    屈午甲壬
马财　寅　戌青　蛇青
        辰空
朱卯　六辰
腾寅　午巳朱
贵丑　未　申　空白常
后子　亥　戌　酉
        阴武
```

　　彼己灾殄，各乘上克。寅财顾恋，助初午鬼来攻，只可携纳，常人取财，则生祸也。又寅空不能助鬼，徒为冤憎也。缙绅宜见。

　　发用午加申，详庚午三局。昼青夜蛇，俱详甲子四局。

庚子四局

```
                        巳（比）
                        庚
巳庚         午酉        庚子四局  比用  六仪  高盖
财官 午 毒蛇  寅
壬甲         酉 子                勾 青 空
   酉 丁     朱 卯               巳 午 未 申
   已癸      六 辰 六            午 未 申 酉
闲财 卯 朱勾  滕 寅               青 空 白
口 午甲      贵 丑               戌 常
   丙庚      后 子                  武
脱 子 后白    阴 亥
   卯癸
```

生破空鬼，巳为长生，旬空破碎，变作日鬼。丁刃败气，酉为刃乘丁，在支而败支，彼此欠宁。重鬼攻损，三传不和，递生官鬼攻日。浮财可济，卯难财居，中传只可携财祷贵，倘若取财，则生祸矣。

发用午加酉，用昼青夜蛇，俱详甲子四局。

庚子五局

```
辰                      庚子五局  重审  润下  斩关  求受  三奇
子 辰       申子        不备  回还  权摄不正
辰 申       辰          武常  白空  青
丙庚 脱 子 蛇青
   辰空                阴 卯常
甲丙         后 寅       武常 白空 青
禄德 申 青蛇  阴 卯常     辰 巳 午 未 申
   子庚      贵 丑       巳 午 未 申 酉
   孤 辰丙 申 滕 子       青 勾
生炁         朱 亥
             六 戌
```

三传支干润下，又兼昼夜天将，龙武、水蛇亦水中物，俱水盗身并脱日干。难向难舍，守虽生炁，又旬空奔入支，亦被脱，难进难退，终守家中，受其危。发用子孙，现官贵忌。

发用子加辰，详壬申五局。昼蛇夜青，俱详甲子八局。

庚子六局

庚卯
庚子六局　知一　乘轩

卯　庚
戌　卯
未　子
寅　未　戌
甲戊　六六
戊　卯癸寅
生炁　巳　常阴
空长戌戊
脱　丙庚　蛇青
子　巳空

螣　子寅白
贵　丑
后　寅　卯
　　辰　阴
　　　　武
卯　巳午　常
亥　未空　白
六　戌
勾　酉　申青

铸印斫轮，皆利功名，但中巳火，官被子克，戌墓全然死力。常人逢吉，居官被出。财能救护，干生卯木。刑子去戌，助生官爻。凡占，须以财为救，死而复生也。夜贵在支，与人相生，宅却欠安。

发用戌加卯，详丁卯六局。昼夜皆六，详甲子五局。

庚子七局

庚寅
庚子七局　反吟　绝胎　回还

寅　庚
申　寅
午　子
子　午　申
戊壬　寅
马财　后白
寅　甲午
申丙
禄德　申蛇
寅壬
戊戌　寅壬
马财　寅丙
　　　申

螣　子
贵　丑空
后　寅　卯
　　辰　阴
　　　　武
寅　巳　常
亥　午　白
六　戌　未空
勾　酉　申青

财初末中有丙，往来不定，纳粟求名，支甲午，昼将虎反吟，课体阳神，亦可携财，告贵纳粟，奏名利公。病、讼常忌，常人取财，病、讼俱凶。

发用寅加申，详壬申返吟。昼后夜白，俱详戊辰十一局。

庚子八局

庚子八局 重审 铸印 天狱 寡宿

丑 庚子
庚 午 巳
丑 戊

辛寅
空长巳　常阴武
生子庚　丑寅卯辰
丙戌　巳午
生戌　六六
咸巳空
闲财卯　阴常
口　戌戌

朱亥
腾子青
六戌
勾酉
青申
空未

贵后阴武
丑寅卯辰
巳午

支合子丑，支克丑，克子，巳克庚，支车合，又见鬼。有凶有吉，仇及和谐，吉中祸出。初、中空亡，用昼相助，可以求名，夜将墓神覆日，凡谋昏暗。

发用己加子，详丁卯八局。昼常夜阴，俱详戊辰七局。

庚子九局

庚子九局 元首 润下 斩关 不备 孤辰
避难逃生
脱上连脱

申 辰
辰 子
子 庚

庚孤
空生辰　武武
咸甲丙
禄德申　青蛇
辰空
丙丙　蛇青
脱子丑
申丙

子庚
子子
庚辰

腾贵后阴
丑寅卯辰
亥勾
戌
酉申未午
巳常
辰武

彼来投己，支加干，末传又归日上三会合，是来向己，但润下，又将皆水兽，脱耗不已。武在支，故盗贼之徒。不出邑里。子坐申，申坐辰，俱受下生，似有根源，不被脱尽，常人可以，仕宦不宜。

发用辰加子，用昼夜皆武，详甲子九局。

庚子十局

庚子十局　蒿矢　六仪　三交　源消根断

```
　亥
午卯寅亥
　　　　壬甲
　　　　卯癸
　　　　乙丁
　　　　午甲
　　　　丙庚
子亥庚
败　午　白后
刃　酉　勾朱
脱　子　蛇青
　　酉丁

　　　六戌六
青　申酉　朱亥
空　未亥　腾子
白　午子　贵丑
常　巳丑　后寅
　　辰寅卯　阴卯
　　　　　　武辰
```

各乘脱气，彼此欠宁。蒿矢三交，多因交合之中，以致不美。如用昼将午，又白虎难逃，射之凶甚。所喜干上乘亥，及末传子，二水制干，便为救神。少解熬煎，止宜坐待，不利动谋。常人喜逢，仕宦反恶。

发用午加卯，详丁丑十局。昼白，详丙子四局。夜后，详壬申六局。

庚子十一局

庚子十一局　涉害　斩关　寡宿　见机

```
　　辰寅　　　戌寅子
庚孤　　　　　癸三天
空生　辰　六　戌戌庚
丙寅　　壬甲
败　午　青蛇
　　辰空
禄德　申　白后
　　　午甲
　　常酉阴　　戌亥子丑
　　白申　　　武戌阴后贵
　　空未　　　阴亥子丑
　　青午子　　戌子寅胆
　　勾巳　　　卯朱
　　六辰　　　
```

四课三传，德处六阳。昼虎丙午，庶俗难当。登三天，贵登罡塞，利公不利私。初、中空亡，末德禄。昼虎欠，被丙克禄，难安也。干上乘生，可以生，待支上寅被申冲制，宅舍欠宁。

发用辰加寅，用昼夜皆六，详甲子十一局。

庚子十二局

寅　丑　戌　酉　庚
丑　戌　酉　子　庚　　　　　　庚子十二局　元首　连茹

戊壬
马财　寅　蛇青
丑辛
己癸
闲财　卯　朱勾
口　庚壬
空生　辰　六
丵卯癸　　　　　　常　武　阴　后
青　午　未　　　　酉　戌　亥　子
勾　巳　　　　　　白
六　辰　　　　　　空申后
朱　卯　寅膡　　　空申后

马载钱财，身动方来。干支罗网，宅晦人灾。干上酉，生支而败支；支上丑，生干而墓干。传木局脱支，又作干之才马发用，马负才走，虽动取财，不可久贪，缘网刃在前，恐遭其害也。

发用寅加丑，详乙丑十二局。昼蛇夜青，详甲子一局。

辛丑一局

丑　丑　戌　戌　辛戊
丑　丑　戌　戌　辛戊　　　　辛丑一局　伏吟　自信

己辛
墓　丑　青后
戊戊
空　戌　常常
乙乙
生　未　后青　　　　稼穑　斩关
　　　　　　　　　阴武　常　白
腾　巳午　　　　　申　酉　戌　亥
贵　午未春
朱　辰　　　　　　后未春
六　卯　　　　　　子空
勾　寅　　　　　　丑青

宅上初传墓居，二重两边，如守家庭，昏晦相刑。不若舍此而动。前途俱土，生生无穷，重力生焉，虽有生意，子息无占。

发用昼青，详乙丑四局。夜后曰偷窥。

辛丑二局

辛丑二局　重审　连茹　三奇　天狱　励德

旺禄临身

```
辛酉
己丑
脱子空阴　子丑
戊庚　亥子
丑辛　申酉
己己　酉辛
马脱亥白武
子庚
戊戊
本己
坐
贵午勾　腾巳
未申　午未
酉戌　申酉
亥白　戌亥
朱辰卯　子空
六卯寅　
勾寅丑
青丑子
子空
```

　　夜禄难守禄乘丁，昼武夜虎变六害。遂投贼寇，干支拱传，皆水盗日，故曰贼寇。支乘合，又作财神，主自己熬煎，他人财厚用。占婚，吉。

　　发用子加丑，详甲子二局。昼空，详辛卯四局。夜阴曰乘帘。

辛丑三局

辛申　重审　时遁

辛辛

己己　　申辛
马脱亥白武
丑辛　午未
禄酉己　申酉
亥己乙后青
乙乙　未丁
生酉
炁
```
贵后阴武
午未申酉
朱腾巳六
卯午未申
六卯寅戌白
勾寅丑亥常
青子
空子亥戌常
```

　　面前六害，初马次丁，金日逢丁，必有凶动。岂容少停，动用凶事，夜失须逢时遁卦，欲隐不能，夜武临支脱干，未免失脱之事。干乘比肩，倘能坐守，庶安逸。

　　发用亥加丑，详乙丑三局。昼白曰直视，详辛未四局。又曰在野。

　　夜武，详乙丑三局。

辛丑四局

辛未
辛未

辛丑四局　剥贵　斩关　培墓　励德　不备

未戌辰未
辰丑未辛

空癸塞
官长蛇武
德生申丙
　生未后白
　　戌戌
　　乙乙
　生未后后
　　戌戌

朱辰阴
勾寅　　蛇巳午
六卯　　腾贵后
青丑　　未申
空子　　酉戌
白亥　　戌常

　　昼将未后作生可托，若不守生，岂可投？支受墓名，为不受福德，岂宜动作？发用巳为官德，为空，昼蛇夜元，全然无气。各自坐墓，彼此昏迷。如用夜将未乘，白虎夜恶，虽主刚猛，一发虎性，总见祸至。

　　发用巳加申，详庚子四局。昼蛇曰乘雾。夜武，详乙丑五局。

辛丑五局

辛午
辛午

辛丑五局　知一　从革　天网　寒宿　权摄不正

巳寅午未
酉丑午辛
酉午辛

德癸塞
官长蛇武
空生丁辛
墓巳丑青蛇
　巳空
　丁丁
禄酉武青
　丑辛

朱巳午阴
勾寅　　腾贵后
六卯　　辰巳午
青丑　　未申
空子　　酉戌
白亥　　申阴
常戌

　　空墓及丁，总是虚名。昼龙赖贵，身贼夜迍。面前四蛇，交车六害，各乘败神，发用空鬼，中墓落空，末酉旺禄，临支上乘丁，挟交所墓，丁及墓神，皆无力也。如昼将贵人临身，能伏诸煞，夜则午火为鬼，三传全局脱支，人宅皆迍。

　　发用巳加酉，详乙丑五局。昼蛇乘巳曰乘雾。夜武，详乙丑五局。

辛丑六局

```
            卯 申 子 巳
            巳 辛
辛癸
闲才  卯 申丙          勾勾
闭口    戌戌
      武后
本坐
戌
卯癸
德癸寡
长官巳  后武
生空戌                辛丑六局 重审 斫轮 铸印 乘轩 察微

        白丑
        常寅贵          卯
        空子       武阴 后贵
        青亥          辰
        勾戌          巳 午
        六酉          未 申
                     螣 朱
```

土虽乘恩，彼力极轻。巳空卯败，戌墓齐并，面前六合虽系斫轮，利求名，但长生巳宫旬空，又卯败戌墓，全然无气。常人喜制鬼，凡占父母及官禄，皆不宜。

发用卯加申，用详乙丑六局。昼武，详乙丑六局。夜后曰临门。

辛丑七局

```
            丑 未 戌 辰
            未 丑
            戌 辛
            辰 辛
己巳
马脱  未 蛇白
巳空    乙乙
生戌  寅 未丑辛
空生辰 壬孤
     戌戌
     阴阴                辛丑七局 返吟 井栏射 斩关 孤辰

        常武
        寅卯           常
        白丑螣      武阴 后贵
        空子           辰
        青亥           巳 午
        勾戌           未 申
        六酉
        朱申           螣 贵
```

天罡覆日，刑未为足，又来干上并。初发用，为日马。斩关返吟，得此罡马，皆主动摇，但亥在空乡辰旬空，至急至空。虚动难行。

又初末空口传实名，肩挑两头脱，岂利动谋哉！

发用未加巳，丁丑七局昼蛇，详辛未九局。夜白，详辛未四局。

辛丑八局

辛丑八局 重审 励德 察奸 周遍

亥午卯
申卯辛
午申丑

辛癸
闭财卯　武后
口　　戌戌
比　丙丙
卯 申 朱空
墓 癸辛
　 己丑
　 申丙

青　戌
六　酉　　　丑寅卯
朱　申　　白常阴
腾　未　　子朱
　午巳　　空亥
　　　　卯辰巳
　　　　后贵

干乘旬尾，克支。支上旬始，克干。解离首尾，交互相擒。末传丑为干墓，生申遥克卯，到于干上，被辛金克回，又受其克，故妻财主进退难矣。但干乘合，支乘害，他人熬煎，自己逸乐也。成合吉，散释凶。

发用卯加戌，详辛巳八局。昼武，详乙丑六局。夜后曰临门。

辛丑九局

辛丑九局 知一 从革 狡童

酉巳寅
午巳寅
寅丑辛

丁丁
禄酉　六青
巳酉　巳辛
墓丑　白蛇
官癸　丁丁
德长巳　后武
空生丑辛

青　戌
六　酉　　子　空白常武
朱　申　　丑　亥六
腾　未　　寅卯　常武
　午巳　　辰阴
贵午巳　后

交相克战，禄丁难恋。天网恢恢，吉凶互见。面前六害，干上寅克支，支上巳克干，如我欲谋害他人，却被他人巳害于我，所以天网恢恢也。酉禄发用，乘丁生克，昼合内战，传墓入墓，上禄难恋。三传从革攒攻干上寅，必因妻财，致众口争竞，吉凶互见。

发用酉加巳，昼乘六，详乙丑九局。夜青，详辛未六局。

辛丑十局

辛丑十局 别责 斩关 励德 不备
干乘墓虎元占病

```
              未辰 辰
              丑丑 辛
官  癸墓
德长 巳后六辰
空生寅壬
墓  丑  白后
己辛
墓  丑  白后
戌戌
          六戌常
      朱申 酉
      腾未 子丑
      贵午 亥 青空白常
      后巳 辰寅
          卯
          阴武
```

昼墓虎耽，各自乘墓，彼空我实。若此者，三支乘盖作干墓，覆日干，及中、末共为三丑。宅堕人悔，守德戒贪，昼乘虎发用，德又旬空，如能退守则稍安。倘不知修省，贪前生忎遂初，初传空鬼，及中、末墓虎伤害，祸患接踵而至。

发用巳加寅，详壬申十局。昼后曰裸体。夜六，详丙寅六局。

辛丑十一局

辛丑十一局 元首 迎阳 察奸
子辛丑子干辛

```
              巳卯 寅子
              卯 卯丑
辛癸          武蛇
闭财 卯辛墓
口德 癸墓
官长 巳后六
空生卯癸
乙蛇青
生   乙未巳空
炁   未
          六申
      朱申 酉
      腾未 戌 勾青空白
      贵午 亥 子丑
      后巳 卯寅
      阴辰
```

先交交车，相合后争。支丑克干上子，干辛又克支上卯，此后争。

实是上下相刑，事必交好。中以致不美，故笑里藏毒。冬夜火惊，卯在发用，乘蛇。冬占卯为火鬼，主火惊。中长生官，末生气俱空。常人宜，仕宦忌。

发用卯加丑，详己丑十一局。昼武，详乙丑六局。夜蛇，详丁卯六局。

辛丑十二局

亥 辛丑十二局 元首 连茹

卯 寅 子 亥

庚壬
财 寅　勾乙　寅 丑 亥 辛
丑辛
辛癸
闲财 卯　六蛇
口　寅壬孤
空 壬 辰　朱朱
生财　卯卯癸
盗乡

后申 午未
阴 申空
贵 午未　武常白
腾巳 酉戌　常白空
朱辰 亥
六卯　戌
　　亥子
　　寅丑
　　青勾

脱气临日，面前六合，脱干克支，而又支克干上亥，干又克支上寅，合中实克干乘脱，夜武尤甚。夜占走失，必有是失。病讼课畏连茹，动止缠绵，病讼皆凶。取财宜疾，三传俱才，初在墓乡，末传旬空，可以急取，迟则难矣。

发用寅加丑，详乙丑十二局。昼勾，详甲子一局。夜乙，详辛未十一局。

壬寅一局

亥 壬寅一局 伏吟 自任 元胎 励德

寅寅亥亥

辛巳
禄德 亥　空常 寅 寅 亥 壬
壬壬
脱 寅 六后
乙寅
空财 巳 乙未

贵巳 辰
腾辰
朱卯
六寅

午未 武常白空
申 申酉戌
酉 戌亥
戌 亥子
　　子青
　　丑勾

上下交合，既有两意契美。禄临干被乘，天空不能守。举意前贪，中及支二寅脱，末则落空，用破身心，无有所归。昼将六合居口，至有私通。故遭贼手。凡占，先用交合，后被脱盗无已。

发用昼空，详癸酉十二局。夜常曰征召。

壬寅二局

戌壬
戌戌
酉丑
子丑酉戌

壬寅二局　知一　斩关　边茹　三奇

刃　子　庚庚子丑辛巳
禄德　亥　空常
子戌　庚戌
官　戌　白白　亥巳

后午六
阴未　武申　常酉　白戌　空亥
贵巳
腾辰
朱卯
六寅
勾丑
青子

　　上合下刑，虎临戌戌，身边并立，同欲相挟，初旺中禄，俱水退向干前，本欲相扶。但末又戌。其凶再及，干支拱传。凡占拥甚，如年命在支干外，名透关格，可免其凶，宜占婚。

　　发用子加丑，详甲子二局。昼青，详甲子八局。夜武，详丙寅二局。

壬寅三局

戌子
壬酉
官　戌戌　子庚戌丙
马长申　武白　生成戌
财　午　后武　丙甲申
戌子未酉

壬寅三局　元首　悖戾

后午
阴未　武申　常酉　白戌　空亥
贵巳
腾辰
朱卯
六寅
勾丑
青子

　　先生后败，各乘生炁，岂知败神。末传午火，虽财休，赖助起。初传戌虎无奈，只宜携纳赴任，倘取财，财化鬼生祸。

　　发用戌加子，详甲子三局。昼白，详壬申二局。夜青，详癸未四局。

壬寅四局

干申生，被昼元夜乘虎攻。往就初旬空，中脱空。愿以午加支，被脱，名不守福德，舍益就损，终身困穷，下和上害。又支乘六合，干乘六害，主他人逸乐，自己熬煎。

发用巳加申，详庚午四局。昼乙，详壬午四局。夜朱，详戊辰一局。

壬寅五局

传财化鬼戌，戌在支发用，昼将虎传炎上。又生干上未土，刃蜜休甜。昼虎求财，凶灾积累，下合上刑，虽三六相呼，但传财化鬼，只宜携纳，倘取财。则生祸。

发用戌加寅，详甲子五局。昼白，详壬午二局。夜青，详癸未四局。

壬寅六局

午壬　壬寅六局　重审　六仪　四绝

```
        辰 酉 丑 午
        酉 寅 午 壬
    丙甲      白朱    戊丙
寅己 财午 后武 官丑    武丑
    辛辛              甲辛
            白朱
        长申
        戊丙
               勾丑
            六寅
         朱卯
      青 子    辰
      空 亥    巳
      白 戌    贵
      常 酉 申 未 午 后
            武 阴 腾
```

因财求利，有妨生计。占长上，凶。甘招昏滞。干上午为财发用，迤逦生，至求为生炁，被午克丑墓，无用，如以财求利，后妨生计。及占长上，大凶。各生墓丑相脱败，甘招昏晦。七目占午，为胎才生炁，余夹克，主才费，不由己。

发用午加亥，详壬申六局。昼后，详壬申六局。夜武，详壬申三局。

壬寅七局

壬巳　壬寅七局　返吟　绝胎　励德　回还

```
         寅 申 亥 巳
         申 亥 寅 巳壬
     壬壬
脱   寅 武蛇 申
     申丙      寅
     戊丙
马长 申 六白
生寅 申壬
脱   寅 武蛇
     申丙
               武阴
      白 亥子    常丑朱
      空 亥      寅卯
      青 戌      辰贵
      勾 酉      巳后
      六 申 未 午
         朱 腾  贵
```

钱财空耗，往来逢盗。面前六合，二贵坐克，无力难靠。上下相合，交车六害。马居中，首尾脱气，倘动谋，耗盗百出，用破身心无所归。能坐守，初、末虽脱，可生干，上空财亦名取还魂债。如先施惠于人，今指空话空，不意而得。

发用寅加申，详壬申七局。昼武，详丙寅七局。夜蛇，详甲子一局。

壬寅八局

壬辰　壬寅八局　知一　三奇　斩关　华盖覆日

干支乘墓

子　未
酉　辰
辰　寅

庚　庚
刃　子　未　　白　六　寅
　　未　乙
空财　巳　　乙　阴
　　子　庚　戌
官　戌　　青　青
　　　　戌　空

青　戌亥
勾　酉
六　申
朱　未　午
　　　　巳贵
　　　　辰后
　　　　卯
　　　　寅
常　武　阴
子　丑
六　寅

墓身墓宅，财亡妻失，辰空未实。发用旺刃，白虎昼逢。中传巳旬空，畏子克戌墓，全然无凭，妻用皆畏未空，好恶无成。

发用子加未，详甲子八局。昼白，详用于二局。夜六，详丙寅六局。

壬寅九局

壬卯　壬寅九局　重审　曲直　周遍

戌　午　未　卯
　　　　　　壬
官　乙　未　午　寅
　　　　卯　己
　　丁　未勾
裸德　乙　亥　空常
　　未　乙
　　癸　癸
闭脱　卯　阴己
口　　　亥

青　酉戌
勾　酉
六　申
朱　未　午
　　　　巳贵
　　　　辰后
　　　　卯
白　常　武
子　丑　寅阴
子丑　子亥常

支乘旬首，干上旬尾，首尾相见，各乘脱气。三传脱日，却制官鬼，士庶欲之，制鬼。仕宦恶己，不宜制官。又脱气生，起支上午火为贼，亦名取还魂债。子乘虎冲支，家宅不宁，各乘死气，岂利动谋。

发用未加卯，详丁卯九局。昼朱，详戊辰二局。夜勾。详丁卯一局。

壬寅十局

壬寅十局 重审 元胎 不备 求爱

巳寅　巳寅　寅壬
申巳　巳寅

戊丙
马长申　六青　巳寅　壬
生巳空
禄德亥　　　空常
　　　　　申丙
脱寅　　　武后　壬壬
　　　　　寅巳
六申酉
朱未戌白
腾午　　亥子丑
贵巳　辰卯寅
后辰　　　　　　武
　　　　　　　阴

彼加我边，下合上害，支来加干。末传又来，兼归干三须名会，名三会合。行人不间，远近即归，凡事有成。无益可占，但支上空财发用，长生坐干空，禄乘空，末盗日，元胎卦回生脱气不已。是一可占也。

发用申加巳，详甲子十局。昼六，详丙寅十局。夜青，详甲子十局。

壬寅十一局

壬寅十一局 重审 斩关 洗女 孤辰

丑壬　午辰　卯丑　登三天
午辰　卯丑　寅壬

甲孤
墓辰后蛇辰　午辰　卯丑
寅壬
丙甲
财午蛇六　戌亥子丑
辰丙
戊丙
马长申六青　青空白常
生午甲　六申酉空
朱未戌白
腾午　亥子丑
贵巳　寅卯辰
后辰　　　　阴武

自墓传，生干上乘墓，克发用传。先迷后醒，中财末生，如人为事，至难致晦，历涉艰难，终尽一步，如遇长生，为难变易。卯为年命，卯上乘巳，昼夜贵加，必得两贵相成，周全以成事也。

发用辰加寅，详甲子十一局。昼后曰毁装。夜蛇曰乘龙。

壬寅十二局

辰 卯 子 壬
墓甲孤 丑 丑 子
辰 后蛇 卯 寅 丑
乙墓
财 巳 乙未
丙甲
财 午 蛇六
巳空

壬子

壬寅十二局 重审 连茹

朱未
六申青
腾 午未 勾 酉青
贵 巳 空 戌白
后 辰 白 亥
阴 卯 子
寅丑武

前途空朽，脱盗在后，彼此无礼，逼迫难守。上刑下合，全然无礼。

进连茹，发用空墓。中、未俱财，传入空地及罗网在前，岂利动谋？退后一步，被支及外脱，又落戌地，受克制，前空后克，逼迫难守。干虽乘旺，昼将白虎，凡事三思，更防有咎。

发用辰加卯，详甲子十二局。昼后曰乘雾。夜蛇曰毁装。

癸卯一局

卯 卯 丑 丑
癸辛 卯 丑 癸
官丑 勾阴 卯 丑
壬戌
官戌 白白
己乙
官未 阴勾

丑

癸卯一局 伏吟 自信 稼穑励德

后 巳午 阴未勾
贵 巳 武申
腾 辰 常酉
朱 卯 白戌
六 寅 空亥
丑 子青
丑青

经传八土，三传俱土，干上丑，昼丑夜未，各乘阵，共成八土，所以癸水最弱。喜得宅中卯木夜贵，可以制上御侮。如年卯寅，便全不畏，倘申酉，反制救神，不吉。中传虎临官，仕宦宜，病讼忌。

发用昼勾，丙寅三局夜阴，详壬申十二局。

癸卯二局

癸卯二局 重审 连茹 三奇 回还
旺禄临身

子 癸
亥 子
丑 寅
寅 亥

辛 勾阴
丑 寅 壬庚
本坐 寅 青武
禄 子 丑辛 癸己
比 亥子庚

辰 贵巳
卯 后午 未申
寅 阴武 常白
丑 子亥戌

腾 辰 贵 巳
朱 卯 后 午 未 申
六 寅 阴 武 常 白
勾 丑 子 亥 戌
　　青 　　空

夜禄难守，常占殃咎。昼亥天空，勾陈在丑，旺禄临身，昼龙尤加吉庆，但丑乘陈发用，末天空，三奇吉泰，连茹尤佳。仕宦宜大利，常人病讼频兴。夹定三传，末出于外，名透关格，做事先难后易。

发用丑加寅，详辛卯二局。昼勾，详丙寅三局。夜阴，详壬申十二局。

癸卯三局

癸卯三局 涉害 极阴 不备 乱首

亥 癸
丑 亥
酉 丑
亥 卯

辛 勾朱
丑 卯 癸己
本坐 卯癸
比 亥 空勾
丑辛 丁
生败 酉 常空
亥己

贵巳 腾
午 未 申 朱辰
阴 武 常 卯 六寅
　　　　　丑 勾
亥 戌 酉 子 青
空 白

昼将皆土生传，金传生日。神愆咒咀，阳不备，又极阴。非干阳，人窥算，必是鬼神为愆。传课循环，干加支，被支克，支又传干。灾出无路，虽水日逢丁陈在支发用，欲脱难，灾出无路也。

发用丑加卯，夜朱昼勾，俱详丙寅三局。

癸卯四局

癸戌
癸卯四局　元首　稼穑
斩关　权摄不正

戌　癸
戌　癸
贵后　阴武
巳　午　未　申
酉
戌　常

酉　子　未　戌
壬戌
官　戌　丑辛　白青子
己乙
官　未　戌戌　阴常
墓　丙孤
未乙

朱卯
腾辰　后　蛇后
六寅
勾丑
青子
空亥

六合交互，脱离入土。屑就其禄，渐旺门户，交车六合，三传官鬼戌，昼虎在干发用，仕宦吉，常人忌。赖传向空亡，向后，灭力，喜禄临支将龙，必旺家门。若能弃却众土，俯就支上，求其旺禄，免遭鬼苦。

发用戌加丑，夜乘青，俱详癸未四局。昼白，详壬申二局。

癸卯五局

壬未
壬子五局　涉害　曲直　励德

辰　申　卯　未
申　子　未　壬

丁
官　未　阴常　申
亥辛
癸墓　朱乙
脱卯　未辛
空
禄德　亥　空勾
卯空

未　壬
蛇乙
后　阴
辰　巳　午　未　申
朱卯
辰巳　乙
六寅
勾丑
青子
空亥
白戌
申武
酉常

干上虽是旬，丁酉水日逢，丁主动用助财。但三传脱气，若动贪求，必被传引往贼营。又合中犯煞，如蜜在砒。如能坐守，赖酉敌木局，免被脱耗。如用夜将，俱土伤日，却赖曲直。解释冤情，常人忻，仕宦忌。

发用未加亥，用昼阴夜常，俱详丁卯五局。

癸卯六局

```
　　　　　癸申
　　巳戌　卯申
乙癸
闭脱卯　未乙戌　卯
口　申丙　　申癸
　　壬戌
官　戌　　白青
　　卯癸
财德丁
空巳马巳　乙阴
　　　戌戌
　　　　癸卯六局　　一喜一悲
　　　　　　　　　　知一斫轮
　　　　　　　斩关　龙战　回还
　　　　　勾丑
　　　六寅螣　朱辰　卯
　　　　　　　　贵
　青子　　　　　后
　空亥
　白戌
　常酉　申午未
　　　　武　阴
```

交互战伐，干支上神互克。不受福德，夜虎临身，脱空，鬼贼发用，子孙在于克乡，中鬼亦被卯克，末财旬空人墓，皆不利也。

发用卯加申，详乙丑六局。昼朱，详戊辰二局，夜乙曰登车。

癸卯七局

```
　　　　　癸未
　　丑未　卯酉
乙癸
闭脱卯阴未　卯
口　酉丁　未癸
　辛酉　勾空
败酉　　卯癸
　　乙癸
闭脱卯阴乙
口　酉丁
　　　　癸未七局　返吟
　　　　　　　　　龙战　励德
　　　　　　　武阴
　　　白子寅　常丑朱　卯
　　　　　　　　　辰后
　空亥　　　　　　贵
　青戌
　勾酉
　六申　未午巳
　　　朱螣
```

夜贵闭口，宅乘丁酉，动既无财，尤不可守。丁酉居中，水月逢之，动可取财，但卯为夜贵闭口，首尾脱盗，倘动，谋财不得，反脱耗。

各乘上克动坐克方，返吟卦，来往进退逼迫也。

发用卯加酉，详丁卯七局。昼阴，详癸酉七局。夜乙曰登车。

癸卯八局

財
比
墓

戌甲　蛇武
午丑辛
亥癸己　空勾
午午丙孤
　　　　後後
　　辰
　　亥巳

丑申亥午
申亥午卯
　　　午癸

癸卯八局　重審　六儀

空　戌亥　　　常　丑
青　戌　　　　武　寅
勾　酉　　　　後　卯
六　申　　　　貴　巳辰
朱　未　午
　　　　騰

初、末拱巳，晝貴末墓，午申干支拱未，支墓干鬼，午雖財，自末遁克至初回，向干又受克，故午財勿顧心目，馬匹堂房忌之。惟賴晝將合，為支上申金，干之長生。夜占申上遇虎，宅亦欠寧。

三傳自刑，事多欠利。

發用午加丑，詳癸巳八局。晝蛇，詳甲子四局。夜武，詳壬申三局。

癸卯九局

敗
官
官德

辛丁　勾
酉未　空
巳巳癸辛　常陰
酉丁丁寨
官德巳乙未　乙未
　　空馬丑辛

亥未酉巳
未卯巳癸
　　　巳癸

癸卯九局　涉害　從革　寨宿　無祿

青戌　　　空亥　白　常　丑
勾酉　　　子　常　武　寅
六申　　　　　　　　後　卯
朱未　　　　　　　貴　辰巳
騰午　　　　　　巳
　　　　　　　　貴

四課被賊，俱是干克。課名元祿，五陰相繼，事多昏晦。三傳從革，克支生干，主人豐盈，必無正屋可居，或被棄其田也。如用晝將，皆土助傳，傳生今日，故主去禍近福。官印全逢，革故鼎新，仕宦尤吉。墓神覆支，宅舍欠亨。

發用酉加巳，詳乙丑九局。晝勾，詳庚午十局。夜空，詳癸酉九局。

癸卯十局

癸卯十局　重审　斩关　三交

```
　　　　　辰
　酉　午　未　辰
辛丁　　卯　辰　癸
败 酉　勾空　　午
午甲　　　　壬庚
禄　子　　　白武
　　酉丁
闲脱　乙癸　卯乙　阴后
口　　子庚

六　申　　酉　空　三交
朱　未　　戌　白
腾　午　　亥　子　常　武
贵　巳　辰　　卯　丑　寅
　　　　后　　　　　阴
```

交互克贼，午实辰虚，禄子贵卯，财午丁酉也。并墓辰课，与传俱逢。如生守之，则彼墓克，终身皆晦。倘若动谋，前逢才禄，下贵皆可，逢则亨通，高盖乘轩，占官可用，实出狡童，病必游魂。

发用酉加申，详丁亥十局。夜空，详癸酉九局。昼勾，详庚午十局。

癸卯十一局

癸卯十一局　蒿矢　入溟　励德　求受
源消根断　四下生上　青空白常

```
　　　　巳　巳
　未　巳　卯　癸
己乙　卯　　癸
官 未　勾　巳
己巳　　辛丁
败 酉　勾空
　　未乙
比 亥　癸丁
　　酉

戌　亥　子　丑
六申　　　　　　寅
勾酉空　　　　　
　　　　　　　卯阴
朱　未　　　　辰武
腾　贵　　　后
　　午　巳　辰　
```

人宅受脱，急防盗贼。诈伪耗脱，费而不直。自于支至于末传，皆是迤逦，下生上名。源销其源，枝断其根。课又五阴，尽昏尽晦。凡谋恶况，病讼皆凶。年命在寅上乘罡，得昼夜贵人，拱定魁星。仕必高甲，但后难涉，病劳瘵。凡占，脱耗日渐消除，甚验。

发用未加巳，曰万象回春。昼朱夜勾，详丁卯九局。

癸卯十二局

（天地盘）癸卯十二局　重审　龙战　斩关　连茹

```
           寅
     癸卯 癸
   巳辰 孤辰        勾青空白
 卯寅          酉戌亥子丑常
丙孤 后蛇辰      六申青
辰卯癸墓         朱午未
马财丁墓        騰午巳
空德戊甲        贵后辰
财午巳空  蛇六   阴卯寅武
```

前路皆空，凡事无踪。未免虚动，病讼频逢。罡发用斩关，卦不由己，势逼而动连茹，病讼俱凶。传空所作无踪，网刃在前，岂利动行，虽财助鬼，俱虚声，若能退守干上寅木，虽为脱气，可敌空鬼，庶稍安宁。

发用辰加卯，详甲子十二局。昼后曰毁装。夜蛇曰乘龙。

第五十五章　术数汇考五十五

《大六壬立成大全钤》九

甲辰起，至癸丑止，计一百二十局。发用课格，悉按诸经集注，以备考核。贵人以甲戊庚牛羊分旦暮旬空，寅卯内有发用，课格类神同局者，悉注见某局内。其断事则与占课者年命刑冲德合相加为准，故不载。

甲辰至戊申

甲辰一局

甲
甲辰一局伏吟　自任　元胎　孤辰　斩关

寅　寅　寅　寅
甲　寅　辰　辰
　　辰　寅　丙孤
　　马德寅青蛇辰
　　空禄　　巳巳
　　　　脱巳勾朱
　　　　壬戊
　　　　官申白后

青午　空未贵
勾巳　申白常武
六辰　酉戌阴
朱卯　戌亥后
蛇寅贵　子丑贵

德禄干上，寅木俱空。昼虎鬼凶。火命解祸。土命畏逢寅，昼乘蛇发用，全无所依。中脱，末虎鬼，仕宦宜，常人忌。如年命在巳午制申，免祸如雀。四季上生申，其凶尤甚。支上乘财，若能俯就，可以荣身。

发用昼蛇夜青，甲子伏吟。

甲辰二局

```
甲辰二局  比用  连茹
丑甲
子丑
卯辰
寅卯
寅卯子丑
甲壬
败生子后白
丑癸
乙辛  阴常
长亥
生子壬
甲庚  才戌武
亥辛
            空白常
六辰巳    午未申
朱卯         酉戌武
蛇寅         亥阴
贵丑子后
```

进损逢空，退益水方，俱作生气。末传占财，昼武必失。支乘害克上乘雀，冬占卯火鬼，昼火惊煞，纵空亡，必主火惊。昼将贵人，覆日作财，可以守贵求财，占婚，大吉。

发用子加丑，用昼后夜白，俱甲子二局。

甲辰三局

```
甲辰三局  涉害  励德  不备  悖戾  赘壻
子寅戌子
子甲
武寅辰子
甲庚  才戌武
子壬
官申白后
戌庚丙
脱午青蛇
申戌
            青空白常
六辰巳    午未申酉戌
朱卯         戌武
蛇寅         亥阴
贵丑后子
```

屈尊就财。末助午来。五阳俱备。申虎尤乘子，虽生气临干，夜虎实败，若贪初财，引入中虎，未脱，必他人先以利诱我，后却为害。喜干加支，克支为财。又末助初，能俯就坐守，主有财，不利动用。悖戾五阳，全利公，不利私。

发用戌加子，用昼夜皆武，俱甲子三局。

甲辰四局

甲辰四局 蒿矢 病胎

亥
甲
亥
申 丑
辰 丑

戌 丑 申 亥
壬戌 辛亥
官 申 白 后 丑
亥 巳 乙乙
脱 巳 勾 朱
申戊
马德 寅 蛇 青
空禄 巳乙

朱 寅卯
六辰 六
蛇 寅 巳 勾
贵 丑 午 空
后 子 未 白
阴 亥 申 常
戌 酉
武

干虽乘亥，干克支上丑，支克干上亥，名曰解离。发用，切勿自怠，蒿矢有镞，射必伤人。喜末空，又亥水窃申金而生干，故主病苏讼宽，事当速了，其忧尚在。元胎四生恋胎，恐难杜绝，其忧尚在。昼贵在支，可以解冤，夜为破碎，家必不完。

发用申加亥，详甲戌四局。昼白夜后，俱戊辰十一局。

甲辰五局

甲辰五局 涉害 炎上
因妻起讼 狡童 斩关

戌
甲
午 戌
子 辰

戌 午 申 子
甲庚
才 戌 六 六 子
寅 寅 空
脱 庚丙
午 后 后
戊庚
马德 寅 后 白
空禄 午丙

辰 巳 午 未 申
武 常 白 空
阴 卯 青
后 寅
贵 丑 酉 勾
蛇 子 戌
朱 亥
六 戌

初传是戌，三传盗日，赖子发用，其课反吉。此课占法两取，以戌发用，寅克戌，遁金藏鬼，引入火局，盗日生支，主宅广人衰。又合中犯杀，主凶，邵师以日克戌不比，与丑相生为比，取三传水局，生干吉，故两取。

发用戌加寅，昼夜六，俱甲子五局。

甲辰六局

```
          酉甲      甲辰六局 比用
      午亥辰酉
      亥辰酉甲
 庚丙
朏午白后
亥辛
巳癸
才丑贵空
午丙
壬戌
官申青蛇
丑癸
      贵丑  后寅
   蛇子   卯辰  阴武
   朱亥   辰巳  常白
   六戌       未空
   勾酉   申      青
```

交车相合，四课自刑，去煞留官，酉正官申，七煞酉临干，巳近于人，申被午克，丑墓金无气。仕宦忻欢，职位高迁，常人值此，病讼俱凶。灾患无端，长生在支，若能俯就，亦可避难逃生。

发用午加亥，详壬申六局。昼白，丙子四局。夜后，壬申六局。

甲辰七局

```
          申甲      甲辰七局 返吟 元胎 斩关 孤辰 回还
      寅申寅
      申寅戌
 丙孤
寅寅白白
马德
空禄
壬戌
官申青蛇
未孤
马德
空禄
寅寅后白
丙戌
      贵丑  后阴武
   蛇子   寅卯辰巳
   朱亥   戌午白
   六戌       未空
   勾酉   申      青
```

欲者寅，既陷空绝。恶者申，鬼荡坦在中临干。所逢百事，无些影响。返吟凶制诚凶，支助鬼，更孩家亲喜，来去俱空。凡事无踪，岂能动移？如夜占寅乘虎，水神乘虎。脾经受病，可治肝，不治脾。

发用寅加申，详壬申返吟。昼后夜白，俱甲子六局。

甲辰八局

甲未
甲辰八局　涉害　长危　天狱　回还

寅　酉　子　未
酉　辰　未　甲

丙孤
马德　寅　后白
空禄酉己

辛丁
墓　未　空贵
寅空

甲壬
败　子　蛇青
丑丁

朱　螣
六　戌　亥　子青　丑　贵
勾　酉　　　　寅　后
青　申　　　　卯　阴
空　未　午白　巳常　辰　武

干禄发用，告免旬空。坐克无靠，三传俱下。克上鬼加支故。家私内战，天罡系亥，墓神覆日，传墓人墓，做事昏迷，行人立见，主归丁神临干，四月诸凶煞临未，占主大凶。如年命在未，为天罗自裹，自寻灾祸，惟醮谢。

发用寅加酉，详乙丑八局。昼后夜白，甲子六局。

甲辰九局

甲午
甲辰九局　蒿矢　润下　不备　励德

子　申　戌　午
申　辰　午　甲

壬戌
官　申　青蛇
辰甲

败甲壬
子　蛇青
申戌

才　辰　武武

六　朱
勾　酉　戌　亥勾　子　蛇
青　申　　　　丑　贵
空　未　　　　寅　后
白　午　巳常　辰武　卯　阴

笑里有毒，三合之中，子午相冲，合中犯煞。鬼贼满屋，支上发传也。蒿矢带金，射必惊。末助初传，午畏水局，干上午为救神。

又被润下克去，虽为生气，却制午火，长生可占，子孙不利。

发用申加辰，详乙酉九局。昼青夜蛇，甲子十一局。

甲辰十局

巳甲　甲辰十局　重审　元胎
戌未申巳
甲
壬戌
官申　青蛇
巳乙
乙辛
长亥　朱勾
生申戌
丙
马德寅　后白
空禄寅辛

　　　　朱蛇贵后
勾六戌六　亥子丑寅
青申酉
空未　　卯阴
白午
常巳辰武

初虽官鬼，赖得巳火克制，火作递生，宛转益己，忧实喜也。不利于彼，墓神临支，上乘丁神，如在四月，恶杀相聚，必主家宅动摇，岂利于彼，忧实为喜。元胎子孙临干，天后坐生，忧喜尚疑。

发用申加巳，详甲子十局。昼青夜蛇，俱甲子十局。

甲辰十一局

甲辰　甲辰十一局　涉害　斩关　赘壻　狡童
申午午辰
辰甲
辰辰
午
六仪登三天
戊甲
才辰空
寅庚丙
脱午甲　青蛇
巳辰
壬戌
官申丙　白后
午丙

　　　　武阴后贵
　　　　戌亥子丑
白申
常酉阴
空未申
青午　　寅蛇
勾巳
六辰卯朱

支上午火可赖，能助初财。制末官鬼，事不出外，自干传支，课体循环，支辰加干上作财，故财自然来。昼占稍畏登三天，名贵登罡塞，昼为虎鬼，宜仕宦，常人忌。夜将子虎冲支，家宅惊怪不宁。

发用辰加寅，昼夜六，甲子十一局。

甲辰十二局

甲辰十二局 重审 连茹 六仪 天罗
回还

```
            卯
      午 巳 辰
   戊  巳 辰 卯  甲
   才  辰         甲
   卯  乙     六仪
   脱  巳
      辰 甲
      庚 丙
   脱  午     青蛇
      巳
         午 未
   青        戌  亥 子
   勾  巳    酉      丑 贵
   六  辰    申   常 武 阴 后
   朱  卯    后  寅 蛇
```

　　静则有旺，动遭网刃。昼下亡财，夜迎贼党。发用虽木，昼夜天将夹克引入，中、末并及，脱盗满前，如贪其财，必闯入贼营，财则不得，脱耗无已。网刃在头，岂利前进，如能退守，各乘其旺，免遭前厄。透关格会成火局，常人喜逢，占官却忌。如年命在卯，名天网自裹。

　　发用辰加卯，昼夜六，甲子十二局。

乙巳一局

乙巳一局 伏吟 自信 六仪 斩关

```
            辰
      巳 巳 辰
   庚  辰 辰 巳  乙
   才  辰         乙
   本  巳     六仪
   坐  
      辛 乙
   脱  巳     青六
   甲  
   德官 戌
         巳 午 未
   青        申   常 武 阴 后
   勾  辰    酉   戌 亥
   六  卯        子 贵
   朱  寅    丑 蛇
```

　　交车相脱，虽系伏吟干上及初叠，遇天罡发用。身动难安，静不容已。夜被神挠，幸免伤残。末申昼乘常，必是贼。如用夜将乘贵乃神，仕宦喜，常人正宜坐待，赖支巳制申金，又能守本身之财，何可动用也。

　　发用昼夜皆勾，乙丑伏吟。

乙巳二局

乙巳二局 元首 退茹 斩关 不备 俯就

乙卯 旺禄临身

乙卯
辰寅
卯辰
巳卯

己寅禄 六青
卯辰戊甲
比寅朱空
丁癸蛇白
闲才 寅空
口

空午朱
未申酉戌亥乙
白常武阴 后

勾辰卯
六卯寅
朱寅丑
蛇丑

元首为初，初中俱空。所谋无力，徒劳费力。面前六害，虽旺禄临身，但旬空干加支，贪初旺禄临身，徒妄作退茹，干又传支，未免向人求事，初、中空亡，所谋无力。

发用卯加辰，用戊辰二局。昼六日入室。夜青，己巳二局。

乙巳三局

乙巳三局 重审 极阴 权摄不正

乙寅 子
卯巳寅
子卯乙
丑寅巳

丁癸 丑卯丁
闲才 卯空辛
口 亥癸
马长 丑已后武
生 乙酉
官 亥辛

空白常武
午未申酉戌亥
阴

青巳六
勾辰卯
六卯寅
朱寅丑
蛇丑
贵子

交车六害，空禄支被盗，四支俱空，二真二游。万里无踪，极阴用丑，昼蛇，必病不食，凡占难言。如夜将乘虎，所占全凶，中传长生，末又官鬼，退向阴中，岂利造用？

发用丑加卯，详丙寅二局。昼蛇，乙丑四局。夜白曰直视，又在野。

乙巳四局

```
             乙丑
             乙乙
    亥  戌  丑      乙巳四局  重审  稼穑  斩关  励德
    寅  巳  丑
       寅
  丁癸
闭 丑  蛇青
口 辰甲
  丙庚
才 戌未
  癸丁
墓 未戌庚
                 勾辰常
              六卯
              朱蛇   寅卯
                    巳丑
              贵子
              后亥戌酉
                 寅巳
              巳午未申
              青空白常
                 阴武
```

干及三传，满目财喜。不偿所费。昼虎临墓，闭口无畏，中庚戌昼阴，末虎丁未墓，若向前贪财，则有费许多不美，如能勇退，惟守干上癸丑闭口之财，庶免灾厄。支乘空生，渐为之害，宅亦虚危。

发用丑加辰，用昼蛇夜青，俱乙丑四局。

乙巳五局

```
             乙子
             乙乙
    酉  申  子      乙巳五局  蒿矢  从革  察奸
    丑  子  巳
       乙巳
  乙巳
官 酉  武蛇
  丑癸
  辛乙
胁 巳巳
  酉巳癸
闭 丑巳
才 巳乙
                 勾青空
              六卯白  辰巳午申
              朱蛇寅
              贵子
              后亥戌酉
                 丑
              蛇贵后阴
                 武常
```

蒿矢纯金，末助初鬼，诚为凶卦。尤赖蒿矢发用，酉金喜坐于墓乡，酉之本宫，又被巳克故。俯丘仰仇，伤其委镞，全然无力。

又赖昼贵临身，窃三传而育日干，凶。中反得其利。干支子与丑六合，比合为美，止称坐待，不宜动用。

发用酉加丑，曰丝纶已布，妇女怨病，主虚。昼武，乙未十二局。夜蛇，乙丑九局。

乙巳六局

亥　乙巳六局　重审

乙巳六局
乙巳
亥亥
午子
未子

壬丙
脱午空阴
亥亥
丁癸
才丑蛇
口甲戊
德官申常贵
丑癸

乙　子　后　亥
蛇　丑　朱寅空
阴　戌　六卯青
武　酉　巳午空
　　申　未白
　　常

仕宦畏逢，常人免凶。夜休投贵，昼稍中庸。自干生，初迤逦，至末返伤干，名恩将仇报，美中祸出。申又夜贵，被午克，丑墓全无力。常人常制鬼，占官忌，及投贵人无依。昼贵临，虽克支而生干，反乘长生干贵，营谋、坐守皆宜。

发用午加亥，用壬申六局。昼空夜阴，俱乙丑六局。

乙巳七局

乙戌　乙巳七局　返吟　绝胎　斩关　回还　察奸
巳亥辰戌
戌亥巳戌
戌乙

辛乙
脱巳白武亥
亥亥
丁辛
马长亥六
生巳乙乙
辛巳白武
脱亥辛

蛇戌
朱酉
六申
勾未青
　寅丑子
阴武贵
卯亥
常青
辰巳
午空

昼防病脱返吟，初、末脱气，昼虎占病，大忌。亥水难托，亥虽长生火胜，水少又被戌制，无力敌巳，所以难托。夜被欺诈，武乘脱，合居中，淫之课，必有欺诈。奸私见约，干上戌乘庚戌，只可以财献纳，岂利取财商贾。

发用巳加亥，详戊辰返吟。昼白，己巳返吟。夜武，乙丑五局。

乙巳八局

乙巳八局　重审　斩关　励德　孤辰

卯戌　寅酉
戌寅　酉巳
　　乙

戌孤
比　寅　阴
己丁
空墓　癸　后
　　寅空
丙　贵勾
败子
　　未丁

后　丑　寅
阴　寅　卯
武　卯　辰
常　辰　巳
贵子勾
蛇　亥
朱　戌　　　巳　白
六　酉　　　午　空
勾　申
青　未

面前六害克身，墓宅递互克贼。昼将三传夹克。动意难已，势不由己而动。凶里获财，干被酉克，初寅迤逦克去，如依官贵伏势前行，凶里得财而回。

发用寅加酉，用昼阴夜空，俱乙丑八局。

乙巳九局

乙申　乙巳七局　重审　察奸　从革

丑酉子
酉子申
申　巳
乙

乙巳
官　酉　六蛇
巳巳
巳丁癸
才　丑　后青
酉己乙
辛乙
脱　巳　白武
丑癸

贵　子　后阴
　　丑　阴武
蛇　亥　寅　卯常
朱　戌　卯　辰白
六　酉　　　巳　常
勾　申　　　巳　白
青　未
　　午

交车相合，虽逢两意契合，那支爻并三传会金伤干。靡不有初，鲜克有终。干上又是申金。如用夜占。贵德临身散祸，能伏诸煞，能消万祸。纵有重鬼，全不足畏。讼宜告贵，病可求神。如用昼将，占凶不凶，勾陈临身，占官虽吉，常人大凶。

发用酉加巳，用昼六夜蛇，俱乙丑九局。

乙巳十局

乙巳十局 比用 稼穑 励德

```
            亥  申  戌  未
         丁        巳  未  乙
       癸 未 青蛇
       墓 辰 甲
         丙 庚
       才 戌 朱阴
         未 丁 癸
     闲才 丑 后白
     口    戌 庚
```

蛇贵后阴
申酉
亥子丑
勾青空白
申未午巳
辰卯寅
常武阴

　　拿财鬼随，三传皆财。生起支上，中金传财，化鬼求财，招祸止可，纳粟偏宜。欲求平善，请祷神祇。干上墓乘丁，夜蛇，至怪至凶。病宜祷神。如年命在未，天罗自裹，在午，为乘无气。如四月占，诸煞在未，凶甚。

　　发用未加辰，详乙丑十局。昼青夜蛇，甲子十局。

乙巳十一局

乙巳十一局 重审 涉三渊

```
            酉  申  午
         戊        午  乙
       甲 戌 申 勾贵
       官 申 午
         丙 庚
       才 戌 朱阴
         申 丙
     败 子 贵常
         戌 庚
```

朱蛇贵后
戌亥子丑
勾青空白
申未午巳
辰卯寅
常武阴

　　两贵虽阻，俱被煨烬，全然无力。俱不可恃，全然无力，面前六合各脱气。所费百出，住宅移徙。干墓乘丁临支，如贩商取本，必在彼受墓，欲弃难舍，所欲不得，故有羁程。如上宅舍，必多怪现形，梦魂惊怪，可速迁移也。

　　发用申加午，用昼用勾夜贵，俱甲子十一局。

乙巳十二局

乙巳十二局　弹射　连茹　不备　求受

　　未午午巳
　　巳巳乙
丁未白蛇
癸午丙
甲戌
德官申常贵
　　未丁
　　乙巳
　　酉戊
　　申

武　阴　后　贵
酉　戌　亥　子
白　常
午未　申酉
空　青　勾　六
午　巳　辰　卯
寅　丑　子
朱　蛇　贵

　　泥弹化石，弹射卦巳欲射彼墓，财官发用，昼虎申未俱金，射之有力，正宜守困，前迫后逼。又连茹，仕宦喜，常人遇之，退向空乡，前逢鬼贼逼迫，难进难退，如能坐守，得支加干，虽为脱气，却敌众鬼，处于危困而免灾也。

　　发用未加午，曰枯木生花，迁官有酒食成合。昼白在野，又登山风师墓坟后妇病绵。夜蛇，甲子十局。白头，主孝服事。

丙午一局

丙午一局　伏吟　自任　元胎　励德

　　午午巳巳
　　午午巳丙
癸乙
禄德巳空勾
丙戌
马才申六蛇
庚孤
生长寅武白
空

六　朱　蛇　贵
申　酉　戌　亥
青　未　朱
巳　午
勾　未朱
空巳
白辰
常卯
武寅
子丑
阴后

　　财中申禄，初巳长生，末寅三传，皆遇如花似锦。岂知昼总无成，巳乘空，又破碎。申乘武返有耗盗，寅空亡。始知花锦独存支上刃，却实好事无而恶事有，终若浮萍而无成就。

　　发用昼夜皆巳，丙寅伏吟。

丙午二局

丙午二局　元首　连茹　不备　培基

```
          辰巳卯辰
          巳午辰巳
辛寅卯   权摄不正
空败 辰甲
      庚孤
空长 寅     六白
  生 己癸
      丑     朱常
空脱
  乡
        巳
        空巳
      青辰  白午六
      勾卯  常武
      六寅  未申
      朱丑  酉戌
        子   亥贵
        蛇   后
```

脚踏空亡，休忌生方。向前一步，食禄荣昌。连茹虽是生气，传皆空，不如无生。占长上生计，大凶。守被罡脱盗，亦虚耗。

如能前进一步，俯就支所，就旺食禄，却得荣昌。

发用卯加辰，详戊辰二局。昼勾夜空，俱丁卯伏吟。

丙午三局

丙午三局　重审　斩关　极阴

```
          寅辰丑卯
          丑午卯丙
          辰午辰卯
己癸
脱 丑朱勾
卯空辛
官 巳亥贵朱
  丑癸
  丁巳
才酉阴贵
    亥
          青辰
          勾卯  空巳 白午
          六寅  常未 常午
          朱丑  武申 武未
          螣子  后戌 阴酉
            亥     亥
            贵     戌
                   后
```

生空受败，与辰六害。夜贵惠财，昼贵难赖。交车坐合，前面六害。支乘实脱，干乘空生，故受为败，昼勾夜空，空败尤甚。

退间传初丑，子孙空乡，受制中贵，坐克难赖，末夜贵成财，又克日上神却利，贵中求财，利阴谋，不利公干。

发用丑加卯，用昼朱夜勾，俱丙寅三局。

丙午四局

丙寅
丙
寅
丙午四局　蒿矢

子　卯　亥　寅
卯　午　寅　丙

戊壬　蛇六
官子　卯空
卯己
丁
才酉　阴贵
子壬
甲丙
刃午　白武
酉己

三交　雨露润泽

　　　　　勾卯　　　　　青辰　白
　　六寅　巳　午　未　申
　　　　　朱丑　　　　　常
　　蛇子　　　　　武
　　贵亥　戌　酉　阴
　　　　　后

四课无形，如生后生，遥克既在，好恶无成。干支寅卯，俱是生无，但空不如无生，四课子鬼遥伤幸空，故四课俱空，百事无踪。中财鬼乡，末刃动作无成，费有余，得不足也。

发用子加卯，详丁卯四局。昼蛇，甲子八局。夜六，丙寅六局。

丙午五局

丑
酉
丙午五局　重审　斩关　炎上　长幼　泆女

戌　寅　酉　丑
丑　午　丑　丙

戊庚　后蛇
墓戌　寅丙
寅戌
甲丙
刃午　白武
戌庚
空长　孤六青
生　　寅丙

三奇

　　　　　勾卯空　　　　青辰　白
　　六寅　巳　午　未　申
　　　　　朱丑　　　　　常
　　蛇子　　　　　武
　　贵亥　戌　酉　阴
　　　　　后戌

交车六害，丑实寅空火生，寅墓戌故。自墓传生，凡事先迷后醒，又昼将虎来庚。遁甲戊庚三奇，吉卦。但中传刃，昼乘虎，末传空，合中犯煞。凡事得意浓处，只可急流勇退，掉臂长行，若久贪则生祸。

发用戌加寅，详甲子五局。昼后，甲子六局。夜蛇，甲子伏吟。

丙午六局

虽前后引从地支，但三传内战，迤逦伤干，须防攒词，众口当攻，病、讼皆凶。昼占灾殄，昼贵履狱，夜贵落空。告贵徒然。交关眷恋喜，末寅空坐墓，无力催督，如能谨守，而后消历。子与丑合，尚有眷恋。

发用子加巳，用昼蛇夜六，俱丙寅六局。

丙午七局

守皆遇鬼，全伤交互，彼己不美，往来受克，难进难退。遁得壬子居中，伤身毁宅。仕宦宜矣，常人大忌。

发用午加子，详丙子返吟。昼青，甲子四局。夜武，壬申三局。

丙午八局

丙戌　丙午八局　比用　斩关　六仪　幼厄

辰　亥　卯　戌
丙午　戌　丙

壬甲　白白　亥　午　戌　丙
脱辰　辛
亥　乙
丁　才　酉　朱贵
辰甲
空长　庚　孤
生酉　寅　武青

贵　后子　六
蛇　戌　亥　丑　寅
朱　酉　阴　卯　辰
六　申　武　巳　午
勾　未　常　青　空
　白

两蛇夹墓，干乘墓，昼夜蛇。巳乃蛇本宫，故曰夹墓。主凶晦。

凶灾可恶。亥乃干鬼临支，克支喜罡发用，制亥冲戌破墓，难中为救，那更末寅长生，为蛊克辰，不能为救，其凶尚在。本日之长生，反兆蛊神矣。

发用辰加亥，详庚午八局。昼夜皆白，丙寅十一局。

丙午九局

丙酉　丙午九局　重审　从革　斩关

寅　戌　丑　酉
戌　午　酉　丙

丁己　才　酉　戌
己乙
巳癸
闲脱　丑　阴常
口　酉乙
禄德　巳癸　空勾
　丑癸

贵　后子　斩关
蛇　戌　亥　丑　阴
朱　酉　武　寅　常
六　申　卯　辰
勾　未　巳　白
青　午　空

两贵坐克，心灰无力。夜将虽皆土克日，却助传财，可取还金贝魂之债。禄为破碎，中脱末禄，反为破碎，徒费心力，贪之何益？

宅凭尘埃，面前六害，支乘墓脱，空凭尘埃，三传会财，递生酉金，如用昼将，上下夹克，传墓入墓。

发用酉加巳，详乙丑九局。昼朱夜贵，丙寅九局。

丙午十局

丙午十局　比用　生胎　借钱还债格

```
　　　　子　酉
　　　　酉　亥
　　　　亥　申
　　　　申　丙
丙戌
马才　申　　　　　　亥　子　阴
　　　巳乙　　　　　子　丑　武
官　　亥　贵阴　　申　寅
　　　申戌
空长　　寅　武白
生亥辛
　　蛇　戌酉　后
　　朱　酉申　后
　　六　申未　贵
　　勾　未午
　　青　午巳
　　空　巳辰　白
　　　　　卯常
```

彼此乘财，交互相克，亥为昼贵，乃日之鬼官故。昼被鬼魇，夜贵相遇。酉为夜贵，作财临支，必主阴贵之惠。干乘申为财马，发用入课，三传递生，荐我者多，多得贵人之力推荐，财生昼贵，宜以财纳贵，常人遇之，传财化鬼。末传空破，初克为明克暗助。

发用申加巳，夜乘蛇，甲子十局。昼六，丙寅十局。

丙午十一局

丙未　丙午十一局　重审　狡童　励德　天狱　涉三渊

```
　　　　戌　申
　　　　酉　未
　　　　申　丙
　　　　午　午
丙戌
马才　申　　　　　　亥　子　阴
　　　午丙　　　　　子　丑　后
墓　　戌　蛇后　申　寅
　　　申戌
官　　子　后武　戌　亥
　　　戌庚
　　　　　卯常
　　蛇　戌亥　贵
　　朱　酉申　贵
　　六　申未
　　勾　未午
　　青　午巳
　　空　巳辰　白
```

支马申干丁未遁，丁马在课，主有动行，又交连相合，乃主客迎欢，但涉三渊，初传引入，末传鬼在墓，大凶。卦名鬼呼病者。动静无成。凡事必因财而动，以致灾祸，止宜坐守，切不可动用。

发用申加午，详乙丑十一局。昼六，丙寅十局。夜蛇，甲子十局。

丙午十二局

丙午十二局　弹射　连茹　不备　培基

午　未　申
未　午　未
丙午
马才申　六蛇
未乙
丁巳
才酉　朱贵
申戌
戊庚
墓戌　蛇后
酉巳

勾　午未　　　六申蛇
青　巳　　　　酉戌　朱蛇
空　辰　　　　亥子　贵后
白　卯　　　　丑寅　阴武
常

　　支加干，面前六害，申发用，午未，合力擒财。妻妾怀胎，干支及初俱在合乡，末助初财，占婚与孕，俱吉。但传财重，必因食伤致病，损塞心脾胃脘，宜开守则旺，动变网刃火，病死，酉墓戌故也。

　　发用申加未，详己巳十二局。昼六，丙寅十局。夜蛇，甲子十局。

丁未一局

丁未一局　伏吟　自信　稼穑　励德

未　未　未　未
未　未　未　未
丁丁
脱未　常常
辛亥
脱丑　朱常
庚庚
墓戌　后后

空　巳辰　　　白午　武阴
青　辰　　　　申酉　常未朱
勾　卯　　　　戌亥
六　寅　　　　子丑　朱蛇

　　初并干支，下未三重，更值刑冲伏吟，得此处静而动。戌为墓神在末，恃势刑干，奴仆休宠，一曰讼解病轻。太常、天后克日，必主婚姻喜庆。嫁娶之费，夜嫁娶费，一曰盗逃不获。传虽脱气，却制鬼贼，小人断踵，一曰行人来近。

　　发用昼常，丁卯五局。夜朱，丁卯九局。

丁未二局

丁未二局　八专　帷薄　寡宿

巳午巳午
巳午未午丁
癸寅生败卯
辰
丙丙禄午白六未丁
丙丙禄午白六未丁

空巳　常午　武未　阴申　后酉
白午六
青辰　　　　　　戌
勾卯
六寅　　子亥　　亥贵
朱丑　子蛇

四课四虎，干支中、末重逢午，虽旺禄临身，昼占四虎，凡占受惊受苦，欲就初生旬空，支败中、末又归日占，欲动不能，尽彼缠绕，费力千般，未免如故。

发用卯加辰，详戊辰二局。昼勾夜空，俱丁卯伏吟。

丁未三局

丁未三局　八专　寡宿　帷薄　龙战

丁巳
巳巳
卯巳
卯巳未
辛癸闲脱口卯乙乙马比巳未丁
乙乙马比巳未丁

青辰　白常　武　阴
勾卯　午未申
空巳常
六寅　　酉戌
朱丑　亥贵后
蛇子

发用癸丑破碎，遁鬼伤日干支，四巳乘马，四马战起遍夜纵横，昼将如逢巳乘空，三传皆陷矣。全无定踪，一世飘蓬。

发用丑加卯，用昼朱夜勾，俱丙寅三局。

丁未四局

```
　　　　　　　　丁辰
辰辰丑辰　　　　丁未四局　八专　三奇　斩关
未辰丑未
　　　丁
辛辛
德亥　贵朱
禄寅　空甲
脱辰　青白
未丁甲
脱辰　青白
未丁
　　　　　　勾卯　　青辰　　空巳　白午
　　　六寅　　　　　　　　　　　常未
　　朱丑　　　　　　　　　　　武申
　　蛇子　　　　　　　　　　阴酉
　　贵亥　　　　　　戌后
```

火生四土，干支中、末，天罡四重。夜将白虎，脱干墓支，主人衰临，宅舍昏遗，常人遇，可仕宦大吉。昼贵发用，空乡难靠，宅昏人苦，如用昼将，辰乘龙斩关，得此，主万里行程大利，逃亡出外吉，在家凶。

发用亥加寅，曰花卸再生。昼贵丙寅四局，主征召马更的，又贵人田宅讼。夜朱丙寅四局，主口舌信息，又疾病。

丁未五局

```
　　　　　　　　丁卯
亥卯亥卯　　　　丁未五局　元首　曲直　励德
未卯未卯
　　　丁
癸囊
败卯　发囊
卯空
官德亥　乙未
卯空
本未　常阴
坐卯辛
　　　　　　勾卯　　青卯　　空辰　　白巳　午常
　　　六寅　　　　　　　　　　　　　未
　　朱丑　　　　　　　　　　　　申武
　　蛇子　　　　　　　　　　酉阴
　　乙亥　　　　　　戌
　　后戌
```

三传木局，克支生干，昼将皆土脱干，赖传本克支，故好恶中半。勿恶传生，初末中及支干，乘卯旬空，见生不生，反为败神，不可恋生，故正宜更，宜换四课，三传不外，名回环格。主事循环，淹滞难脱。

发用卯加未，详已巳五局。昼勾夜空，俱丁卯伏吟。

丁未六局

丁寅
丁未六局　比用　孤辰

寅　酉　酉
丁　午　寅　寅

己己
才酉　阴乙寅
寅空　甲甲
脱辰　　青白
酉己辛辛
官德亥　乙未
辰甲

勾青空
卯辰巳
青空白
午　六寅
巳午申
　　朱丑
蛇子
乙亥
后戌　朱常武
阴酉

昼贵临罡，夜贵空亡在寅，寅纵生身，熟视不藏。初酉夜乙乘财投绝生空，末传昼贵官鬼，入罡墓克，三传自刑。凡为岂利干上寅长生奈空，又被支墓，见生不生，动用徒劳，守久生意。

发用酉加寅，见己巳六局。昼阴，丙戌五局。夜乙，丙寅九局。

丁未七局

丁丑
丁未七局　返吟　井栏射　八专　励德　帷薄

未　丑　丁
丑　未　丁

乙乙　马比
马巳　空常
亥辛　辛癸
闲脱丑　阴勾
口　未辛癸
闲脱丑　阴勾
口　未丁

武常白空青勾
寅卯辰巳午未
乙亥
蛇戌
朱酉
六申

丁生四五发用，己虽马昼乘空，丑为破碎遁癸，中、末未支四重，明说暗，如昼占乘阴，脱又逢脱，更防虚诈，如夜占乘勾，共成八土。凡占殃咎，忧事不别处更来脱止一处，惟宜坐待。四鬼暗伤，赖丑敌鬼，凡事惟宜闭口。

发用昼空，丙寅伏吟。夜常，戊辰返吟。

丁未八局

丁子
丁未八局　比用　铸印　长危

巳子　巳子
乙乙　巳子　巳子　丁
马比　巳　空常子　未子　丁
　　　子壬　庚庚
墓　戌　蛇蛇
　　　巳乙
癸暮
空生　卯　常空
败戌　庚

```
      蛇戌      后子  六丑  阴
                乙亥
      朱酉          寅    武常
      六申          卯    白
      勾未  午  巳  辰
              青  空
```

克干害支，子遁壬水，昼又天后，并力伤害，狐喻子假，虎喻未威，赖坐下未，克害子水，不能伤日。略举动足，止宜坐守，不利动谋，离其未土，遂被子克。踏翻祸机，灾祸并侵，虽系铸印未空，破墓走炉，凡事无成。

发用巳加子，详丁卯八局。空常，载上返吟。

丁未九局

丁亥
丁未九局　重审　曲直

卯亥　卯亥
辛辛　卯亥　亥
官德　亥乙阴　未未　丁
　　　未丁
败生　卯常空
本　亥辛
生　丁
　　未　卯朱
　　　卯空

```
              子丑  后
      蛇戌      亥    阴
      朱酉      乙亥  寅  武常
      六申          卯  常
      勾未  午  巳  辰  白
              青  空
```

亥为贵德临身，会起木局，克支生干，如用昼将皆土脱日，全赖传木克去之力。贵德三传，如用夜占，何益传阴？中末虽生皆空，见生不生，反无益也。

发用亥加未，详辛未九局。昼乙，丙寅四局。夜阴曰裸形。

丁未十局

干支中末四戌，墓之刑之，诚为凶课，岂知昼贵伤干，戌墓制。反为救应，不幸中幸。及伤夜贵，坐克其戌，依然为墓，幸中不幸。

发用亥加申，详辛未十局，乙阴，载上九局。

丁戌　丁未十局　八专　三奇　斩关　独足

```
        丑戌  丑戌
辛辛  亥乙阴  戌丁
官德 申戌
  墓 戌蛇后
    未丁
庚庚
  墓 戌蛇后
    未丁
        乙
      亥  子  丑
      后  阴  武
      蛇戌后
    朱酉
  六申
  勾  未  午  巳
  青  空  白
         卯 辰
         常
```

丁未十一局

丁死于酉，破碎癸丑。两贵加临，事厄闭口。亥昼贵，酉夜贵，虽两贵相加，但遍地不一。干支初酉为夜贵乘财，又火死酉前，贪一步财，反化鬼。末癸丑破碎，伤日凝阴，岂利前行。凡占遇此，退首钳口，庶免灾咎。

发用酉加未，详丁卯十一局。昼朱夜乙，丙寅九局。

丁酉　丁未十一局　重审　励德　凝阴

```
        亥酉  亥酉
己己  酉未  酉丁
才酉  朱酉  未
辛辛 亥乙阴
官德 酉巳
闭脱 丑阴常
口 亥辛
        乙
      亥  子  丑
      后  阴
      蛇戌后
    朱酉乙
  六申
  勾  未  午  巳
  青  空  白
         卯 辰
         常  武
```

丁未十二局

酉
申 酉
戊 申 申 丁
才申 六蛇 申 未
未丁 未 乙
己巳 末乙
才酉
申戊
庚庚
才墓戌 蛇后
乡 酉

丁未十二局 重审 励德

朱 蛇
酉 戌 乙
六申蛇 亥 后
勾未 子
青午 丑 阴
空巳 寅
白辰 武
常卯

　　干支初中俱财，传入戌库，身旺才弱可求，财旺身弱反失，故主得财失财。戌月生气在中，妻必怀胎。申为虎，本家金属，肺将多火神夹克，故主伤风肺嗽。连茹卦末助为传，动止牵连，必讼绝复来。

　　发用申加未，详己巳十二局。昼六，丙寅十局。夜蛇，甲子十局。

戊申一局

申 巳 巳
丁乙 申 巳 巳
禄德巳 勾未 申 戊
庚戊 申
长生 白后
甲孤
马官 蛇青
空 寅

戊申一局 伏吟 自任 元胎

白 常 武
巳午 戌 阴
申 酉 亥
青午 戌 乙
勾巳 子后
六辰 丑
朱卯 乙
蛇寅

　　迤逦不和，上下相合，交生克脱，不守德禄，静中末动，以致前途三刑互克。败也萧何。末寅马助，初巳火生，暗克戊土作鬼。

　　成也萧何。萧何喻寅，但寅旬空，好恶俱无，亦名闲话，徒为冤憎。

　　发用昼勾夜朱，戊辰伏吟。

戊申二局

戊辰 戊申二局 元首 斬關 連茹 寒宿

```
            辰戌
            空
   午未卯辰
乙寅
空官卯 朱勾未
辰甲 甲孤 蛇青寅
马官
空    癸癸
空比   乙空
乡闲丑空
  口
        未申 空白
        青午蛇
        勾巳
   六辰     辰戌 常武
   朱卯     酉
   蛇寅     亥阴
   乙丑     子后
```

脚踏空亡，墓神覆日，守身昏晦。岂容退步，随缘退后，俱是官鬼。肯舍危疑，喜得空亡，虎鬼为害。青云得路，幸未加支，就其生气，肯进一步，又得其禄。

发用卯加辰，昼乘朱，戊辰二局。夜勾，丁卯伏吟。

戊申三局

戊卯 戊申三局 重审 极阴 励德

```
            卯戌
            午
   卯丑卯辰
癸癸
比丑 乙空午
卯癸 辛阴常
才亥
丑癸 辛巳
脱败酉 阴常
   亥辛
        卯戌
        午申
   六辰     卯空 青空
   朱卯     午未 白
   蛇寅     申   常
   后子     酉   
            戌武
            亥阴
```

占身卯戌，卜宅午申，各乘上克，彼此灾咎。总是上克，祸及常流，仕宦宜得。卯虽空破，末酉生中亥，亥生卯，暗有鬼神相助，仕宦宜，常人畏。如春占，夜将午，为火鬼乘蛇，必防火烛惊。

发用丑加卯，详丙寅三局。昼乙，戊辰三局。夜空，戊辰三局。

戊申四局

戊寅
权摄不正　比用　病胎　不备　富贵　赘婿

寅
巳巳
亥寅
寅戊
寅申

甲孤
马官　寅蛇青
巳乙
癸辛
才亥　阴常
　　　寅空
庚戌
长申　白后
生亥辛

朱卯
蛇寅　六辰六
乙丑　巳午未
后子　申
阴亥　酉戌
　　　常武

尊就卑傍，彼己不臧，两贵抱恶，可解凶殃。各乘上克下，合干乘害克，主自己熬煎，他人逸乐。干被寅克，奔入支，虽彼己不臧，可避难逃生。三传递生官鬼，但初中空亡似虚，相助不能为害。如抱鸡不斗，可解凶殃，两贵辰戌，干贵无力。

发用寅加巳，详戊辰四局。昼蛇日乘雾。夜青，乙丑五局。

戊申五局

戊丑
首尾相见　交车入墓　重审　润下　斩关　周遍

丑
子辰
酉丑
丑戊
辰申

壬壬
才子　蛇青
辰甲
庚戌
长申　青蛇
生子丙甲
墓辰　武武
申戊

后寅
阴卯　常
乙丑　辰巳午未
蛇子　申
朱亥　酉
六戌

干乘旬尾癸丑，支上旬首甲辰。首尾相见，卒难解释。递互乘墓暗昧，如我欲网他，却被网也。四季财喜，三传合财。又干丑合子，三六相呼，四季土旺，能胜其财。若冬月水旺，传财太旺，反财亏也。

发用子加辰，详壬申五局。昼蛇夜青，甲子八局。

戊申六局

戊
子戊申子
戌　卯　未　子
壬　　　壬
才子　蛇青卯
巳乙　巳丁
比未　空乙
　　　子壬
马官后白
空寅　未丁
甲孤寅

戊申六局　涉害　长度厄

蛇子
朱亥　卯辰巳
六戌　后寅白
勾酉　阴武常白
　　　午未申
　　　未空
　　　申青

巳申合美，以欲无礼，涉害登危，全无良矣。下合上刑，备乘死气。三传互克，以致子水克处回归，又受其克，使妻财难进难退。末寅鬼夜虎，喜空生墓，全无气，纵涉害，亦无畏矣。初末传拱，昼贵可以告贵。

发用子加巳，详丙寅六局。昼蛇夜青，俱甲子八局。

戊申七局

戊
寅戊申寅
申　寅　巳　亥
甲孤　　戊
马官后白寅
空寅　庚蛇
长申　申戊
生寅　后白
马官　寅戊
空寅　申戊

戊申七局　返吟　绝胎　孤辰

蛇子
朱亥　寅卯辰
六戌　后阴武
勾酉　巳
青申　午未
　　　巳常
　　　午白
　　　未空

上下相合，交车六害。初与末皆官鬼，上乘白虎。虎鬼往来，俱绝空排，故不为畏。切勿贪财，亥虽才与寅合，占宜携财祷贵，占病求神。初贪亥水，生起寅来。寅乘虎在支被伤，如占家宅，必有损折患。

发用寅加申，详壬申返吟。昼后夜白，甲子六局。

戊申八局

（盤式）

戊申八局　元首　斩关

戊戊
戌戌
午丑　申申
卯卯　丑丑
乙寅
空官卯常
戌庚
庚戌
长申青蛇
生卯空
癸癸
闭比丑乙空
口申戌

六戊　朱亥　乙
勾酉　蛇子青　后
青申　卯　阴
空未　午巳辰　武
　　　　白常

下合上刑，美中不足。发用官鬼，虽凶旬空，又被申制，全无气。常人喜，仕宦不宜。赖系旬空，初中旬空，如论夜将，丑乘天空，三传俱空无踪，好恶皆无。

发用卯加戌，详辛巳八局。昼阴，癸酉返吟。夜常，丁卯返吟。

戊申九局

戊申九局　元首　润下　励德

酉酉
辰子　申申
丑子　酉酉
丙甲
墓辰武武子
子壬
长申青蛇
生辰甲
壬壬
才子青
申戌

六戊　朱亥　蛇
勾酉　子丑　乙　后
青申　卯　寅　阴
空未　辰巳　辰　武
　　白午　　常

破碎虽遇，钱财满路，传润下也。如身旺财弱，可取；财旺身弱，反有累。彼己乘脱，递互坐墓，各乘脱败，干又破碎，递互坐墓，各甘昏晦，如有冤抑，终难醒脱。

发用辰加子，昼夜武，俱详甲子九局。

戊申十局

戊申 戊申十局 蒿矢 生胎 不备 求受 空亡 源消根断 寅 亥 亥 申 亥 申 申 戌 甲孤 马官空 寅 后白 亥辛 丁乙 禄德 巳 常阴 寅空 庚戊 长生 申 青蛇 巳乙 朱亥 蛇子 乙丑 后寅 六戌六 卯阴 勾酉 辰武 青申 空未 白午 常巳	蒿矢朽木，虽系旬空，但未逢申，委镞坚刚，射之必伤。官迁庶忌。下合上害，各自乘脱，支来加干，末传又归干上。格居三会，行人有归，两贵辰戌，履狱无力。 发用寅加亥，详庚辰十局。昼后夜白，甲子六局。

戊申十一局

戊未 戊申十一局 重审 向三阳 斩关 亦无欢笑亦无愁 子 戌 酉 未 戌 申 未 戌 壬壬 才 子 后白 戌庚 甲孤 马官空 寅 蛇青 子壬 丙甲 墓 辰 六六 寅空 武戌 阴亥 后子 乙丑 常酉阴 寅蛇 白申 卯朱 空未 青午 勾巳 六辰	下合上刑，客主难就。虎载财支，发用虽财，坐于克方。夜虎坐起，中传鬼马末落空，故不得入手，空手而回，用碎己心，笑破人口也。 发用子加戌，详丙戌十一局。昼后夜白，甲子二局。

戊申十二局

戊申十二局　昴星　转蓬

```
　　　　午戌
　　酉　未午
　戌　　申申
壬庚
比戌　　武酉
　酉巳
龄鼠　酉　常阴
　申戌
刃午　　青蛇
　巳
　　　　空未
　青午　未白申后
　勾巳　酉戌
　六辰　亥子乙
　朱卯　寅丑蛇
```

戌乘亥武，加酉为用。必有阴私，戌为奴借，酉为婢走，各值前辰。

既撞网罗，岂利逃亡？奸逃束手，如占捕捉，不劳力自擒。各乘子酉，名曰四胜，刚曰虎视，动止惊恐。

发用戌加酉，详庚午十二局。昼夜皆武，甲子五局。

第五十六章　术数汇考五十六

《大六壬立成大全钤》十

己酉至癸丑

己酉一局

己未己酉一局　伏吟　自信　龙战　察奸

酉　酉　未　未　己
癸巳　戌后　酉　未　己
败脱酉　武后　酉　未　己
辛丁
比未　白蛇
乙癸
比丑　蛇白

青巳午　常武　阴后
勾辰　申　酉戌
六卯　白未蛇
朱寅　丑子亥
蛇　乙

静躁不常，干及中传，末乘三丁，未又来冲，伏吟遇此，静中动也。

失脱须防酉乘武在支发用也。动之逢中传虎有凶，闭口。末丑遁癸，故曰：才藏得意，勇退闭口，庶免刑伤。干支拱申为夜贵，如夜占，告贵最吉。

发用昼武，乙未十二局。夜后曰倚户。

己酉二局

己酉二局
魁度天门
昂星 励德
旺禄临身

午巳
巳午
未申
申酉

甲庚
戌 比 阴辛丙
禄午 丁戊
未壬戊
长生申酉巳

空午朱
未申
白常武
酉戌
勾辰
六卯
朱寅
蛇丑 子亥乙
阴

天将辰阴，干禄临身，昼空虚诈不实。课体两甲，四虎相聚，支并末传，申为二虎，辰之阴辰昼虎，课名虎视，共四虎也。虎视逢虎，勇力难施。禄位空存，柔日昂星，稽留万状，病讼皆凶。占官忌，长生临支乘常，家必有婚姻喜庆，或开张彩铺，吉。

发用戌加亥，详壬申二局。昼夜皆阴，乙亥二局。

己酉三局

己酉三局
断阔 润泽
萬矢 斩关 历虚 不备 狡童

巳未
卯巳
巳未
卯酉

丁篡 六青
官卯 空辛
比冲 卯空乙癸
乙巳癸白
马财 亥戌武
丑癸

午未申
空白常武
青巳辰
六卯
朱寅
蛇丑
乙子 亥戌乙
后武阴

巳虽生气，但是破碎之神乘己。三传无益，发用空官中，空乡末，虽财能助初鬼，岂利取财？舍此归家，干加支，被败脱，终受疲役，阳不备，又五阴，尽昏尽暗，亦名难受福德。

发用卯加巳，详癸未八局。昼六日入室。夜青，乙巳二局。

己酉四局

己辰　　庚丙
巳巳　　禄午巳
丑辰　　官空朱
午酉　　空午丙
　　　　才子
卯午　　卯空
午酉
丑辰
辰巳
权摄不正

己酉四局　元首　龙战　高盖　励德　三交

青空白
午未申
巳午
戌酉

六卯辰勾
朱寅丑
蛇丑子
乙子亥
后亥戌
　酉申
　酉戌
阴武

禄来生身，干禄临支，交车相生。交互忻忻，而又三传递助，夜传可用，如用昼，将中末空，初乘空，故必更旬，大抵初虽交合，恐不利后，缘克支墓干，辰午自刑，夜又两常夹墓，三传刑冲落空，以致不能悠久。

发用午加酉，详甲子四局。昼空白识字。夜朱，甲子四局。

己酉五局

卯巳
己巳
亥卯
丑巳
己巳生卯己酉
气酉巳
闲比丑卯
口癸巳
才脱酉己
丑癸

己酉五局　涉害　从革　察奸　龙战

勾青空
巳午白
辰酉
午未

六卯辰勾
朱寅丑
蛇丑子
乙子亥
后亥戌
　酉申
　酉戌
阴武

身既受克，破碎伤宅。三传全脱，劳心费力。彼此受伤，干乘空鬼，支上破碎，传脱气，徒劳费力耳。凡课中有鬼，子孙为救，无鬼为脱，干上鬼空，不劳金制，故为脱，不为救，常人可以，仕宦不吉。

发用巳加酉，用昼青夜武，俱乙丑五局。

己酉六局

```
          寅
       酉  己
    亥  辰  寅
乙辛  亥     辰
马才  蛇六   酉
辰甲  庚丙
禄 午    空阴
亥辛
乙癸
闩比  丑   后青
口 午丙
```

己酉六局　重审　斩关　三奇

```
        卯  武常
乙 子  辰  阴寅空
蛇 亥  巳午
朱 戌  后丑  白
六 酉    空
     申未
      青
```

　　初财中禄，不从所欲。闭口临绝，钱财暗逐。干墓临支，与支生金，空鬼临身坐墓，虽与初亥生命，亥亦坐墓，中禄投绝，皆不从欲。若能通末丑闭口，其中钱财暗逐，巳坐墓昼虎，父母灾生意虚。

　　发用亥加辰，详丁酉六局。昼蛇，己巳十二局。夜六，辛未四局。

己酉七局

```
          丑
       未  己
    卯  丑  己
丁墓  卯     酉
官    武白
酉己  癸己  六蛇
败脱  酉    卯
卯空  丁墓
官    卯   武白
      酉己
```

己酉七局　返吟　龙战　察奸　九丑

```
        寅  阴武
乙 子  辰  常卯  白
蛇 亥  巳午
朱 戌  后丑  空
六 酉   青
     申未
      青
```

　　俱空俱鬼，何劳金制鬼，自者常人喜，仕宦反忌。如用昼将合元临门，天后居日，必主阴私，往来旬魇，逢私口闭。癸丑在干，惟宜闭口，免致失咎。

　　发用卯加酉，详丁丑返吟。昼武夜白，俱乙丑六局。

己酉八局

己子
己巳
酉子

己酉八局　涉害　无禄　励德

未寅
巳子
子巳

辛丁
未寅
本生寅　青后
　　空
才子　甲壬
未丁　乙
己乙　后
生巳　武
气子壬

蛇亥　　乙子　勾
朱戌　　丑寅　卯
六酉　　后阴　武常
勾申　　　　　辰
青未午空　　巳白

　　四下克上，课传内战。昼贵相见，未己遁乙。昼乘虎，遁随鬼。

　　无禄灾殃，课传夹克。干幸贵子，能敌巳火，惟宜坐守，不利动用。

　　发用未加寅，详癸酉八局。昼青，甲子十局。夜后，乙亥五局。

己酉九局

亥己
己亥
酉

己酉九局　重审　九丑　曲直　三奇　狡童

亥己
丑卯
巳丑

乙辛
马才　亥　蛇六
未丁　寡
官卯　武白
亥辛丁
本未　青后
坐卯空

蛇亥六　乙子　后阴武
朱戌　　丑寅　卯
六酉　　　　　辰常
勾申　　未午　巳白
青未午空

　　利刃置蜜，墓神在支，宅必欠亨，亥虽传财也，鬼欲待不取。财临身边，急舍不得乃取，引起众鬼，如日值蜜，舐之无益。只争慷慨，只宜携金祷贵，或以财散济众，灾自释。

　　发用亥加未，详丁丑返吟。昼蛇，己巳十二局。夜六，辛未四局。

己酉十局

```
丁寡  卯 武青          戊
官  卯 子壬      己酉十局 蒿矢 三交 励德 斩关
空  子壬 庚丙
禄  午 空朱                戌  己
卯空                      丑  戊
脱败 酉 六后              戌
午丙                      酉

             蛇 乙 后 阴
             亥 子 丑
             子 丑 寅
          六 酉      卯
          朱 戌 阴    武
          勾 申
          青 未 午
          空 午 巳
          白 巳 辰 常
```

交车六害，刑干脱支，发用弓矢斯张，幸而虚张，蒿箭何妨，那堪堕失，中禄空乡，末传委镞，昼被火伤，灰飞烟灭。惊恐无伤，止宜坐待，不利前向。

发用卯加子，详□子十局。昼武，乙丑六局。夜青，己巳一局。

己酉十一局

```
乙癸  酉 后白          己酉十一局 元首 不备 示户 求爱
闭冲 亥 辛
口  亥 辛             酉  己
官  卯 武青            亥
空  丑癸              亥
己乙                 丑
生  巳 白六
气 卯空

             朱 蛇 乙 后
             戌 亥 子 丑
             亥 子 丑 寅
          六 酉      卯
          戌 亥 子    武
          勾 申
          青 未 午 乙
          空 午 巳
          白 巳 辰 常
```

阴私叠有，各乘脱气，支来盗干，虽系出户，课传五阴，六合后武，事多淫泆，中末皆空，独存初丑，闭口。凡事难言，如用昼将，末巳乘虎遁鬼，灾殃必重，难解难散，两贵受伤，皆丑。

发用丑加亥，详癸酉十一局。昼后曰偷窥。夜白曰直视，又在野。

己酉十二局

己酉十二局　重审　连茹　斩关　三奇

```
　　　　亥　戌　酉　申
　　　　戌　酉　申　己
乙辛
马才　亥后武戌
戌庚
甲壬
才子　乙常
亥辛
乙癸
才冲　丑蛇白
乡　　子壬

　察奸　　　　武阴后乙
　申己　　　　戌亥子乙
　酉戊酉

空　午未　　　常申乙
青　巳　　　　酉戊亥
勾　辰　　　　丑子
六　卯　　　　寅朱蛇
```

进进退退，三传润下脱，支与干作财，但被戌在支刑干，阑阻进退。

先忧后喜，遁乙丙丁似三奇，求财科第，职位高迁，误似讼禁，常人难当，畏病讼误，病脾传财，太胜伤脾，求财可矣。干乘长生，支乘六害，自己逸乐，他人熬煎。

发用亥加戌，详癸酉十二局。昼后，丁卯六局。夜武，甲子二局。

庚戌一局

庚戌一局　伏吟　自任　元胎　斩关

```
　　　　戌　申　申
　　　　戌　申　庚
甲戌
马德　申白后戌戌
禄戌孤
才空　寅蛇青
辛乙
长生　巳勾朱

　元胎　　　　白常武阴
　　　　　　　申酉戌亥
　　　　　　　戌子
空　未乙　　　丑后
青　午
勾　巳　　　　申酉戌乙
六　辰　　　　戌亥子
朱　卯　　　　乙
蛇　寅
```

昼禄虎齿，告贵难说。动陷鬼乡，弄巧成拙。干上德禄，昼乘虎马，静中生动，前进贪财，中空昼蛇及生末鬼伤身，弄巧成拙。动谋蹈此，不若俯就，支戌虽武，可为避难逃生。昼贵闭口，告贵难言。

发用昼白夜后，俱戊辰十一局。

庚戌二局

庚戌二局　蒿矢　连茹　天狱

```
        未
  申 酉 午 未
壬丙
败官 午 青蛇 未 庚
未丁
辛乙
长 巳 勾朱      空 白 常 武
生午丙          青午蛇
庚甲          未申 酉 戌 亥 子
生辰 六六
气巳乙      六辰 巳
          朱卯 寅 丑 后阴
          蛇
          乙
```

发用蒿矢，传喜无金，未虽育午，乘丁凶动。巳午俱火，末火乡放俱火克身，常人深畏病讼，仕宦忻忻。又申德禄，末与支刑，三传炎上，助刑伐德，支又被酉脱害，主阴私口舌，火光灾急禳。

发用干加未，曰满堂金玉，名播四海。昼青夜蛇，甲子四局。

庚戌三局

庚戌三局　元首　顾祖　不备　俯就　权摄不正

```
        午
  午 申 辰 午
壬丙
败官 午 青蛇 申 庚
申戌
庚甲
生辰 六六      青 空 白 常
气午丙          午未蛇
          午 未 申 酉 戌 亥
才寅 蛇青
空辰甲      勾巳朱
          六辰
          朱卯 寅 丑 子
          蛇 后阴
          乙
```

末助初神，才爻化鬼，只宜交纳，倘取财则生祸。寅教唆，缘空不能相助，后必败露，乃徒为冤憎。屈尊礼下，干加支，得其生。故曰避难逃生，未免俯就于人。

发用午加申，详庚午三局。昼青夜蛇，甲子四局。

庚戌四局

庚戌四局　元首　病胎

辰未寅巳
未戌巳庚

辛乙
长巳勾未
生申戌　戌孤
才空巳乙
　丁甲
脱亥阴常
　寅空

勾青
巳午　空白
未申
酉戌
戌常武

蛇寅卯
乙丑
后子
阴亥

　　交互相生，大利合本，生计一毁，夜乘雀作官鬼，一誉干上，巳昼乘勾陈，土将长生，全是亥水。末亥明克，巳为救神，暗又递生作源，朝属长生。巳昼乘勾，暮属干鬼，巳夜乘雀，中末传空，子息又虚，喻胎不育，事终少济。

　　发用巳加申，详庚午四局。昼勾，乙丑十一局。夜朱，辛巳十局。

庚戌五局

庚戌五局　重审　润下　斩关

寅午子辰
午戌辰庚

丙壬
脱子蛇青午
辰甲戌蛇
甲戌
马德申壬武
禄子庚
生辰申戌
气申戌

辰
武常　白空
辰巳午未
阴卯常
后寅
乙丑申青
蛇子　酉勾
朱亥
六戌

　　彼比乘生，名有生气，昼虎丙午，在支为眹。喜得传水，制鬼可去。仕宦占官，不吉。如有事，当速结。三合事多迟疑，宜防再兴。合中犯煞，更防再兴，宜绝后虑。

　　发用子加辰，详壬申五局。昼蛇夜青，甲子八局。

庚戌六局

庚卯
卯庚
戊卯
巳戌
子巳
丙庚六生气长生脱
戌卯空
卯乙巳常阴
戌庚
丙壬蛇青
子乙
巳乙

庚戌六局　比用　孤辰　回还

蛇子　后丑　阴
朱亥　卯辰　武
六戌　巳午　常
勾酉　未空　白
　申青　未

交关相克，故曰致祸。巳长生被子克戌墓，故不生。我斫朽木轮，卯旬空，为朽木难雕，事当改作。卯为胎才，临生气，孕；死气，胎损。三传俱火，戌火库，巳火神，子落火乡，昼多火将，故三传俱火。占长上及病，大凶。财神空求财不得，反费巳。

发用戌加卯，详丁卯六局。昼晨皆六，甲子五局。

庚戌七局

庚寅
寅庚
申寅
戊辰
辰戌
寅申戌辰
戊墓才寅后戌空申戌甲戌马德申青蛇禄空空戊墓才寅后白空申戌

庚戌七局　返吟　绝胎　斩关　回还

蛇子　后阴
朱亥　卯辰　武
六戌　巳午　常
勾酉　未空　白
青申　未

七空昼逢，四寅旬空。二申坐空，昼龙乘申坐空。释散灾凶，来去俱空，吉凶无成。干乘空绝，金绝寅，木绝申。身坐绝空，只可了结事体，不利谋为。元武临支，宅亦欠宁。

发用寅加申，详壬申返吟。昼后夜白，甲子六局。

庚戌八局

庚丑 庚戌八局　比用　回还

甲戌
马德申　青蛇
禄卯　空
丁癸　墓丑　乙空
　　申戌
官败午　白后
　　丑癸

申 卯
午 丑
丑 庚
卯 戌

六 戌　蛇 子青
勾 酉　朱 亥
青 申　乙 后　阴
空 未　丑 寅　卯　武
　　午 辰
　　巳 白　常

昆弟及己，占病必死。两处昼逢，申在棺里。昼贵生干，反为破碎。墓日末午，遁丙昼虎，凶重发用，申被干克，丑墓又坐空，卯乘龙，在三月，主兄弟病危，缘中乘死煞，人棺故也。若坐待闭口免迍，支乘空克，阴小无宁。

发用申加卯，详丙戌八局。昼青夜蛇，甲子十局。

庚戌九局

庚子 庚戌九局　涉害　润下　六仪　励德

甲
生辰　武武
气子壬
甲戌
马申　青蛇
禄辰　甲
丙子　蛇青
申戌

午 寅 子
辰 戌 庚
寅 子

六 戌　蛇 乙　后　阴
勾 酉　朱 亥　子 卯
青 申　丑 寅　辰　武
空 未　午 辰
白 午　巳　常

被子息坏，交互相克，彼此有坏，润下脱日，必因子孙耗盗，以致身多懒惰。动作生方，却生支上，寅木为才，如先施恩惠于人，今却不意而得名。索还魂债，又干支坐于生方，名不被脱尽，六阳数足，利公干，不利私谋。

发用辰加子，详甲子九局。昼夜皆武同。

庚戌十局

<table>
<tr><td>

庚寅
辰丑寅亥
戌孤　寅庚　庚戌十局　弹射　生胎　空亡
才寅丑戌亥庚
空亥辛
长巳常阴
生寅空
甲戌
马德申青蛇
禄巳乙
　　　　　　　　勾　六戌六　朱蛇　空亡
　　　　青申酉　亥子乙
　　　　空未　　丑寅后
　　　　白午　　卯阴
　　　　常巳辰武

</td><td>

干上亥本脱却生，初传才先失后得。初财空，中鬼空，乡末马望风捕影。空费尽心力，欲得不能。两贵履狱常怒，好恶无益，干贵无力。

发用寅加亥，详庚辰十局。昼后夜白，甲子六局。

</td></tr>
</table>

庚戌十一局

<table>
<tr><td>

戌
寅子子戌
向三阳　庚戌十一局　重审　斩关　自在　不备
丙壬
脱子后白子庚
戌庚
空才寅戌孤
子壬蛇青
庚甲六
生辰寅空
气
　　　　　　白未申常酉阴
　　　　空午戌亥子丑
　　　　青巳寅蛇
　　　　勾辰卯朱
　　　　六　武阴后乙

</td><td>

支戌生庚，上门相助。坐守即亨，稍畏元武。武坐申名现形，不足为虑。止步休行，不宜妄动。向三阳，虽自暗向明，但初脱夜虎，中空昼蛇，末空乡。虽贵登罡塞，凡谋为无益。

发用子加戌，详丙戌十一局。昼后夜白，甲子二局。

</td></tr>
</table>

庚戌十二局

庚戌十二局　重审　连茹　三奇

子　亥　戌　酉
亥　戌　酉　庚
丁辛　阴常　白
脱亥　阴庚　亥　戌
戊庚
丙壬　后白
脱子　亥辛癸　空
亥辛　乙空
丁癸　子壬
闲墓
口　丑

常　武　阴　后
酉　戌　亥　子
空　申　后
午　未
青　
勾　巳
辰
六
朱　卯
寅　蛇
丑　乙

　　三传脱日，交害互脱。三传盗日，凡占脱耗费不可言，凡谋费力。

　　病危讼凶，占官不吉。嗣婢恼意，酉为少女，作刃临日传子，必因嗣婢前辰，守则吉，动为网刃，岂利前行。

　　发用亥加戌，详癸酉十二局。昼阴日裸形。夜常日

辛亥一局

辛亥一局　伏吟　三奇　斩关

亥　亥　戌　戌
亥　亥　戌　辛
己辛　白武　亥　戌
脱亥　阴武
戊庚　常常
本　戌
坐　丁未　后白
乙丁　生气

三奇　斩关
阴　武　常　白
申　酉　戌　亥
后　未
乙午
青
巳　戌
蛇　辰　子空
朱　卯　丑青
六　寅
勾

　　干中末，皆生意特达。支并投初被脱。丁未凶动伏吟，俱此静中生动。又三刑心，因生意前途欠宁，故旅情未遏。

　　发用昼白，辛未四局。夜武，乙丑三局。

辛亥二局

辛亥二局 元首 连茹 回还 斩关 不备
天狱 旺禄临身

```
            酉
        戌   申   酉
    戌庚  戌   酉   辛
本 坐 戌   常常      戌   亥
丁巳
禄 酉   武白
戌庚
比 申   阴空
  酉己
            乙 巳
        蛇 巳   午 勾
        未 申 酉
        亥 戌 白
    朱 辰
    六 卯
    勾 寅
    青 丑   子 空
```

　　子加支，支传干，课体循环，魁度天门，事多阻隔，禄临身，乘武虎，主禄难守。面虽六害，喜递互相生，故结好不忤。夜天空，奴戌婢酉失，空在末，武居中，奴婢相搆，须防失脱相生交互。

　　发用戌加亥，详壬申二局。乘常逆命。

辛亥三局

辛亥三局 元首 顾祖 权摄不正

```
            申
        未   午   申
    甲丙  酉   午   辛
败官 午   乙勾      申   亥
申戌
土甲
生辰   未未
气午丙
才寅   庚孤   勾乙
空辰甲
            乙
        蛇 巳   午 后 阴武
        未 申 酉
        戌 常
    朱 辰   亥 白
    六 卯
    勾 寅
    青 丑   子 空
```

　　末虽助初，赖此旬无，徒为冤憎，权称虚拘。交车害禄被支脱，虽不助初财化鬼，只宜祷纳求神，常人亦赖，寅空不能助，午后必败露。又午官贵为权，寅财为虚，空不相助，故尔为虚。

　　发用午加申，详庚午三局。昼乙，辛巳五局。夜勾，辛未三局。

辛亥四局

辛未
辛亥四局　元首　病胎　察奸

巳申辰
未辛
辰未辛
亥

癸
马长生申戌　庚孤
才空巳乙
己辛
脱亥
寅空

蛇武
巳乙
后午未申
阴

六朱辰阴
寅卯
勾寅卯
青空白
丑子亥
戌酉
常武

　　初丁马杂，投虎被脱，君子犹迟，常流怎活。各乘上生，但干上丁，发用马金，日逢必凶。动中空末，脱昼将虎，明克暗助，三火伤日，仕宦逢凶，常人畏甚。

　　发用巳加申，详庚午四局。昼蛇曰乘雾。夜武，乙丑五局。

辛亥五局

辛午
辛亥五局　涉害　曲直　幼厄　传财化鬼

卯未寅午
午辛
亥午辛

乙丁
生未后申辛
气亥申辛寨
才卯六后
未丁
己辛
脱亥
卯空

卯未寅午
午亥午辛

勾丑寅
后辰巳
朱蛇乙
午未
申阴
青子亥
空酉
白戌武
常

　　宅并身灾，丙午伤干，丁未克支，夜虎，人宅俱灾。鬼掠钱财，三传俱才，生起干上，午火官贵，只宜携金告贵，占病求神，此卜宜裁，倘取财，财化鬼。

　　发用未加亥，详丁卯五局。昼后，乙亥五局。夜白曰在野，又登山。

辛亥六局

辛巳
辛亥六局　重审

丑午子巳
　午　巳辛
乙常午　亥

甲丙
败官午辛
　　亥辛
　　巳癸
墓丑　白蛇
　午丙
　丙戌
比申　朱空
　丑癸

　白丑　常寅　武
　　　　卯乙
空子　　辰巳　阴
青亥　　巳午　后
勾戌　　　乙
六酉　　申未　朱蛇

采葛寻藤，午丑伤身，丑行人墓。幽隐难成，夜武克身。丙午又迎上，干巳夜武，支又丙午，俱伤日，必主小人侵掠，初官迤逦，生末长生，岂被干克，丑墓其申，全然无气。四绝卦止，宜结绝旧事，新事无成也。

发用午加亥，详壬申六局。昼乙夜常，辛巳五局。

辛亥七局

辛辰
辛亥七局　返吟　绝胎　回还　察奸

亥巳戌辰
巳亥辰辛
癸乙
马长巳后武
生亥辛
巳辛
脱亥　青六
巳乙
癸乙
马长巳后武
生亥辛

　常寅　武
　卯乙
白丑蛇　辰巳　阴
空子　　巳午　后
青亥　　　乙
勾戌
六酉　　申未
朱申　　　未蛇

两贵受克无，生值绝憾，初末长生，接绝受克，凡占皆凶。浊气所生，独存干上辰，坚刚土相生。所以失十得一，返吟变出，交互相克，事多不一。

发用巳加亥，详戊辰返吟。昼后曰裸形。夜武，乙丑五局。

辛亥八局

辛卯
辛亥八局　重审　励德　赛宿　察奸

酉辰申卯
辛寨卯武后辰亥
木戌庚
空戌丙戌
比申朱空
卯空
己癸
闭墓丑白蛇
口申戌

　　　　白常武阴
　　　丑寅卯辰
　　空子朱
　　亥
　勾戌
　六酉
　朱申
　蛇未午巳
　　　乙后

来情占失，卯即胎才，占产速生，占孕必失。昼武财物，逼迫流陷，空末墓虎，病讼皆吉。夜贵受克，无力斫朽木轮，卯空干支阴元，凡谋阴慝。

发用卯加戌，见乙丑六局。昼武夜后同上。

辛亥九局

辛寅
辛亥九局　比用　曲直

未卯午寅卯亥
乙丁辛
生未蛇白
气卯空
丁辛
脱亥青六
未丁
辛寨
才卯武后
空亥辛

　　　　空白常武
　　　子丑寅卯
　　青亥六
　勾戌
　六酉
　朱申
　蛇未午巳辰
　　　乙后阴

夜虎丁火，三传俱才，发用未夜乘虎。传财化鬼，金日逢丁，交关何益？虽交车合，四课俱空。无财有祸，仕宦可常占吉。

发用未加卯，详丁卯九局。昼蛇夜白，乙巳十二局。

辛亥十局

```
辛亥十局  蒿矢  生胎  励德
        巳 寅 辰 丑
        丑 辛 亥 丑
  己癸
闭墓 巳 后六
口 寅 辛
  辛 孤
才 卯 武蛇
空 丑 癸
  癸 乙
马德 巳 后六
禄 卯 空
        六 戌 常      青空
        朱 申 酉      亥 空
        蛇 未         子 丑
        乙 午         丑 寅
        后 巳 辰      卯 武
            阴
        白 常
```

马上张弓，矢箭申空。幸脱孤矢，墓虎须逢。巳乘马发用，遥伤幸空乡，又末亥相制，全然不畏。中申妻镞，夜空俱无畏，干丑墓虎。凡占婚晦，病讼凶。如年命寅卯可救，先凶后吉，若在丑，凶恶尤甚。

发用巳加寅，详壬申十局。昼后裸体。夜六，丙寅六局。

辛亥十一局

```
辛亥十一局  涉害  出户  泆女
        卯 丑 寅 子
        丑 亥 子 辛
  己癸
闭墓 丑 白后六
口 亥 辛
  辛 孤
才 卯 武蛇
空 丑 癸
  癸 乙
马德 巳 后六
禄 卯 空
        朱 申         勾 青空
        六 酉 戌 白    戌白 亥空
        蛇 未         子 丑
        乙 午         寅 丑 白
        后 巳         卯 常
            阴 辰      寅 武
```

才中卯德，末巳既空。虎墓独存，初丑又是闭口，病必定绝药食，恐丧其魂。凡占宜退，忌前进。面前六合，昼子乘空。

发用丑加亥，癸酉十一局。昼白夜后，己酉十一局。

辛亥十二局

辛亥十二局 元首 连茹 不备 求爱

丑子　子　亥
亥　亥　辛
己癸 丑青蛇
闭墓
口
子庚 寅 勾乙
才 空 辛墓
空丑癸 卯 六后
才
空寅空

乙　午未　阴申空
蛇　巳辰　武常白
朱　卯　酉戌　亥子　丑青
六　寅　常白空　亥子丑　寅勾

故意相亏，亥来加干，故意相脱，喜得坐下，戌土能敌亥水，狐辛假戌虎威，不敢脱日，己财既失，干支既脱，已被耗失。意外何希，中末空才，何以求得？又值网刃，岂利前进？丑加子，占婚吉。

发用丑加子，详壬申十二局。昼青夜蛇，乙丑四局。

壬子一局

壬子一局 伏吟 自任 励德 三奇

子子　亥亥
子子　亥亥　壬
辛辛
禄德 亥空常 子子 亥壬
庚壬
刃子青武
癸墓
脱卯朱乙

乙　巳午　阴未勾
蛇　辰卯　申酉戌
朱　卯　子亥
六　寅　丑勾

德禄幸临，而作发用，伏吟得此，静中生动。贪心再成，欲其兴旺，无礼遭刑。如人不守其禄，却贪前旺，岂知子卯相刑，未又空脱兼网刃，岂可前行？到处去来，不若守干上禄德。

发用亥用，戊辰十局。昼空，癸酉十二局。夜常征召。

壬子二局

壬戌
权摄不正 壬壬 戌亥 酉戌 亥子
壬子二局 元首 连茹 斩关 不备 培基

庚戌 官
亥辛
己巳
生败酉 常空
戌庚
长申 武青
生酉己

乙巳 阴
后午 六
未申
酉戌
亥空

蛇辰
朱卯
六寅
勾丑
子青

　　先疑后遂，佯输诈北。病讼逢斯，昼夜皆晦。戌临干用昼夜虎，凡占阻隔病讼，凶。前进就支旺，不若退后求生。占者宜猛舍此危疑，佯输诈北，退后一步，始得长生，未免先难后易也。

　　发用戌加亥，昼夜虎，壬申二局。

壬子三局

酉戌
壬壬 申戌 未酉 酉子
壬子三局 元首 悖庚 斩关 破败临身

庚戌
鬼戌 子青
子壬
戌戌
长申 武白
生戌庚
丙丙
才午 后武
申戌

乙巳 阴
后午 阴
未申
酉戌
亥白

蛇辰
朱卯
六寅
勾丑
卯青
子

　　宅上为初，昼卜难居，亘耐末午，助鬼遏趄。面前六害，败干克支，戌虎发用，宅凶退间，末才助初，只宜祷纳，常占求财生祸。又干上酉乘常相生，必因喜处婚姻、丝铺、酒肆，生计荣昌。

　　发用戌加子，见甲子三局。昼白，壬申二局。夜青，癸未四局。

壬子四局

神壬子四局　知一　三交　高盖

午酉　巳申　申　壬　子

丙丙
才午后戊
酉己
癸孤
脱卯乙
午丙
庚壬
刃子青六
卯空

朱卯
蛇辰后
六寅巳午
勾丑未
青子戌酉
空亥白常

乙　后　阴
巳　午　未
乙　午　申
后　未　武
阴　申　常
　　酉　白

夜遁戌虎，才空妻苦，中末皆空，败坏门户。虽交互生，干上长生遁戌，昼武夜虎反伤日，用午，昼后夜武被末子冲制受伤，故遭苦，中末子卯无礼，刑支上乘，败门坏户。又中末传空，岂利动谋？

发用午加酉，详甲子四局。昼后，壬申六局。夜武，壬申三局。

壬子五局

壬未壬子五局　涉害　曲直　励德

辰申未　卯未　未　壬　子

丁丁
官未阴常
亥辛
癸寒
脱卯乙
未丁
辛辛
禄德亥空勾
卯空

朱卯
蛇辰巳午
六寅
勾丑未
青子申武
空亥酉常
白戌

乙　后　阴
辰　巳　午
乙　午　申
后　未　武
阴　申　常
　　酉　白

交车六害，丁癸干未临身，虽水日逢丁，动取财物。此财又近日不劳而得，但乘未上为鬼，暗旬遁戌加申，财如刃蜜，夜占为遁戌，申夜虎，皆美中不足，故喻刃蜜，三传脱气，制夜鬼。

发用未加亥，乘阴常，俱丁卯五局。

中华传世藏书 钦定古今图书集成 精华本 术数篇

壬子六局

壬午壬子六局 重审

寅　未　丑　午
未　丑　午　壬

丙丙
才午
亥辛
辛癸
官丑　勾朱
午丙
戌戌
长申　武白
生　丑癸

　勾子　六寅　朱蛇
　空亥　卯辰　巳　后
　白戌　巳午　乙
　常酉　未申
　　　　阴武

　　面前六合，三传遁生，育干似吉。夜申遁鬼，长生无气。但初午财夹克，身虽长生，午克丑墓，所以或下财亡。或缘妻婢此先以财交引荐，后致祸出，虽初末引从，支被丁未阴常克害，宅亦欠安。

　　发用午加亥，昼乘后，丑申六局。夜武，壬申三局。

壬子七局

壬巳壬子七局 返吟
借钱还债格 三交 励德 回还

巳　亥　子　午
亥　巳　午　子

丙丙
才午
子丙　蛇阴
壬庚
刃子　白六
午丙
丙丙
才午
子壬

　　常丑朱　武阴后
　　寅卯辰　巳　乙
　空亥　白子　午蛇
　青戌　酉　　未朱
　勾酉　　　　
　六申

　　两贵坐克无力，传财大获，满目钱财，身心疲疫。各自乘木，交互克上，虽财满目，如身旺财弱，纵蛇虎以凶制凶，开传大获必得；倘财旺身弱，蛇虎两来，去中迫后，损身心，无以所归。

　　发用午加子，详丙子返吟，昼蛇辛巳五局，夜阴乙亥六局。

壬子八局

```
壬辰
戌 巳
酉 辰
乙乙阴巳子    壬子八局  重审  铸印
才巳乙阴         斩关
子壬        子丑  常  武阴
庚庚        白六  寅卯  后
官戌 青青    空亥  辰
巳巳        青戌  巳乙
脱卯 阴乙    勾酉  午蛇
空 空戌庚    六申
            朱未
```

　　两贵引从，再复旧俸，久处沉滞，忽然擢用。支华盖作干墓覆日，主昏晦，凡事不亨。喜初贵引从，中戌冲墓，末助初财，如久处沉沦，今忽擢用，复旧俸。凡占难中，得贵人引荐，如在八月，辰为月将，尤吉庆。

　　发用巳加子，详丁卯八局。昼乙，壬午四局。夜阴，戌酉返吟。

壬子九局

```
卯辰
申 辰
未 卯
丁丁        壬子九局  重审  曲直
官未卯勾      励德
禄德辛亥      子丑  白常  武阴
未丁        寅卯  后
脱卯 阴辛    辰
亥辛        巳乙
            青戌  空亥常
            勾酉  白常
            六申  子丑
            朱未  寅卯
            蛇午  辰
```

　　夜将皆土难受，却赖木局为救。常人喜，仕宦忌。如用昼卜，初末空，中乘空，俱空虚脱尤甚。占官虚谬，面前六害，脱干墓支，三传盗气。

　　发用未加卯，见丁卯九局。昼朱夜勾，俱同上。

壬子十局

<table>
<tr><td>

寅
午
卯 巳
　 寅
丙丙
才午蛇六
卯空
己己
脱酉勾空
午丙
庚壬
刃子白武
酉己

　　　　青戌白
　　　　亥子常武
勾酉
六申
朱未
蛇午
乙巳

午 卯
巳 寅
寅 子
子 壬
壬子十局　弹射　根断　三交　龙战

亥 子 丑
子 丑 寅
丑 寅 卯
空 白 常
白 常 武

</td><td>

　　课无涯岸，交互相脱，四课皆空。执弓忌弹，弹射为财，发用空乡，中酉受克，犹存末刃虚元，故凶。所以凶存吉散。

　　发用午加卯，夜乘六，丁丑十局。昼蛇，甲子四局。

</td></tr>
</table>

壬子十一局

<table>
<tr><td>

辰
卯 寅
　 丑
甲甲
墓辰后寅
寅空
丙丙
才午蛇六
辰甲
戊戊
长申六青
生午丙

　　　　青戌空
　　　　戌亥常
勾酉空
六申
朱未
蛇午
乙巳
后辰

辰 寅 丑
卯 丑 子
寅 子 壬
壬子十一局　重审　励德　泆女　六仪

戌 亥 子
亥 子 丑
子 丑 寅
青 空 白
空 白 常

</td><td>

　　交车相合，克干脱支，自墓传生，发用空乡。交合相并，中财坐墓受脱，未长生，被午伤。劣猴戊申，午伤难靠。羸马午被脱盗难乘。岂利前进，后有成就。

　　发用辰加寅，详甲子十一局。昼后毁装。夜蛇乘雾。

</td></tr>
</table>

壬子十二局

面前六合，连茹皆空。所喜支神作旺，来临干上。彼来就己，守则为旺，别有兴隆。倘欲别谋，空脱墓鬼，兼值网罗。失遭欺诳，岂可前进？

发用寅加丑，详乙丑十二局。昼武，丙寅返吟。夜后，甲子六局。

```
壬子十二局  比用  连茹  不备  空亡
九丑  幼厄  壮基
      寅   丑   丑   丑
          子   子   壬
壬孤马脱空
  寅 武后
癸墓
  卯 阴乙
甲甲墓
  辰 后蛇
卯空
          勾   青   空   白
   六 申   酉   戌   亥
   朱 午   未        子
   蛇 巳             亥
   乙 辰             子
   后 卯        丑   寅
   阴 寅        常   武
```

癸丑一局

伏吟主静，但末丁未，是财动心，水日逢丁必动。那更三传俱土，凶祸来侵。中传虎鬼，仕宦宜临，催官符至，常人病讼，俱凶。癸丑在干，惟闭口可免灾。

发用昼勾，丙寅三局。夜阴，壬申十二局。

```
癸丑一局  伏吟  自信  稼穑  励德  乱首
      丑   丑   丑   丑
          丑   丑   癸
己癸  本坐口
勾阴
戊庚
官戌  白白
乙丁
官未  阴勾
  后午
  巳辰          武常白空
  蛇辰        申酉戌亥
  朱卯          子青
  六寅          丑勾
              阴未勾
```

癸丑二局

子
亥子 亥子
癸丑二局 连茹 重审 旺禄临身
壬壬
禄子 青武子
丑癸
癸辛 空常
马比亥
子壬 壬庚
官戌 白白
亥辛

蛇辰 乙巳
后午六 未申 酉
　　阴武常 戌白
朱卯 亥空
六寅 子青
勾丑

　　旺禄临身，可用昼龙，子合丑共。牛女相会，宜婚。连茹居鬼，居末，如占公讼，故主动众。凡占，不可妄行。

　　发用子加丑，详甲子二局。昼青，乙丑四局。夜武曰升堂，又立云。

癸丑三局

亥
酉亥 酉亥
癸丑三局 重审 三奇 时遁
癸辛
马比亥 空空亥
丑癸 己
败生酉 常空
亥丁
己丁 丁己
官未 阴常
酉己

蛇辰 乙巳
后午 未申 酉
　　阴武常 戌白
朱卯 亥空
六寅 子青
勾丑

　　丁未居末，水日逢财，自干发出，动心向取，自未迤逦，复生回干，故主行人出外，携财而至。末丁未与，中传己酉，俱攻亥水，难为亥类，凡占兄弟，不宜。

　　发用亥加丑，见乙丑三局。昼空，癸酉十二局。夜勾曰褰衣，宜求财，若在丑未乡，酒食田宅。

癸丑四局

```
癸戌
癸丑四局 元首 斩关 不备 稼穑 游子

       未戌未戌
       戌丑戌癸

壬庚
官戌 白青
丑癸
己丁
官未 阴常
戌庚
墓辰 蛇后
未丁

          乙
      蛇辰后  巳午
      朱卯    未申 武
      六寅    酉戌 常
      勾丑    戌白
      青子    子亥
      空亥
```

谋财祸攻，丁未居中，水日财动。昼将虎戌为凶，在于发用。三传俱土，官鬼俱盛，宜占官职，催官符至，官位重兴，喜事重逢，常人病讼难当。

发用戌加丑，夜乘青，癸未四局。昼白，壬申二局。

癸丑五局

```
酉
癸丑五局 元首 从革 龙战 励德 乐里悲

       巳酉巳酉
       酉丑酉癸

丁乙
德才 巳
酉巳
癸癸
官丑 勾朱
巳乙
辛巳 常空
败生酉
丑癸

          乙
      蛇乙后  巳午
      朱卯    未申 武
      六寅    酉戌 常
      勾丑    戌白
      青子    子亥
      空亥
```

将克传生，水土生，申败酉。又遁己酉败人，明败暗攻。传会金，脱支生干，主宅衰人盛。惟便缙绅，昼将皆土，土生日有官有位，主职位兴隆。

发用巳加酉，见乙酉五局。昼乙，壬午四局。夜阴，戊辰返吟。

癸丑六局

癸申
乙卯寅　卯中卯申
脱卯朱乙　申申丑癸
申戌庚
官戌白青　重审　斫轮　铸印　乘轩　空亡
卯空
才德巳乙阴
戌庚

勾丑
六寅　卯辰巳
青子　朱蛇乙后
空亥　辰巳午未
白戌　乙后阴
常酉　申武

　　没溺财爻，末巳被墓受伤。朽木难雕，卯空难雕，中戌官鬼，落空守制。两贵坐克，常怒无力，独干上长生，若能守旧，却得逍遥。

　　发用卯加申，用乙丑六局。昼朱，戊辰二局。夜乙曰登车。

癸丑七局

癸未
己丁　丑未未癸
官未朱常　丑未未丑
丑癸
闭本丑癸　常朱
口坐未丁
己丁　丑未
官未朱常　丑癸
丑癸

回还　返吟　元首　稼穑　游子　励德

武阴　卯辰巳
常丑朱　寅卯辰
白亥　乙后蛇
空戌子　午未
青酉　辰巳
勾申　未朱
六　午蛇

　　四丁干支，初末临未，三传日辰，丑未皆土俱财鬼，如刃蜜难舐，因财而动，惹恶伤身，只可携财祷纳，占病求神，商贾大忌。干贵休休，两贵坐克无力，美中不美。

　　发用未加丑，见癸未返吟。昼朱，丁卯九局。夜常，丁卯五局。

癸丑八局

午　亥　亥
午　丑　午
　　　　癸

午癸　癸丑八局　重审

戊丙　才午
丑癸　蛇武
马比　亥辛　空勾
午丙
墓辰　后后
亥辛

青戌　白亥　子　丑　常
　　　　　　　　丑　寅　武
勾酉　空亥　六　　　　阴
六申　　　　　　　卯　　后
朱未　午蛇　巳辰　乙

　　午系财，亦胎类来临支制，又被末墓自刑互克，便干克处回归，又受其克。妻病财亡，难就难弃。凡占妻财，必马堂房眼目皆如是也。

　　发用午加丑，见癸巳八局。昼蛇，甲子四局。夜武，壬甲三局。

癸丑九局

酉　巳　巳
巳　丑　巳
　　　　癸

巳癸　癸丑九局　涉害　从革

辛巳　酉巳
生败　酉乙
巳乙　勾空
闲本　丑巳
口坐　酉己　常阴
丁乙
才德　巳乙未
丑癸

青戌　白亥　子　丑　常
　　　　　　空亥　常　武
勾酉　　　　六　　寅　阴
六申　　　　　　卯　后
朱未　蛇午　巳辰
　　　　　　乙

　　人盛宅狭，三传从革，脱支生干。彼恶己益，利己未必利彼。众语来生用昼贵，土将生传，传生日，三传递生。官印赫奕，常人当靠贵依势，如自行，恐难当矣。

　　发用酉加巳，见乙丑九局。昼勾，庚午十局。夜空，癸酉九局。

癸丑十局

癸丑十局 元首 稼穑 斩关 游子 六仪

```
        癸辰
    未辰 未辰 辰
丙甲 后蛇 辰丑 辰癸
墓辰 丑癸
已丁
官未 朱勾
辰甲
壬庚
官戌 青白
未丁
            空白常武
            亥子丑寅
        青戌白酉
    六申
    朱未
    蛇午
    乙巳
        辰后 卯阴 寅 丑 子
```

鬼贼纷纭，天罗覆日，三传官末戌，昼蛇夜虎，仕宦催官升迁。常人病讼，凶不可闻。寅卯年命，赖贵塞鬼户，众鬼潜，恶兽避，先凶后吉，任意无阻。亦作妖氛，亦不私用。

发用辰加丑，见癸酉十局。昼后曰毁装。夜蛇曰乘龙。

癸丑十一局

癸丑十一局 元首 不备 励德 迎阳

```
        卯
    巳卯 巳卯 卯
乙寨 巳卯 巳丑 卯癸
脱卯
空丑癸
丁乙
才德 巳未 卯朱
卯己丁
官未 己勾
巳乙
            青空白常
            戌亥子丑
        青戌白酉空
    六申
    朱未
    蛇午
    乙巳
        后辰 卯阴 寅丑 寅卯阴
```

拟贵告贵，初夜贵，中昼贵，末又巳乡俱贵。无依反主，事致委靡，仕多差委，托事无成。见在巳空亡，财未虽遁丁何济？乘土化鬼何济？卯死气脱干迤逦，脱去名源消根断，凡事暗里损坏。

发用卯加丑，见己酉十局。昼阴，癸丑返吟。夜乙曰登车。

癸丑十二局

<table>
<tr><td>

寅
癸

癸丑十二局 元首 连茹 孤辰

卯
寅　寅
卯　丑

甲孤　武后
脱寅
空丑癸
死脱卯乙
空寅空
　丙甲
墓辰卯空　后蛇

　　蛇　午未　朱
　乙　巳　　　六申青
　后　辰　　　酉戌
　阴　卯　　　亥子丑寅
　　　　　　勾青空白常武

</td><td>

　　支干及传，皆木脱干又空，克支满前，昼元临身发用，凡占必破子息耗盗，占病必是弱病虚脱，丑必淹延，不能脱步讼，脱死害，占官难成，如猛退方可，前进奈尤逢网刃。

　　发用寅加丑，见乙丑十二局。昼武，丙寅返吟。夜后，辛未十一局。

</td></tr>
</table>

第五十七章　术数汇考五十七

《大六壬立成大全钤》十一

　　甲寅起，至癸亥止，计一百二十局。发用课格，悉按诸经集注，以备考核。贵人以甲戊庚牛羊分旦暮旬空，子丑内有发用，课格类神同局者，悉注见某局内。其断事则与占课者年命刑冲德合相加为准，故不载。

甲寅至戊午

甲寅一局

寅 甲寅寅寅 甲寅 丙甲 禄德寅 蛇青寅寅 己丁 脱 巳 勾未 壬庚 马官申 白后 青午 空未贵 勾巳 六辰 朱卯 蛇寅 甲寅一局 伏吟 自任 元胎 六仪 培本 白常 武阴 申酉戌亥 子后 丑乙	干支同宫，寅为德禄，临身发用。夜贵寅龙，吉庆有成，凡谋生守。昼占乘蛇，又不能守，前进被丁巳脱盗，再进逢马载虎鬼，更值二刑。所以动则相刑，仕宦催官符至，常俗病讼俱凶，人虎冲制干支，宅舍人口欠宁。 　　发用昼蛇夜青，详甲子一局。

甲寅二局

甲寅二局　比用　退茹

```
子 丑  丑 甲甲
丑 子  寅
甲孤
后白白   子丑
败生 乙癸 亥 阴常
闲长 甲壬 戌 武癸
口生   子空
财    戌  武亥癸
        空白常武
青午未申酉戌亥
勾巳          阴
六辰卯寅丑子
朱蛇乙后
蛇寅
乙丑
后子
孤辰
```

　　丑虽为才，但空退逢亥子生炁，又落空亡。被末戌又来伤亥子，全然无气。凡谋不利，长上皆凶。生炁空，占病讼难当，元助伤陷，占讼，有理难伸。

　　发用子加丑，用昼后夜白，俱详甲子二局。

甲寅三局

甲寅三局　元首　悖庚　励德

```
戌 子  戌 甲甲
寅 子  子
壬戌
财 武武子    子空
马官申 白后
脱 午 青蛇
        六辰
勾巳朱
朱卯蛇寅
蛇寅
乙丑
后子亥戌
青午未申酉戌
阴
悖庚 励德
空白常武
```

　　两水干支，二子坐空变败，故曰空润。虎鬼驿马，居中作梗，末传脱气。水上人言发用，虽财落空。脚踏不实，何足取信？退间向后，三空例拨蛇之难，岂利动用，能坐守，末助初财，尚可取用。

　　发用戌加子，昼夜武，详甲子三局。

甲寅四局

甲寅四局 八专 帏薄寮宿 旬尾加首

亥	申亥	申亥
甲	乙寅	乙空
空财	丑	空
辰丙	乙癸	阴常
闭长	口生寅甲	
闭长	乙癸	阴常
口生寅甲		

朱卯	寅丑	勾青空白
蛇乙	乙	巳午六
后亥	子	未申
阴	亥	酉常
	戌武	

帏薄生涯，贵虚空财，迂回宛转，仍旧归来。发用昼贵为才但空喜，干支中末四重，亥作长生夜常，或婚姻喜庆，彩帛茶酒店，生计荣昌。到处去来，不如守干支长生。

发用丑加辰，见乙丑四局。昼乙夜空，详戊辰三局。

甲寅五局

甲寅五局 重审 炎上

戌	午戌	午戌
甲	寅戌	甲
财	壬戌	六六戌
脱	寅庚戌	后白
	午戌	丙甲
禄德	寅戌	后白
	午戌	

乙	丑寅	斩关 狡童
蛇	子	辰巳午未申酉
朱	亥	武常白空青勾
六	戌	阴卯常

木日三传，火局全盗。倘若动用无时，虚耗百出，即山积亦灰飞烟灭。若能坐守递至初财，亦喻还魂债，子息现官鬼无占，常人喜。仕宦忌。如用夜贵登天门，吉，祗神宜告。

发用戌加寅，昼夜六，俱详甲子五局。

甲寅六局

甲甲寅六局　元首
酉甲　辰酉
酉酉　辰寅
官　辛丙
　　癸甲戊乙
财　酉辛　武武
闲长亥　朱勾
口生辰丙

乙丑后
寅卯常
蛇子　辰巳
朱亥　午未空
六戌　青
勾酉　申

酉为鬼，又破碎临干伤人。支作发用，又损宅庭，人伤宅损。如春夏夜乘雀防火，井泥涂灶禳之。中财鬼乡，末坐人墓，课传自刑，病讼俱凶。

发用酉加寅，见己巳六局。昼勾，详庚午十局。夜朱，详丙寅九局。

甲寅七局

甲申甲寅七局　返吟　绝胎　六仪　回还
申甲　寅申
申寅　寅甲
丙甲
禄德　申壬庚　青蛇
马官　申甲　白
禄德　丙甲寅后

乙丑空
寅卯后
蛇子　辰巳阴武常
朱亥　午白
六戌　未空
勾酉　申青

彼已遁伤，庚申乘马入宅，伤干克支。马载官鬼，寅为德禄。夜将乘虎，来往逼迫，不止一处，仕宦逢之，赴任极速。常人灾祸多端。

发用寅加申，见壬申七局。昼后夜白，俱详甲子六局。

甲寅八局

甲寅八局　知一　铸印　无禄　孤辰

未甲
子未　子未
蛇青　　寅甲
甲孤
败生子　巳丁　常阴
空　　未巳丁
脱巳
子空
财甲壬　六
戌巳

乙后阴武
蛇子青　丑寅卯辰
朱亥
六戌
勾酉
青申
空未午白常

　　干支乘墓，俯丘仰仇，彼此昏晦，斗系日本，天狱返滞。如年命在未，天罗自裹，必是命运蹇。初传子空作败，与未六害，中传巳类戌墓子克，全然无冼。嗣息动灾未戌，脱乡坐害，守则昏迷更改，动亦不利。

　　发用子加未，用昼蛇夜青，俱详甲子八局。

甲寅九局

甲寅九局　八专　励德　不备

午甲
戌午　戌午
蛇午　午寅
壬庚　申丙
马官　申
辰庚戌
脱午　寅庚戌
白后
脱午　寅甲
白后

乙后阴
蛇子青　丑寅卯
朱亥
六戌
勾酉
青申
空未
白午常巳辰武

　　干支中末，昼虎四排。虽虎喜午，能敌申金，却祸生财。常人喜制鬼，若求官，成事不宜。卒难称怀，止可坐守，不利动谋。

　　发用申加辰，见乙酉九局。昼青夜蛇，详甲子十局。

甲寅十局

巳遁丁马申交并脱干盗日。岂容少停，用申官鬼驿马。堤防失脱，病赴幽冥。三传递生，求禄可用。但癸亥居中，末归亥地，元胎卦自明入暗，占病大忌。

　　发用申加巳，用昼青夜蛇，俱详甲子十局

甲寅十一局

昼占可恶，初财中脱。再登一步，马载虎鬼，本为凶咎。所喜贵登天门，罡塞鬼户，任行无阻，仕官职位高迁，常人贵中得利，出行难返，病讼深畏。

　　发用辰加寅，昼夜六，俱详甲子十一局。

甲寅十二局

甲寅十二局　重审　连茹

前脱后亡，连茹初虽财引入，中末脱。守之为强，贪一粒米，失半年粮，及向后退，又值空乡，网刃在前，岂利动用。如坐守干上旺神，又得末助初财，自然安静，火膦煨金，常人喜占官休任。

发用辰加卯，见甲子十二局。昼夜六，俱详甲子十一局。

乙卯一局

乙卯一局　伏吟　自信　斩关　权摄不正

上下六害，中末互刑，彼己猜忌。渐变无礼，喜末子空，不能刑卯。昼贵子空，干之徒然。干禄得体，或守干上财，又或就支上旺禄，俱相得体。

发用皆勾乘辰，俱详乙丑一局。

乙卯二局

坐守我旺，进则无况，脚踏空亡，岂宜前向。退茹发用虽才，中、末皆空。见生不生，反大凶。进前一步，又被已脱，岂宜进退？喜支加干，旺禄就身，坐守得亨。凡占催督前进，如后有坑，退后，脚下踏于空陷之地。

发用丑加寅，见辛卯二局。昼蛇，详乙丑四局。夜白，详乙酉十一局。

乙卯三局

丑临支为财，中亥为长生，俱空。末传辛酉，独逢伤干。所恶辛酉满目。所欲丑亥无踪，极阴卦事尽昏暗，岂可近用？若能坐守，可稍宁。

发用丑加卯，克详丙寅三局。昼蛇，详乙丑四局。夜白曰直视，又曰在野。

乙卯四局

乙丑 乙卯四局 重审 九丑 稼穑 空亡 励德

丁墓丑辰丙　财空财戊空　墓癸未戌壬
蛇青子
丑乙
子戌
戌丑
酉子
六卯
朱寅　勾辰
贵丑　青巳　空
后子　白未　常申
亥　午　武酉　阴戌

四课初中，四处俱落空布。财归末未，鬼墓昼虎，倘若向贪，多虚少实，灾祸相滞。下害上合，下实上空，外好里芽槎，欲外合无凭。

内害可惧，昼贵支刑无益。

发用丑加辰，用昼蛇夜青，俱详乙丑四局。

乙卯五局

乙子 乙卯五局 元首 曲直 狡童

癸未白后　己未亥癸　己乙卯六白　禄 闭长丁卯未己 后六　口生亥乙
未亥
申亥子卯子
子乙卯子
朱寅　六卯
丑　辰巳　勾青空
贵子　午未　白常
后亥　申
阴戌　酉

禄神中卯，墓神末墓发用。皆与虎并，未昼虎，卯夜虎。空贵昼子，生干徒然。所墓自墓传生，先迷后醒，惊疑历涉辛苦，终进一步，若遇长生，方得荣耀也。各生互生，亥实子虚，变为败神。

发用未加亥，见丁卯五局。昼白曰在野，又曰登山。夜后，详乙亥五局。

乙卯六局

乙卯六局 涉害 斩关 见机

（盘式）
亥 乙
午 卯
巳 戌 午 亥
壬戌 阴 亥癸 丁寅 后青
脱 午 空
财 丑
官

后丑 武常 白
子亥 阴寅 卯辰 巳午
贵 膝 朱 六
子 亥 戌 酉 申未 青勾
空

　　昼传皆空，初午乘空，中末旬空。夜贵初克，中墓落空无踪，所以占官不利。支乘财相合，常人坐守生计，庶速祸有功。干上长生，支上财自干生，初迤逦生，至末反克干，名恩将仇报。

　　发用午加亥，见壬申六局。昼空夜阴，详乙亥六局。

乙卯七局

乙卯七局 返吟 龙战 察奸 回还

（盘式）
戌 乙
辰 卯
卯 戌 酉 辰
己卯 武白 申酉 庚辛 六蛇
禄 酉
官 乙卯
禄

后丑 阴武 常白
子亥 寅卯 辰巳 午空
贵 膝 朱 六
子 亥 戌 酉 申未 青勾

　　上下六害，交互相合返吟。初末旺禄，卯虎酉膝，往来冲制，禄遭危矣。酉临干支，夜占将蛇，夏令火鬼。更防家下火烛惊人，昼将元合用事，主多淫洪。

　　发用卯加酉，见乙卯七局。昼武夜白，详乙丑六局。

乙卯八局

乙卯八局　重审　六仪
后阴　励德

甲　乙
寅　卯
　　　酉
　　　申
后　丑
阴　寅
空　申
比　　西
　　　丑
戊　　　　乙　酉
　　　　　寅
　　　　　丑
墓　未甲
丙　寅
孤　贵　勾
败生子己
朱戌　青
六酉　未午
勾申　巳辰
青未　　空
午巳
空辰

干上至未，迤逦征伐，祸里财至，互相伤灾。各乘上克，交互相代。三传上下夹克，递互克贼，仗干上酉克初寅，迤逦克去，如在官势行凶中得意，祸里财获。

发用寅加酉，用昼阴夜空，俱详乙丑八局。

乙卯九局

乙卯九局　涉害　曲直
亥未子申
　　　申
　　　卯乙
癸己
墓　未贵后
闲长　　　蛇六
口生未己
禄卯　　武白
寅癸
朱戌　贵后
六酉　子丑
勾申　寅卯
青未　辰巳
空午

夜贵干上申，又乘墓克身。昼贵旬空虚陈。职禄恼怀，又初是土，中是长生，受土制，末禄虎元，所以家悔人迚，支助干鬼，总是家人，更忌求谒。

发用未加卯，见丁卯九局。昼青，详甲子十局。夜后，详乙亥五局。

乙卯十局

乙未乙卯十局　涉害　龙战　三交

未乙
戌未
午午
酉
　乙辛　官
　酉　六后
　午戊　两孤
败生　子辛　贵常
空　酉辛乙卯　武青
禄　子空

朱戌酉
腾贵后阴
亥子丑寅
勾申未午巳辰
青空白常
卯武

面喜上合，含毒下害。脱支墓干，常招耻辱。问吉问凶皆从，不欲鬼发用，坐火自焚，中贵旬空，末旺禄空，吉凶皆无，止守困，忌动谋。

发用酉加午，见丁亥十局。昼六，详乙丑九局。夜后曰倚户。

乙卯十一局

乙午乙卯十一局　重审　涉三渊

未巳
申午
午乙
巳卯
　甲庚　官德
　申乙　丙壬
财　戌庚　未阴
败生　申丙　两孤
生　子乙　乙常
　戌壬

朱腾贵后
戌亥子丑
勾申未午巳辰
青空白常
卯武
酉戊
寅阴

两贵坐克无力。所求难得，各脱反盗，昼午天空，脱诈须慎。

昼支巳乘，虎至惊危。丁马人宅鬼，发用坐克，中财乡，末空坐克，兼涉三渊，岂可前行，凡谋不慎。

发用申加午，用昼勾夜乙，俱详乙丑十一局。

乙卯十二局

干乘丁，与马共动，则费用天罡。发用不由己，而身宅皆动，进退脱炁，耗盗无穷。末助初财，干加支，就旺禄，故宜屈尊求俸。

发用辰加卯，见甲子十二局。昼夜皆勾，详乙丑伏吟。

乙卯十二局　重审　连茹　斩关　不备

乙卯
乱首　回还
午巳
巳乙
辰辰
勾辰
才　辰丙　卯辛丁　马脱巳癸丙　辰壬戊　脱午丁
常　酉戊　空　午未
阴　亥　白　午未　青　巳辰
后　子　勾　辰卯
贵　六　卯寅　朱　丑子

丙辰一局

禄丁巳长生，空昼巳虎，夜寅纵横。丁巳发用，中才，末长生马，伏吟得此，静中俱动。空虎互克，三刑所作无成，若能坐待末助初作禄论，辰在支，宅欠宁。

发用昼空夜勾，详丙寅一局。

丙辰一局　伏吟　元胎　斩关　励德

丙巳
巳巳
辰辰
巳巳
空辰
禄巳　癸丁
财　申　武蛇　丙丙
马长生　庚甲　六白
白　午　武　申　常未朱
空　巳辰　阴　酉戊　后　亥
青　辰卯　贵
勾　寅　六　丑子　朱

丙辰二局

丙辰二局 元首 连茹 斩关 不备 求受

```
          寅 卯 卯 辰
          辛乙 勾 空 卯 辰
          败生       辰 丙
          马长 庚甲      六白
          生卯 乙乙       朱
          脱空 朱甲      朱常

      青 辰
      勾 卯         空 巳
      六 寅      白 午 六
      朱 丑   常 未 申 酉 戌 亥
            子 阴 后 贵
            騰
```

面前六害，去辰脱干，还嗣息债。长生宁耐退，而卯寅虽克，支却生日。然后散虑，其虑白散。退末丑空，且喜脱气，又在长生，有生无害。

发用卯加辰，见戊辰二局。昼勾夜空，详丁卯一局。

丙辰三局

丙辰三局 重审 极阴 寒宿

```
          子 寅 丑 卯
          己寨 丑 寅 卯
          脱空 未勾 辰 丙
          官  卯乙       辰
          财  亥空 丁辛
               酉 乙阴 寅癸

      青 辰
      勾 卯          空 巳
      六 寅       白 午 常
      朱 丑    午 未 申 酉 戌 亥
            騰 子 阴 后 贵 武
```

两贵交会，各有利害。克支生干，人盛宅衰。昼夜贵加亥水，昼贵空亡休赖，交互乘害，发用空亡，末虽两贵，宜求两个，贵亥无用，凡占虚声，不宜前进，无成。

发用丑加卯，用昼朱夜勾，详丙寅三局。

丙辰四局

		戌丑亥寅	寅丙辰四局 薗矢 三奇 病胎
		己亥官 乙朱 丙庚	
		寅甲财 玄癸丁 空常	
		禄德 巳申	
	勾卯 青辰 巳午 白	空白常武
	寅丑 辰未 子 申 阴	
	朱 腾 贵 亥 戌 后 酉	

破碎关丑归庭，临支墓申耗散才，婚乘武。发用昼贵丑旬空，占告贵，不语沉吟，有屈无伸，错空非闭口。丙以申为财，中财鬼乡，末德禄去克，三传欠利，干上长生夜乘龙，余见荣昌，不宜妄动。

发用亥加寅，见丙寅四局。昼乙，详辛未十一局。夜朱，详乙丑十二局。

丙辰五局

		申子酉丑	丑丙辰五局 重审 润下 励德 孤辰
		戌孤子六子 丙庚 官空	
		丙庚申空 武后	
		子壬丙 财 辰申庚	
	脱		
	勾卯空 青辰 巳午 白	辰空白常
	六寅 丑未 子 申 阴	
	朱 腾 贵 后 亥 戌 酉 武	

传鬼乘财，更值润下，四课皆空，丑能合敌，课传没溺，全然不畏。凶灾可释，常占解凶，仕宦不宜。如用夜将，六合发用，天后居中，三六相呼，子与丑共，外勾里连，夜多淫洗，惟宜坐守，不利动用。

发用子加辰，见壬申五局。昼蛇，详甲子八局。夜六，详丙寅六局。

丙辰六局

刃 甲戌午白亥
己丑墓寅癸未勾
脱空 丙戌午庚
财 申空 申武后

丙子 丙辰六局 知一

子 亥 未 午
丙 子 辰 亥

勾 青 空
朱丑 六寅卯青 辰空巳白
腾子 亥戌 午白
贵 后戌 申未常
阴 阴酉 申武

中末虚无皆空，坐守欠利独用，初午倘欲动用，即逢羊刃。昼贵在支，故曰归庐。乘闭口，干贵难语，申财被墓收，全然无祟，若占妻财，大忌。

发用午加亥，见壬申六局。昼白，详丙子四局。夜武，详壬申三局。

丙辰七局

丁 癸丁
禄德 巳巳空常
己癸 寅癸
阴官 亥 乙未
口 丁
禄德 巳癸空常
亥癸

亥 丙辰七局 返吟 斩关 励德 回还

辰 戌 巳 亥
戌 巳 亥 丙

武常 白空
阴丑勾 寅卯白空 辰巳青
后子 亥戌 午青
贵 阴亥 未勾
腾 朱酉 申六

满地皆丁，初末丁己，中坐巳乡，返吟得此，必主动摇，昼将动，遇贵临身干之，可有成。夜占不动，鬼墓难兴，如夜动，坐克乡元，为鬼贼墓，神在支，欲动不能，灾祸俱兴。

发用巳加亥，见戊辰七局。昼空，详丙寅一局。夜常，详戊辰七局。

丙辰八局

寅 酉 卯 戌
庚 武 青 丙
马寅 酉 辰 戌
生 乙 己
脱 酉 寅 勾 阴
戊 孤 后 六
空官 子
未 己

丙丙辰八局　重审　斩关

　　　　戌　丙
　　　　辰　戌
　　　阴
　　　丑
后子　寅　卯
腾戌　亥　六
朱酉
六申
勾未　午　巳
青　　　　空

　　酉为干财加支，辰酉相合。妻财虽美，面前六害，变之害己，众口一词，乘马遭耻，干乘墓脱两蛇，得年命冲破稍可，如戌天罗自裹，凶灾尤甚。三传上克互侵，素为不法，众口雷攻，初虽长生，乘马酉制无用。

　　发用寅加酉，见乙丑八局。昼武，详丙寅七局。夜青，见辛未六局。

丙辰九局

子 申 丑 酉
丁 辛 未贵 丙
财 酉 申 辰 酉
己墓 丑 阴常 丁
脱 丑 辛 癸 空勾
禄德 巳 巳

丙丙辰九局　重审　从革

　　　　酉　丙
　　　　辰　酉
　腾戌
　贵亥　子　后
朱酉　　丑　阴
六申　　寅　武
勾未　　卯　常
青午　巳　辰
　　空　　白

　　交关相合，利己从革，脱支为财，被乏巳益。昼贵初遭夹克，莫倚中末墓空，先聚后散，动费无成。夜将临干，顺动可用。金多水生，如年命再乘水神，传财化鬼，只可挽纳，占病求神，倘取财，反生祸矣。

　　发用酉加巳，见乙丑九局。昼朱，见乙丑九局。夜贵，见丙寅九局。

丙辰十局

　　才初申贵，中亥长生末寅。三传递生，传内俱陈。迤逦相荐，凡占必主隔二、隔三，上人推荐，以成大事。倘遇夜将，则变成迍，初蛇，中、末阴虎，传空将恶，变喜成迍，干支交脱，难以凭准。

　　发用申加巳，夜乘蛇，俱详甲子十局。昼六，详丁丑十局。

丙丙辰十局　重审　生胎

　　　　戌未亥申
　　　　　未辰申丙
丙庚　六蛇
财申　巳丁
官亥　己癸　贵阴
马长申庚　武白
生寅寅癸

贵后阴武
亥子丑寅
朱
腾戌后
六申酉
勾未
青午
空巳辰
白常

丙辰十一局

　　面前六合，生支脱干，初财末官，仕宦喜欢。引入中传，壬戌墓干。末武亥子，喻瞒传财化鬼，只可携祷占求，常人又涉三渊，岂利前行？若能坐守伏干上未，可敌官鬼，庶可安逸。

　　发用申加午，见乙丑十一局。昼六，见丙寅十局。夜蛇，见甲子十局。

丙未丙辰十一局　重审　涉三渊　励德

　　　　申午酉未
　　　　　酉未未丙
丙庚　六蛇
财申　午戌
墓　戌壬　蛇后
官子　申庚　孤
空　戌壬　后武

勾朱腾贵后阴
未申酉戌亥子
青午　　　　丑
空巳　　　　寅武
白辰卯　　常

丙辰十二局

丙辰十二局 别贵 三奇不备

```
        午巳未午
        巳辰午丙
  己癸  贵阴
  官亥      甲戌   青六
  刃        巳丁
            甲戌午丁
            刃巳丁
        青 午未  勾六
        空 巳    酉申  朱腾
        白 辰    戌    贵后
        常 卯    亥
                寅丑子
                武  阴
```

用亥昼为贵，及干中末午三重，昼乘旺龙。昼占即逢，坐谋大旺，遇贵有成。夜将亥乘太阴，变作鬼贼，午合变网羊刃。夜占须凶，凡事凶甚，未免俯就于人，终受困乏，不可动用。

发用亥加戌，见癸酉十一局。昼贵，见丙寅四局。夜阴曰裸形。

丁巳一局

丁巳一局 伏吟 元胎 励德

```
        巳巳未未
        巳巳未丁
  乙丁  空勾
  比巳        武蛇
  戊庚
  财申        阴后
  壬甲  六白  申  贵
  长生    寅
        白 巳午  常未朱
        空 巳    申酉戌
        青 辰    亥
        勾 卯
        六 寅丑子
                朱腾
```

干支拱午，乃禄己遁，丁发用中，申才乘武，俸逐财，必有失。夜虎临末之长生寅，其性猛烈。丁巳在支，发用双丁，其动速成。又兼三刑互克，伏吟本静，反生动摇，宦宜常人畏宜占食禄事嫌空。

发用昼空夜勾，详丙寅四局。

丁巳二局

```
          卯 辰 巳 午
        乙 勾 空     丁
      败生 卯 辰 巳 午
        辰丙
        壬寅乙   六白
      长生 寅 卯
        脱 丑   朱常
              寅甲

丁午丁巳二局 元首 连茹 斩关
旺禄临身后

          青 辰 朱常
          勾 卯 白午六
          六 寅 空巳
          朱 丑 未申
             子  酉戌
             亥贵
             腾
```

旺禄午昼，乘虎临身。昼夜虎寅，乘并居中，虽有生禄，动作惊危。身心费尽，略无少成，喜连茹初、中生炁，末空脱，亦在生方，费而有成，美中欠利。

发用卯加辰，见戊辰二局。昼勾夜空，俱详丁卯一局。

丁巳三局

```
          丑 卯 卯 巳
        辛寅 丑卯朱勾 巳 丁
        脱 丑 卯 巳
          卯乙
          辛癸   贵未
        阴官 亥   阴
        口马丑空 己辛
        财 酉贵    丑空

丁巳三局 重审 极阴 不备 培基

          青 辰 白午常
          勾 卯 午 常武
          六 寅 未申 阴
          朱 丑  酉戌
             子  亥贵
             腾   戌后
```

丁马俱现，人宅相恋，支加干，支乘生。亥水合亏，两贵相见。丁巳在干，马居中须，言有动发用空脱，中落空受制，全然无炁，末虽两贵相加，五阴相继，利私谋，不利公动意有现。

发用丑加卯，用昼朱夜勾，俱详丙寅三局。

丁巳四局

```
丁巳四局  蒿矢  三奇  病胎

      辰 丑 寅 亥
      丁 辰 巳 寅

闭德 辛癸
口官 亥  贵未
马  寅甲戊庚
财  申
         武后
比  巳  乙丁  空常
         申庚

         青辰 巳 午 未 申
   六寅   勾卯        空 白 常 武
   朱丑
   螣子              酉
   贵亥   戌 酉      戌
         后          后
            阴
```

　　昼值斩关，逃者不还，马射弧矢，委镞伤残，蒿矢带金，射必中斩关。龙头在日，马发用，末丁支寅乘合武，居中大利，逃者任意东西，出外吉，在家凶。

　　发用亥加寅，用昼贵夜朱，俱详丙寅四局。

丁巳五局

```
丁巳五局  蒿矢  曲直  三奇  励德

      卯 丑 亥 卯
      丁 卯     丁

      酉 丑 亥 卯

德 辛癸
闭官 亥  乙未  丑
口马 卯乙
      丁巳
本        常 阴
坐
敝生 癸乙  勾空
         卯未

         青辰 巳 午 未 申
   六寅   勾卯        空 白 常 武
   朱丑
   蛇子              酉
   乙亥              戌
   后戌              酉
            阴
```

　　将脱昼将，皆土传生，曲直克去，土不能生。日虽蒿矢，无金惊人。但自末至，初位互克。迤逦伤身，课传五阴，暗似鬼贼相侵，事尽昏暗，凡占不顺。

　　发用亥加卯，曰花卸再生。昼乙曰登车。夜朱，详戊辰二局。

丁巳六局

丁寅丁巳六局 涉害 幼厄

未子 酉 寅
乙辛 阴乙 子 巳 寅 丁
财 酉甲
脱 辰 青白
酉辛
闲官 亥 乙未
口马 辰丙

蛇子
朱丑 六寅
卯青
乙亥
辰巳
后戌 空
阴酉 申未午 白
武常

交车六害，干实支空，夜贵酉金，怀克损寅长生。昼贵亥，虽生寅木，被墓克，其力极轻。秋子为火鬼，昼将蛇伤支火厄。课体四绝，三传自刑，凡谋欠顺。

发用酉加寅，见己巳六局。昼阴，详丙戌五局。夜乙，详丙寅九局。

丁巳七局

丁丑丁巳七局 返吟 绝胎 励德

巳亥 未丑
乙丁 阴乙 巳 亥 丑 丁
比 巳空 亥常
德辛 癸
闲官 亥 乙未
口马 丁乙丁
比 巳空 寅

乙亥子 寅卯常
蛇戌 辰武
朱酉 巳空
六申 午白
未 青勾

丑为脱空，宜弃而不可守。丁初末马，中亥及支，迭值夜动，文书昼助，因贵亥，为贵德，夜乘雀，必因官贵文书而动，凡占仗贵图则吉，常人占，反覆不利。

发用巳加亥，夜乘常，详戊辰七局。昼空，详丙寅一局。

丁巳八局

卯戌	巳子	丁子
乙巳	戌巳子	丁巳八局 丁
比 空常		重审 铸印
墓 庚壬 蛇蛇		斩关 回还
巳丁 癸乙		
胎生 卯 常空		
戌壬		

蛇 戌	亥
后 子	六
阴 丑	
常 寅	
朱 酉	
六 申	
勾 未 午 巳 辰	
青 空	

空鬼加身，实墓临庭，宅必欠亨，昼蛇凶恶尤甚。干上空鬼，虽主虚惊，坐下未土能制，亦喻狐假虎威，欲动，必不能动。守则虚惊，初空末实，先难后易，始费终成。

发用巳加子，见丁卯八局。昼空，详丙寅一局。夜常，详戊辰七局。

丁巳九局

丑酉	卯亥	丁寅
己辛酉	未乙 巳亥	丁巳九局 丁
财 酉丁 辛巳		重审 从革
脱空 丑丁 辛巳		
比 巳丁 丑		

蛇 戌	子	后
朱 酉	乙亥	阴
六 申	丑	
勾 未	寅 武	常
青 午	卯	
辰	巳	白
空		

两贵并排，干亥支酉。三传从革为财，如用夜将，皆土助财。贪财不已，生鬼为灾，夜将土生传，传生干上亥为鬼，兼二贵拱戌，如年在午，大利，试中魁。常人只可携裯纳奏，将本求财，主祸。

发用酉加巳，见乙丑九局。昼朱夜乙，详丙寅九局。

丁巳十局

丁巳十局　重审　生胎　斩关　拱贵

```
戌庚          亥申丑戌
财申          申巳戌丁
 巳丁    六蛇
德辛癸        蛇戌后
闭官亥 乙阴   朱戌后
口马申庚壬癸  六申
长寅 武白     勾未
生            青午
              空巳
亥 乙 子 卯
后 阴 后 寅
丑 白 常 武
```

舍去疑虑，其财可取，因比求生，宜文宜武。墓神覆脱，主昏晦。喜初传财，在支发用，昼虽内战，却三传递生，如弃墓而就初财，却得二三处上人推荐成名。初财末武，以财取贵，后有长生。

发用申加巳，夜乘蛇，俱详甲子十局。昼六，详丙寅十局。

丁巳十一局

丁巳十一局　重审　不备　凝阴　俯就　励德

```
巳辛          酉未亥
财酉          酉未
未己          酉丁
德辛癸        酉
闭官亥 乙阴   蛇戌乙
口马酉辛阴常  后亥子丑
脱丑 亥癸     六申
              朱酉乙
              勾未
              青午
              空巳
              白辰
              常卯
              武寅 卯常 辰武
```

酉为干妻财支之破碎，临干发用两贵，加贵人遍地，又传化财鬼，故夜贵多嗔，破财败婚。中传癸亥，昼贵闭口，坐败地，故力弱言轻，虽末助初财，丑空无力。凝阴卦以阴入阴事，主幽暗。

发用酉加未，见丁卯十一局。昼朱夜乙，详丙寅九局。

丁巳十二局

申丁
丁巳十二局　重审　退茹　权摄不正

未　午　酉　申
午　巳　申　丁

财　申（戊庚／未己）　六蛇
财　酉（己辛／中庚）　朱乙
墓　戌（庚壬／酉辛）　蛇后

勾　六
青　午　未　申　酉　朱
　　　　　　蛇
空　巳　　　　戌　蛇
白　辰　　　　亥　乙
常　卯　寅　丑　子　后
　　　　武　阴

交车相合，旺禄临支，支巳和顺，利求婚及合本营生，倘若求财，则必急进，迟则传财入墓，劳心费力。病讼因贪，三传俱财，因贪惹祟。昼贵履狱，休近。

发用申加未，见己巳十二局。昼六，见丙寅十局。夜蛇，见乙丑十一局。

戊午一局

戊巳
戊午一局　伏吟　元胎

午　午　巳　巳
午　午　巳　戊

禄德　巳（丁丁）　勾朱
马长生　申（庚庚）　白后
官　寅（甲甲）　蛇青

　　　青　空
勾　巳　午　未　申　白
　　　　　乙
六　辰　　　　酉　常
朱　卯　　　　戌　武
蛇　寅　丑　子　亥　阴
　　　　乙　后

末助初生，迤逦相侵。伏吟本主不动，干上丁破碎，发用丁中传驿马，恃己之刚，伏辨凌人，以致三刑互克末传。寅明助己为生，暗伤戊为鬼，故佛口蛇心，坐守不安，动用不吉，羊刃在支，虽生当畏。

发用昼勾夜朱，俱详戊辰一局。

戊午二局

戊辰
戊午二局　元首　退茹
权摄不正

辰巳　卯辰
乙乙　巳午　辰戌
官　卯　未卯　蛇青
　　辰丙甲
官　寅乙
比　丑癸墓
　　寅甲　　午空

六辰　　青巳
朱卯　　午腾　　未　　申空
蛇寅　　　　　　　　酉　常白
乙丑　子　亥　戌武
　　后　阴

墓神覆日，昏晦其身。禄加宅，值丁神，盗脱不宁。发用卯木坐辰，鬼居墓上，名鬼招呼病人，又传俱鬼岂宜退向，春夏鬼旺，争当速了。秋冬木衰为穷，鬼则牵缠祸患，萦系可恶。

发用卯加辰，昼乘朱，见戊辰二局。夜勾，详丁卯一局。

戊午三局

卯
戊午三局　重审　斩关
极阴　赛宿　励德

寅辰　丑卯
比墓　丑午　卯戌
空　丑乙　辰巳　青朱
　　乙癸
闭财　亥　午未
口　丑空　　　　申常白
敝脱　酉辛
　　寅癸

六辰　　青巳
朱卯　　午　　未　申
蛇寅　　　　　　　酉　白常
乙丑　子　亥　戌武
后　　　阴

面前六害伤身，干卯墓宅，脱支克干。用传空域，初丑贵旬空受制，中财落空乡。末逢酉金脱败，然虽脱，能制卯。略无少益，如年命在辰，辰上乘寅为鬼，呼病凶。若命戌上乘申，制其寅木，不为害。

发用丑加卯，见丙寅三局。昼乙夜空，俱详戊辰三局。

戊午四局

```
          子 卯 亥 寅      戊
          卯 午 寅 戌      午      元
      甲甲                 四      首    六
官     蛇青                局            仪
      巳丁                             病
      癸癸                             胎
闲财   阴常
口   寅甲
      庚庚
马脱   白后
     申申癸
              朱   六
           蛇 寅卯  辰巳   勾
           乙  丑    午    青
           后  子    未    空
           阴  亥    戌酉申  白
                武   常
```

　　见处危险，支乘败生，干乘克害，又作发用。二寅未传，求申救援。却又迤逦生寅。因斯转助官说，仕宦喜逢隔二三。上人推荐，常人忌。助鬼一毁一誉，苦去甘来，乐里成愁，申之过也。

　　发用寅加巳，见戊辰四局。昼蛇，见甲子一局。夜青，见甲子一局。

戊午五局

```
          戌 寅 酉 丑      戊
          寅 午 丑 戌      午      重
      壬壬                 五      审    炎
比     六六                局            上
      寅寅                             九
      戊戊                             五    狡
刃   午 白后                                 童
      甲甲
官   寅寅
      后后
      午戌
              乙   丑
           蛇  子   辰巳   午
           朱  亥    武常
           六  戌    酉申未
                青   勾    空白
```

　　传火生身，夜占畏遁，甲寅乘虎，必须修身。谨行免祸伤身。炎上课本为印缓，但丑午六害，命中犯煞，美里成嗔，交车六害，寅实丑空，丑昼贵夜，空昼午乘虎墓上，主父母灾迍。

　　发用戌加寅，用昼夜皆六，俱详甲子五局。

戊午六局

　　面前六合四课，皆空无形。外面好看，全无实迹，事迹难明，初末拱支，引之何益？干上子为胎财，被传互克，难进难退。夜虎甲寅居末木，力尤轻，虎寅坐墓，不足为虑，尤不可动。

　　发用子加巳，见丙寅六局。昼蛇夜青，详甲子八局。

戊午七局

　　干乘实财，支乘空鬼，来往皆空，凡事无踪。午为生炁，又乘白虎，喜不足喜，凶不为凶，如秋子为火鬼，昼蛇防火烛厄。

　　发用午加子，见丙子七局。昼白，见丙子四局。夜后，见壬申六局。

戊午八局

戊戊午八局　知一　幼厄　斩关

辰　亥　卯　戌
丙丙　戌戌　亥　午　戌
墓辰　亥癸
脱败　酉辛　勾未　后白
官　辰丙　甲甲　寅寅　酉辛

朱亥　蛇亥　乙
　子青　丑　后
六戌　　寅　阴
勾酉　　卯
青申
空未　午　巳　辰
　　白　常　武

　　传墓发用，脱中酉鬼寅末。三传可畏不美。财爻临支，故宜端坐家中。但支墓在干，公财夺禄，故坐食倍费，不可动谋。

　　发用辰加亥，见庚午八局。昼夜皆武，俱详甲子九局。

戊午九局

酉戊午九局　元首　六仪　斩关　励德　狡童
　炎上
寅　戌　丑　酉　戌
甲甲　戌戌　酉　午　戌
官　寅壬　成戊
刃　成壬　白后　子　蛇　勾
比　午丙　寅甲　（六六）　丑
　壬壬　辰丙　乙
　午戌　　　后
六戌　朱亥　寅　阴
勾酉　子青　卯
青申
空未　午　巳　辰
　　白　　常　武

　　面前六害，墓神脱支，败神脱干，虽传火为生，但夜虎临寅，遁甲发用。可见灾迍须慎。喜干上得酉能敌，然卒不能制寅者。传局火神焚酉，无力难施，仕宦吉，常人凶。

　　发用寅加戌，见甲戌九局。昼后夜白，见甲子六局。

戊午十局

戊午十局　重审　三交

子　亥　申
酉　午　戊
　　酉　申

辛辛　勾
午戌　孤
壬子　壬　蛇青
酉辛　阴常
乙乙
卯子
　子空

财空
官

　　　　勾
　　青申酉
　　空未六戊
　　白午六
　　常巳辰卯寅
　　　　武阴

　　　　　亥朱
　　　　子蛇
　　　乙后
　　　丑

贵坐克罡履狱，自干生初，迤逦坐来反伤日，施恩成怨，但中亦空亡，好恶俱无。独存初酉临支。此乃脱败，非常申长生，加干昼龙，九月占坐气在申，默似神助，日后生意渐昌。

发用酉加午，见丁亥十局，昼勾，见庚午十局，夜朱，见丙寅九局。

戊午十一局

戊午十一局　重审　涉三渊

戌　申　酉　未
申　午　未　戊

庚庚　白后
申午戌　武
马长戌　申庚
生午壬壬
比中子　后白
中子空　戌

空　白申
青未午
勾　常酉
六辰卯　戌武
　　朱　亥阴
　　　子后乙
　　　丑

　　　寅蛇

往来交姤，交车相合。虽互脱，但申是长生，可就在支发用，可以俯就，求其生财。唯忌贪向取末之财。旬空坐克，又涉三渊，苗而不秀，反有发用。

发用申加午，见乙丑十一局。昼白夜后，详戊辰十一局。

戊午十二局

彼来生己，面前六合，支来加干，又作生炁，兼中末俱午火。守之如意，不劳自成，生生不绝。倘若动谋，初传鬼午，网刃俱值，伤身罗宅，灾祸俱拥，动谋须慎。

发用寅加丑，见乙丑十二局。昼蛇夜青，俱详甲子一局。

戊午十二局 别责 六仪 不备

		午 午戌
	申 未	未 常 武
甲寅 蛇青	未 午	酉 阴
官 丑空		戌 子 后
刃 午戌		乙
戊戌 青蛇		
刃 午戌		
戊丁 巳丁	空 白申后	
	午未 酉戌	亥
青 午未		
勾 巳		
六 辰		
朱 卯	寅丑	
	寅 蛇乙	

第五十八章 术数汇考五十八

《大六壬立成大全钤》十二

己未至癸亥

己未一局

己未一局 伏吟 稼穑

```
                  己 未 未 未
本坐  辛乙       己 未 未 未
      白蛇       乙
      乙墓
      丑蛇白
比    甲壬
比    戌阴阴

          空白  申  常武
       青巳午  酉  阴
       勾辰   戌  阴
       六卯   亥  后
       朱寅丑子 乙
          蛇
```

支干同宫相逢，传三刑，缘中丑旬空，名断桥折腰。末虚刑事中有阻，好恶俱无。止论初传，故曰无依独足。昼占未，又乘虎与干支，共三重，终受惊险。凡占难行，如商贾宜水船，旱小车，独载应独足之意。

发用未用，乙卯一局。昼白夜蛇，俱详乙巳十二局。

己未二局

己未二局　八专　祎薄 干支乘胎 乘 白　常　武　阴 空　未　申　酉　戌　亥 青　巳 勾　辰 六　卯 朱　寅 蛇　丑　子　亥　戌 　　　　　乙　后	从革食禄，土眙午，又是禄干支中末，共四午发用。卯生午，午坐干，课又八专，革故鼎新。方才享福，贪禄荣昌。惟有昼将，大空在日。禄空占病必哭，防禄有失，动尤迤，当坐守。 发用卯加辰，见戊辰二局。昼六日入室。夜青，详己巳二局。

（左侧：巳午 巳午 丁乙 官 卯 辰丙 禄 庚戌 末巳 禄 午空未）

己未三局

己巳未巳巳　八专　帷薄塞宿 乙蛇白 比　丑 卯乙丁 马生巳巳六 燕巳未巳 勾　辰 六　卯 朱　寅 蛇　丑 　乙　子　亥　戌　酉　申　未　午 　后　阴　空　青	发用丑为破碎作空。昼蛇夜虎，凡谋费耗贫穷。下支中末四重，己遁丁，又是马遍地。昼将乘龙，万里翼神，虽为生气，全无定踪，一世飘蓬。 发用丑加卯，见丙寅三局，昼蛇，见乙丑四局，夜白日直视，又曰在野。

己未四局

己辰 己未四局 八专

辰巳　己　辰辰
丑辰　丑　丑辰
　　　　辰
乙癸　后六辰　未辰
闭财　辰甲丙　　勾常
口　　亥　戊
墓　　辰巳　　未己
　　甲丙　　勾常
墓　　辰
　　未己

　　　勾辰　巳常
　　六卯　　　午青
　　朱寅　　　未白
　　蛇丑　　　申常
　　乙子　　　酉武
　　后亥　戌阴

发用癸亥，财神闭口。又在鬼乡，不得人手。干支中末四墓，昼将逢勾。彼此昏迷，进退难守，如夜将太常，夹墓尤殃。得年命在丑，伏戌冲辰，破其网墓，向后可救，若更在辰，天罗自裹，事终难脱。

发用亥加辰，见丙寅四局。昼后，详乙丑三局。夜六，详辛未四局。

己未五局

卯巳 己未五局 元首 曲直

亥卯　己　亥卯
亥卯　卯　卯未
　　　　巳
丁乙　六白后
官　　卯　亥
闭财　己巳　卯己　未亥
口　　亥
本　　乙癸　后
坐　　卯己　未亥

　　　六卯　辰巳
　　朱丑　　　午青
　　蛇寅　　　未白
　　乙子　　　申空
　　后亥　　　酉常
　　阴戌　　　武

卯死神，又鬼在干支发用，虎入夜占。亥虽财会，木局为传，宜传鬼为财，如夜将卯乘虎，其凶难免，常人仕宦，总受迍遭，退守犹可动用灾损。

发用卯加未，见己巳五局。昼六日入室。夜白，见乙丑六局。

己未六局

```
　　　　　　　寅
　　　　酉　寅　酉
　　　寅　未　寅　己
　　　　　　　　己巳
　　癸辛　　六蛇
　　败脱　酉辛
　　　　　寅甲　戌丙　常常
　　墓　辰辛
　　　乙癸　　蛇六
　　闭财　亥丙
　　口　亥辰丙　辰

　　　乙子　卯　寅　武
　　　　　阴丑　　　常
　　　腾亥　　辰　　白
　　　朱戌　　巳　　空
　　　六酉　　午　青
　　　　　申　未
```

己未六局　知一

寅为鬼户，未中鬼宿，斯寅加于未，伤干克支，如人入鬼门。卦号离魂，酉金虽救神，不知初生末迤逦，生寅勿恃。返为生祸之根，课体四绝，三传自刑，病讼皆凶。凡谋不顺，巳乘虎坐墓，父母爻灾咎。

发用酉加寅，见己巳六局。昼六，见甲子五局。夜蛇，详甲子一局。

己未七局

```
　　　　　　　丑
　　　　未　丑　巳
　　　未　丑　未　己
　　　　　　　　己巳
　　马生　　白武
　　兑　巳丁
　　　　　乙癸　后青
　　比　未己
　　空　　乙癸　后青
　　　　　丑己
　　比　　丑己
　　空

　　　腾亥　寅　卯　阴
　　　朱戌　　　　　武
　　　六酉　乙子　辰　常
　　　　　后丑　巳　白
　　　勾申　未　午　空
　　　　　青
```

己未七局　返吟　惟薄　井栏射　八专

初值巳火，发用丁马。投绝受克，昼虎夜元，动意难就难舍。

干支中末，四丑空破，又落丑宫，来往相值，动生破费，守空撞空。渐为贫者。

发用巳加亥，见戊辰七局。昼白，见己巳七局。夜武，详乙丑五局。

己未八局

己未八局　无禄　励德　铸印　干支胎神

后　阴　武　常

```
　　　巳子　巳子　巳子
　　　巳未　未子　巳己
甲　孙
子　己未己
财空
乙勾
未己丁
马生　巳丁　白武
照　　子空
　　　甲戌　壬
比　　巳丁

　　　　乙子勾
蛇亥　　　丑　寅卯辰
六酉　　　　　武
勾申　　　　　巳白
青未　　午　　空
```

　　财既双空，子虽胎财，干支全遇，但是旬空。发用丁巳，与马生乖，丁马又在，空乡虚逢。末传卯鬼，宜助初财。转祸为福，孕育官吉，病讼畏逢。

　　发用子加未，见甲子八局。昼乙，见乙丑二局。夜勾，见己丑四局。

己未九局

己未九局　重审　泆女　三奇　曲直

后　阴　武　常

```
　　　卯亥　卯亥　亥
　　　卯亥　未　亥己
乙癸　亥蛇六
亥己
未己丁
闭财　乙丁
口官　亥癸辛己
　　　未卯
本坐

朱戌　　乙子
六酉　　　丑
勾申　　　寅卯辰
青未　　午巳
空　　　　白常
```

　　干支发用，三水并立，上乘闭口。却与三传，合成曲直。及白取财，化鬼为灾，只可以财告纳。欲待不取，眼前急舍，不得可惜。

　　发用亥加未，见辛未九局。昼蛇，见己巳十一局。夜六，见辛未四局。

己未十局

己戌
励德
丑戌　丑戌
乙癸　蛇武
财亥　戌未
申庚甲壬　朱阴
比戌　未己
甲壬　未阴
比戌
未己

己未十局　重审　八专　怖薄　三奇　斩关

六　朱戌阴
蛇亥乙后阴
　　子丑
　　卯寅
勾申青未空午白巳
　　辰常
　　卯武

一位财星，发用亥水。干支中末，四戌来争，争之不已。又戌刑于未，故致讼遭刑，妻财可畏，退守免凶。

发用亥加申，见辛未十局。昼蛇，见己巳十一局。夜武，见乙丑三局。

己未十一局

己酉酉
酉己
亥酉　亥酉
癸辛　六后
败脱酉　酉未
癸辛　六后
败脱酉　酉未
癸辛　六后
败脱酉
酉未

己未十一局　八专　独足　励德

勾申青未空午白巳常辰
朱蛇亥戌乙后
　　子丑
　　卯寅武

此系独足，岂利远行。干支中末，俱酉脱败，迭逐不已。惟喜舟车，宜驾舟船，小车利顺。酉太阴，又婢妾，故尔婢逃妇，子息屋，阴人费用。

发用酉加未，见丁卯十一局。昼六，见乙丑九局。夜后曰倚户。

己未十二局

己未十二局 八专 帷薄

冲己未 己	酉 申 未	申 己	
辛巳 本未戌 坐壬庚 长申己 生	白蛇 壬庚 常乙	酉 申 未	
长 生		常申乙	酉 戌 亥 武 阴 后 乙
	空午巳	白未 申乙	
	青辰		
	勾卯		
	六	寅 丑 子 朱 蛇	

发用比肩，昼虎夜蛇，未免虚应，干支中末，申金四重，虽类子孙，却是长生。夜贵昼常，必因贵人，喜庆酒食婚姻，或彩帛店礼仪，凡占如意。慈乌返哺，先费后荣。夜贵尤荣，生计悠长，卜官无用。

发用未加午，见乙巳十二局。昼白夜蛇，俱见乙巳十二局。

庚申一局

庚申一局 伏吟 元胎

冲庚申 庚	申 申 申	申 庚	
甲庚 禄德申后 戊甲 马财寅 辛乙 巳 长 生	白后 戊甲 蛇青 辛乙 勾朱	申 申 申	
	青巳午 空 空未乙	申 酉 戌 亥 白 常 武 阴 后
	六辰		
	朱卯		
	蛇	寅 丑 子 乙	

申虎乡，干支发用为三虎，昼又乘逢，共是四虎。伏吟生静，中寅财马，末己遁丁，所以动无少阻。又是丁马入传。刚日伏吟，行人回旋，传三刑，财化鬼，止宜携祷，不利求财。

发用昼白夜后，详戊辰十一局。

庚申二局

```
        魁 庚申二局 八专 帷薄
    午未  午未  未庚
 乙辛  常阴 癸巳  空乙
 刃 酉  戌壬  未申庚
 生炁  未申庚 癸未庚 空乙
 生炁

        青  未   空
     辰巳 午 申  白
     六   未   常
     朱 卯  酉  武
     蛇 寅  戌
     乙丑  子  亥
      后      阴
```

初遭罗网，发用酉为网刃。倘若动谋，兜身绕宅，障难无那。如在秋占酉旺，夜将事贵，未为贵人临身。干支中末，四土相生，遇者得助最多，三处贵人资助，不待劳心，自成其美，或是神灵阴助，尤的。

发用酉加戌，用曰密云不雨。婢与奴走家不和，有伏尸，凶多吉少。

昼常曰券书。小麦始顺，终竞。夜阴见丙戌五局，阴人当家，有产降生。

庚申三局

```
          庚午 庚申三局 元首 顾祖
      辰午  辰午  午庚
   壬戌  青蛇 午申  午
 官败 午  申庚丙  午
 申庚丙  辰  六  励德
 生炁  午戌甲  顾祖
 马财 寅  蛇青

       勾  午   青
    辰巳 未 申  朱
    六   未   空
    朱 卯  酉  白
    蛇 寅  戌  常
    乙丑  子  亥
     后      武
                阴
```

若取寅财，生起祸来，末助初鬼。财官相生，君子官哉！末助初，只可祷纳。常人忌财化鬼，伤干克支，彼此有损。亦忌捕奸盗告讦，恐惹连累相害。

发用午加申，见庚午三局，昼青夜蛇见甲子四局。

庚申四局

己
庚申四局　元首　病胎　雨露润光
巳　寅
巳　庚
寅　巳
巳　申

丁巳　辛巳庚戌甲　马财寅　丁癸　亥寅
勾朱　蛇青　阴常
长生
脱

勾　青　空　白
巳　午　未　申
六辰六
朱　寅卯　辰　酉　常
蛇　乙丑　戌　武
后　子
阴　亥

干乘丁巳发用，中传寅财，带马夜巳。克干昼勾，土生夜雀，丁巳夹克。丁初巳马，中寅俱迎，末之亥水，脱干生财，为明脱暗助，故能败能成。仕宦高迁，常人病讼俱凶。

发用巳加申，见庚午四局。昼勾夜朱，见戊辰一局。

庚申五局

辰
庚申五局　重审　润下　斩关
子　辰
子　庚
辰　辰
辰　申

丙子　辰丙甲庚　申子　辰庚　禄德申
蛇青　青蛇　武
脱子
生炁

武　常　白　空
辰　巳　午　未
后寅　申
阴卯常　乙丑　酉　青
蛇　子
朱　亥
六　戌　勾

传课润下，盗气传逆，初中逢空，独存干支，及末辰土三重。生炁无穷，若不坐守，动谋离其生炁，水脱源消根断，虚费百出，到处去来，不如守本身出意，快乐尤穷极，不利动谋。

发用子加辰，见壬申五局。昼蛇夜青，见甲子八局。

庚申六局

庚申六局　知一　无禄

卯
戌　戌　卯
卯　申　卯　庚
父　戌　六六
丙壬
卯乙　辛丁
官　巳　常阴
戊壬　丙孤
子　子　蛇青
丙己
巳丁

后寅　乙丑
蛇子　卯辰　阴
　　　　　武
朱亥　　　巳　常
六戌　　　午　白
勾酉　申　未空
　　　青

干上卯木，为财却生，中传鬼丁，丁巳中遇。子克巳戊，墓巳可恃。常人逢之，却祸除灾，仕宦不宜。独存卯财。任取无害。

发用戌加卯，见丁卯六局。昼夜皆六，见甲子五局。

庚申七局

庚申七局　返吟　六仪　绝胎　回还

寅
申　申　寅
寅　申　寅　庚
戊甲
寅　马财
甲庚　甲庚
申　禄德　青蛇
寅　戊甲
马财　甲庚

后亥　乙丑
蛇子　寅卯　空
朱亥　辰　巳
六戌　午　白
勾酉　申　未空
青

四财寅木，一禄中申。如用夜将乘虎，又马趋逐。四马并进，来往反复，动坐绝乡，彼此受促。凡事只可结绝，不宜妻财及禄。

发用寅加申，见壬申七局。昼后夜白，见甲子六局。

庚申八局

庚申八局　八专　空亡　雨露润泽

```
          丑
  午丑  午丑  丑
己乙      卯   庚
财    阴常
成壬
空丑  乙空
墓  丁墓
空丑  乙空
墓  丁墓
          朱戌亥   膝子青
          六戌      丑乙
          勾酉      寅卯
          青申      辰巳
          空未  午巳辰
                白常武
                雨露润泽
```

　　干支中末，四员昼贵。全然无气旬空。发用纵有浮财，夜占可畏。夜常中末空至，乃墓重重覆日，凡占婚甚，若年命丑，天罗自裏，占病大凶，邪淫逆礼，所以夜占可畏。

　　发用卯加戌，见辛巳八局。昼阴，见癸酉七局。夜常，见丁卯七局。

庚申九局

庚申九局　元首　润下　励德

```
           子
  辰子  辰子  子
庚丙      申子   庚
生炁  武武
子空
甲庚
禄德  申庚青蛇
辰申  丙孤
子蛇
脱空  申庚
          六戌亥   朱子蛇
          勾酉      丑乙
          青申      寅卯
          空未      辰
          白午  巳辰
                常武
```

　　既初末空满前。水润下作三传。昼夜蛇龙武，俱水中兽将。不惟耗盗三合，又且缠绵。又金死子，干支末，三子坐守，稍可动用，凶。

　　发用辰加子，昼夜武，见甲子九局。

庚申十局

庚寅
庚申十局　八专　帷薄　空亡　源消根断
交车相合交关利

寅亥　寅庚
亥亥　亥申
寅亥

墓　丁
丑　乙空
戌　丁
壬癸
亥　朱勾
申庚
闭脱
口
丁癸
亥　朱勾
申庚
闭脱
口

朱蛇　乙后
亥子丑
乙后寅
阴

六戌六　亥
青酉　子
空未　丑
白午　卯阴
常巳　辰武

凡事缄默，可脱灾厄，事关贵人，甘受岑寂。发用贵人空履狱，不有其生，反被其墓。甘受云云。干支中末四亥，脱干盗支。凡事当退守缄默，制鬼可免灾，倘动用耗脱不已，常人可，仕宦忌。

发用丑加戌，曰鹤鸣在阴。昼乙夜空，见戊辰三局。

庚申十一局

戌
庚申十一局　重审　泆女　向三阳　斩关

子戌　子戌
戌申　戌庚

丙墓
脱子　后戌
壬　甲
马才　戌
寅　蛇青
子空
庚丙
生　辰甲
杰

武阴后乙
戌亥子丑
常酉阴
白申
空未　卯蛇
青午　寅
勾巳
六辰朱

戌寄宅身，驿马居寅。动逢子盗，末遇丙辰，初空子盗气，中财马空乡，末丙反伤，纵贵登罡塞，虽无鬼障碍向前，谋之何益？喜戌在干支，若能坐待，却有生意也。

发用子加戌，见丙戌十一局。昼后夜白，见甲子二局。

庚申十二局

```
酉
庚申十二局　八专　三奇
戌酉　　酉庚
戌申　　　酉
丁癸　　亥戌　阴常　闭脱口
乙壬　　酉申　常阴　　刃
乙辛　　酉庚　　　　　刃
　　常　武　阴　后
　　酉　戌　亥　子　乙
　　　　　　　　丑　蛇
　　空白　　　　寅
　　　午申　后
　　青　未
　　　午
　　勾　巳
　　六　辰
　　朱　卯　寅　丑　子
　　　　　　青　　　空
```

干支中末四酉，能坐守共旺则昌，彼此兴隆。若不守旺，倘若动，则被初亥脱，有伤。酉且则为羊刃，伤身毁宅，恐害非常。

发用亥加戌，见癸酉十二局。昼阴曰裸形。夜常曰征召。

辛酉一局

```
辛戌
辛酉一局　伏吟　龙战　斩关
戌酉　　戌辛
戌酉　　　戌
丁辛　　武戌　常常　禄
戊壬　　酉申　常后　本坐
乙己　　戌未　　　　生炁
　　阴　武　常　白
　　申　酉　戌　亥
　　后　　　　　子　空
　　乙巳　　　　丑
　　朱　午　未　青
　　六　辰
　　勾　卯　寅　丑　子
　　　　　　青　　　空
```

上下六害，旺禄临支。但昼元夜乘虎，相随禄，主惊失，更防门户。干中末皆是土，前逢虽有生意。戌未刑，故争斗无时，动用尤可生生无亏。

发用昼武，见乙未十二局。夜白，详辛卯十局。

辛酉二局

辛酉二局　别责　励德　不备　旺禄临身

```
　　　　　　未申申酉
　　　　　　　酉辛
墓己丑甲丁辛　　青后
禄武丁酉戌辛　申
禄武　酉戌壬　酉辛
　　　乙午勾
　　蛇巳　　未
　　朱辰　申酉戌
　　六卯　亥戌常
　　勾寅　子空
　　青丑
```

发用空丑虚墓，旺禄临身。夜乘元，昼乘元，交值变为六害。支申昼元夜空，天空酉戌皆奴婢，干支中末，戌酉四重，故重迭恼怀。皆因家下奴婢，从革别责，欲更难更。

发用丑加寅，见辛卯二局。昼青，见乙丑四局。夜后曰偷窥。

辛酉三局

辛酉三局　元首　顾祖　龙战

```
　　　　　　申未午申
　　　　　　　未酉辛申
甲戌　午未勾　乙后阴
官败乙庚丙辰戌午　午未申武
生炁壬午庚甲　戌酉
财寅丙乙　　　　
　　　朱巳蛇巳六
　　六卯辰辰　未
　　勾寅　　申酉
　　青丑　亥戌常
　　空子　　戌白
```

切勿取财，取得祸来，赍财告贵，卜比宜哉？比肩临干，生炁在支，未财助初，官贵只可祷纳，占病求神，倘取财则生祸，仕宦喜，常人畏。

发用午加申，见庚午三局。昼乙夜勾，见乙丑十一局。

辛酉四局

辛未　辛酉四局　元首　龙战　高盖　励德　三交

```
　　　卯午辰未
　　　甲戌
官鬼　午乙常　午　辛
　　　酉空
财　　乙卯　　六后
　　　卯午戌
空尻　子乙　　空未

　　　　　　己蛇
　　　　午后乙
　　　六卯　未阴
　　朱辰阴　酉申
　勾寅　　　戌武
　青丑
　空子
　白亥
```

　　未土乘虎，下害上合，克支生干。重重逢午，支及初传，二午伤身。欲水成功，中末刑冲，赖子制午。但空减力，略无小补，如坐待自末至支，迤逦生，未育干，虽乘虎，可受惊疑之生。

　　发用午加酉，见甲子四局，昼乙夜常俱，详辛巳五局。

辛酉五局

辛午　辛酉五局　知一　从革　察奸

```
　　　丑巳寅午
　　　　　巳酉　午　辛
癸丁
　　　巳巳　蛇武
长生　酉空
墓　　己丑　己蛇
　　　丁辛
禄　　酉空
　　　丑空

　　　　　朱蛇　巳乙
　　　　辰巳　午后
　　　六卯　　未阴
　　勾寅　　　申阴
　青丑　　　　酉武
　空子
　白亥
　常戌
```

　　彼己遭伤，各乘上克。交互尤殃相伤。干乘昼贵，鬼依贵得力，支乘丁巳又破碎。昼蛇夜虎，宅怪难当，从革旺禄，在未被巳克，丑墓又落空乡，占奴婢兄弟俱伤。

　　发用巳加酉，见乙丑五局。夜武同。昼蛇曰乘雾。

辛酉六局

辛巳 辛酉六局 重审 三奇

亥辰子巳
辰酉巳辛

己癸
马鼠　亥　青六
辰丙
甲戌
败官　午　乙常
己寨
墓　丑　白蛇
午戌

```
          白 丑
      空 子      常 寅   卯 武
      青 亥          辰 阴
      勾 戌          巳 后
      六 酉  申 未 午 乙
              朱 蛇
```

　　干乘丁马，破碎支上天罡。发用驿马，金日斩关，遇此动意，非常凶动。初传脱，中鬼败神，末空墓。三传不利，凡占凶恶，官庶皆殃。

　　发用亥加辰，见丁酉六局。昼青，见辛未九局。夜六，见辛未四局。

辛酉七局

辛辰 辛酉七局 返吟 斩关 龙战 回还

酉卯戌辰
卯酉辰辛

辛乙
财 卯 武后
丁辛
禄 酉 六青
辛乙
财 卯 武后
酉辛

```
          白 丑
      空 子      常 寅   卯 武
      青 亥          辰 阴
      勾 戌          巳 后
      六 酉  申 未 午 乙
              朱 蛇
```

　　上下六害，交互六合，无碍卯类，妻来往逼迫，如已合必离，已离必合。昼将合居，中武窥户，门户奸私，须宜慎备。元合在内，丙辰在干，常占可畏。

　　发用卯加酉，见丁卯七局。昼武，见乙丑六局。夜后日临门。

辛酉八局

辛酉八局　涉害　长危　励德　借钱还债格

干乙卯，支甲寅，财虽满前，取为祸端，身不安逸，众语攻攒，递互克贼，事多解散，自初迤逦互伐，至末丁巳伤身，凶动难安，只可携财祷贵，借钱还债，倘取财，必致众鬼攻攒，灾患并出，难救也。

发用未加寅，见癸酉八局。昼蛇夜白，见乙巳十一局。

辛酉九局

辛酉九局　重审　炎上　九丑　六仪

传官相生，仕宦兴荣，常人释虑，阴私贵成。支乘墓虎，有伏尸干上，虽财炎上喜，自初生末育身，昼夜贵皆土，将官印相生，助成权柄，即阴私小事，皆遇贵成，常转祸为祥，仕宦职位兴隆。

发用寅加戌，见甲戌九局。昼常夜乙，见辛未十一局。

辛酉十局

辛酉十局 弹射 九丑 励德 三交

财 卯 乙卯 武蛇
官败 子 子戌 空阴 甲戌 卯乙 丁辛 午戊
禄 酉 六白

丑 卯 子 辰 丑
辛 丑 辛 酉

六 酉
勾 戌 常
亥 青
子 空
丑 白
寅 常
朱 申
蛇 未
乙 午
后 巳 辰 卯
阴 武

内酉戌实害，外子丑空合。为外好里芽槎，支乘空脱，干乘墓虎，四课及初皆空，万事无踪。表里皆虚，中鬼末禄，坐干克方，好恶皆虚。妻财昼乘，元武有失，见亦如无，动止空张，占病必死。

发用卯加子，见戊子十局。昼武，见乙丑六局。夜蛇，见丁卯六局。

辛酉十一局

辛酉十一局 元首 泆女 寮宿 出户

墓 丑 己墓 白后 甲癸 辛乙
财 卯 丑空 武蛇 卯乙
长生 巳 亥子 丁卯 后六

丑 亥 寅 子
亥 酉 子 辛

六 酉 白
勾 戌 青
亥 空
子 丑
朱 申 白
蛇 未 戌
乙 午 子
后 巳 寅
阴 辰 卯 常
武

各脱互脱，空上乘空，虽煞自墓传生。末见鬼丁，金日逢之，必主凶动，仕宦可，常人畏。如能坐待，仗子空水，能敌官鬼，虽受寂寥，可免灾迍。中财空乡，昼乘武，财须失，凶动难停。

发用丑加亥，见癸酉十一局。昼白夜后，见己酉十一局。

辛酉十二局

亥
辛酉十二局　重审　连茹　三奇　斩关
不备　历虚
此课郡师
取丑募亥

亥戌子　亥
戌酉辛　亥

脱亥戌　白武
己癸　戌孤
脱子空　空阴
空己癸　募
空己丑　青
募子空

后申未　武
阴未空　常
乙午　酉戌　白
蛇巳　亥子　空
朱辰　丑　青
六卯　寅

亥子重脱，子丑墓空，事皆空脱。所以吉凶无踪，喜干加支，尊就卑幼。食其旺禄，才逢更赖，戌土以敌众水，庶免脱盗。

发用亥加戌，见癸酉十二局。昼白，辛未四局。夜武，见乙丑三局。

壬戌一局

壬亥
壬戌一局　三奇　斩关　励德　伏吟

戌戌亥亥
戌戌亥壬

辛癸
闭德　亥空　戌常
口禄　庚壬
官戌　白白
丁辛
官未　阴勾

乙巳　午未申　武
蛇辰　酉戌　常白
朱卯　亥　空
六寅　子丑　青
勾

干支初传，癸亥二重。虽系德禄，但是闭口，所以难言。支及中未，两戌一未。勾未夜虎，中戌为冤，仕宦催官，常人病讼，俱畏，岂利前进。

发用亥加亥，见戊辰十局。昼空，癸酉十二局。夜常曰征召。

壬戌二局

壬戌二局 元首 连茹 斩关 不备 回还

乱首

（盘式）
申　酉　酉　戌　戌
　　　　酉　戌　戌　壬
官戌　白白　常空
生败　酉　戊庚　武青
马长　申　生酉

乙巳　后午六　未申　酉戌亥
蛇辰　朱卯　六寅　勾丑　子
　　　　阴武　常白　戌空　青

面前六害，脱支克干，支戌为卑。上门相欺，是卑凌尊，兼上克下为用，是卑凌尊而尊不容。戌加亥用，魁度天门，凡事阻隔，惟宜猛弃。退后一步，却得长生后随，人丰宅狭，子息无占。

发用戌加亥，昼夜皆白，俱详壬申二局。

壬戌三局

壬戌三局 元首 泆女 顾祖

（盘式）
酉　申　未　午　酉
壬　戌　申　未
财午　丙戌　午武
墓辰　申庚　蛇后
脱寅　甲丙　六蛇
　　　　壬甲
　　　　辰丙

乙巳阴　午未申　酉戌亥
蛇辰　朱卯　六寅　勾丑　子
　　　　武常　白　戌空　青

交车六害，脱支生干，末传是寅，本为脱气，却损申酉，相制未助初为财，故喻寅为伐柯人，助其妻财，大利婚姻。

发用午加申，见庚午三局。昼后，见壬申六局。夜武，见壬申三局。

壬戌四局

壬戌四局　元首　病胎

申壬　巳申
未戌　未巳
辰未

財　乙丁巳　乙阴
　　　申庚
脱　壬甲寅　六蛇
　　巳癸
闲德　亥　空勾
口禄　寅甲

朱　　蛇
寅卯　辰后
　　　巳乙
六　　午后
寅　　未阴
勾　　申武
丑
青　　酉常
子　　戌白
空
亥

发用丁巳，昼贵水日逢丁，宜取财。夜占未乘太常，临宅作鬼。常主喜庆婚姻，必因喜中，以致不测。

干上申为父母，自未递生，支生申，乃省亲也。岂知支未常俱，鬼贼伤干，乘虎变害，故致病，惹鬼为祟。

发用巳加申，见庚午四局。昼乙，见壬午四局。夜阴，见戊辰七局。

壬戌五局

壬戌五局　涉害　曲直　励德　还魂债格

未壬　卯未
午戌　午卯
寅午

官　丁己未　阴
　　癸乙　未乙
脱　辛癸卯
　　　亥乙
闲德　亥　空勾
口禄　卯乙

朱　　蛇
寅卯　辰乙
　　　巳后
六　　午阴
寅　　未武
勾　　申常
丑
青　　酉
子　　戌
空
亥

面前六合，支助干鬼，三传脱气生财。夜将午武在支，必失钱财，昼将其传，依然脱日。如夜将常贵勾皆土，为冤伤干。赖传曲直，休言传木局，盗气巧救祸之源，常人吉，占官忌。

发用未加亥，乘阴常俱，详丁卯五局。

壬戌六局

子巳丑午
巳戌午壬

丙戌
财午后武
寅癸
官丑　勾朱
午戌
戊庚
马长申　武白
生丑空

起壬戌六局　比用

　　　　六　寅　卯　辰　朱蛇
　　　勾丑　　　蛇　辰巳乙
　　青子　　　　　　　朱
　　空亥
　　白戌
　　常酉　申　未　午后
　　　　　武　　　阴

已加支戍，已为妻，戍类奴，合伤干，故作怪。支为卑幼，丁已财被戍墓脱，乃子息计债，耗盗其财。干上午火发用，迤逦生，至末传离身。岂知申被午克，丑墓落空乡，乃徒费财，因此环无生计，长上病。

发用午加亥，昼乘后，见壬申六局。夜武，详壬申三局。

壬戌七局

戌辰亥巳
辰戌巳壬

乙丁
财巳　乙阴
亥癸
闲德巳丁　空勾
口禄巳丁
乙丁　乙阴
财巳
亥癸

起壬戌七局　绝胎　斩关　励德　回还　返吟

　　　白亥　常丑朱
　　空子　　　武寅
　　青戌　　　阴卯后
　　勾酉　　辰乙
　　　六申　未　午巳
　　　　　　　朱蛇

财内藏丁，丁已二重，水日逢之，必主财动。岂知生起支辰，传财化鬼，役损身心，无所归也。鬼在支上，此是家人之鬼丑恶。鬼在三四，病讼频临，以财还债，献纳则可，将本求财反祸。

发用已加亥，夜乘阴，俱详戊辰七局。昼乙，详壬午四局。

壬戌八局

面前六害，彼己制缚受伤。传墓覆干，又作发用，败脱辰墓，酉败寅脱。支上卯赖金制，不能为害。家宅又得，前后引从。人口衰弱，家道广阔，凡占，主胜客恶。

发用辰加亥，见庚午八局。昼夜，皆后曰毁装。

壬戌八局　知一幼厄

辰壬　酉辰　申卯

甲丙墓辰后
寅癸
己辛
生敗酉丙勾空
辰壬
脱寅甲武蛇
酉辛

辰　斩关
酉　常武
寅　阴后
卯
巳乙　蛇

白子六　常丑　武寅　阴卯　后辰
空亥
青戌
勾酉
六申
朱未　午

壬戌九局

交互六合，可亲传木局，如昼将本为脱气，必因交合，以致败费。如用夜将，皆土克身。三传虽曰败气，却赖能制土，名之为救神，交之有益，常人喜，占官忌。

发用未加卯，见丁卯九局。昼朱夜勾同。

壬戌九局　重审曲直

午寅　未卯　卯壬

丁己官未朱勾
卯乙
辛癸空常
闲德亥己
口樣未己
脱卯阴阳
亥癸

未
子白常
寅
辰后
乙

青空戌亥常
勾酉
六申
朱未　午巳辰
蛇

白子常　丑武　寅阴　卯后

壬戌十局

```
         辰 丑 巳 寅
甲丙         丑 戌 寅 壬
墓辰  寅壬戌十局  蒿矢 稼穑 斩关
丑空           空 白 常
官未           亥 子 丑 寅
辰丙       青戌白
官戌     六申     勾酉
未己     朱未
         蛇午
         乙巳 辰 卯
            后 阴
```

蒿矢彼射己，三传俱鬼诚凶，喜初在空乡，事主虚惊，交互克贼欺凌，寅实丑空。所赖身依寅木，虽脱气，实救神。众鬼难侵。

发用辰加丑，见癸酉十局。昼后毁装。夜蛇日乘龙。

壬戌十一局

```
         寅子 丑
庚孤      戌 丑 壬
刃空  子壬戌十一局 重审 励德 孤辰 向三阳
脱        青 空 白 常
墓        戌 亥 子 丑
          勾酉空
      六申
      朱未   青戌白
      蛇午
      乙巳 辰 卯 寅
         后 阴 武
```

面前六合，四课皆空，初中脱气，又在空乡。总是旬空，凡事无踪。独存末传，虽是墓克。却赖罡塞鬼户，鬼神伏，恶兽潜，任意纵横，谋为却，为阻碍。

发用子加戌，见丙戌十一局。昼白，见甲子二局。夜武，见丙寅二局。

壬戌十二局

壬子　　子亥丑子　　壬子
回还　　亥丑子　戌子

辛癸　　亥　空常
闲德　亥　　　庚孤
口禄　戌壬
刃　子白武
空　　亥癸
官　辛墓　　壬申常阴
空　　丑子空

朱　　　六申青
蛇　午未　　酉戌白
　乙巳　　亥亥
　后辰　　丑子常
　阴卯　　寅丑武

壬戌十二局　重审　乱首　斩关　不备　回还

干加支初，克是不尊，其位就卑，克制情愿，屈身于人，甘受抑勒。干上中末旬空，初及支上亥，虽不空昼将，上乘天空。三传俱弃，空空如也。凡事无踪，新病不成，旧病返也，唯占婚吉。

发用亥加戌，乘空常俱，见癸酉十二局。

癸亥一局

丑癸　　丑丑丑　　癸癸
伏吟　稼穑　励德　赛宿

癸　　亥亥丑丑
官　丑勾阴
空　　　　　壬壬
官　戌　白白
　己己阴勾
官　未

　　后午阴未勾
乙巳　　申酉戌
蛇辰　　常白空
朱卯　　亥亥
六寅　　子丑青

癸亥一局　伏吟　稼穑　励德　赛宿

略得便益，如若再为，人神并怒。病讼双随，自干发用，是我欲恃他势，刑于他人，但传俱鬼虎居中，仕宦催官，常人幸空。如得便益，不可再为，倘贪惹起众鬼刑，病讼俱凶。又为干支拱定日禄，最宜占食禄事。

发用昼勾，见丙寅三局。夜阴，见壬申十二局。

癸亥二局

癸子
酉戌亥子
戌亥子癸

癸亥二局　元首　斩关　连茹　旺禄临身

官　壬壬　戌　白白
　　亥癸　辛辛
败主　　酉　常空
　　戌壬　庚庚
长生　　申　武青
　　酉辛

乙巳　后午六　阴武常
　　　未申酉
蛇辰　巳　　白
朱卯　未申酉
六寅　　戌
勾丑　子　亥　戌
　　　青　　空

　　虽系旺禄临身，幸逢旬空无用。去寻支戌，乘虎危厄，又坐发用，魁度天门，未免关隔，再追中传，又是败气。投末之元，方遇长生。失万得百，占者未免弃虚禄，就初鬼，被中败，受尽艰辛，末进一步，方遇荣昌，虽乘武耗而有生。

　　发用戌加亥，昼夜白，俱详壬申十二局。

癸亥三局

癸亥
未酉酉亥
戌亥亥癸

癸亥三局　蒿矢　不备　回还

官　己己　未　阴常
　　酉辛
财德　丁丁　巳　乙阴
　　未己
马　己己　卯　乙乙
脱　　卯　巳　乙

蛇辰　乙巳阴
朱卯　午　后阴
六寅　未　未申　武常
勾丑　戌酉
青　子亥　戌白
　　　　空

　　发用蒿矢，诚为惊畏，破败临宅，家必隳废。初鬼遄克。所喜未乙，卯中丁巳，两贵扶同，迤逦递生，至支上酉育干。有如亡财之后，始获昼酉乘常，主家中婚姻庆筵，或开张彩肆等，生意荣昌也。

　　发用未加酉，见癸酉三局。昼阴夜常，见丁卯五局。

癸亥四局

知一　病胎　斩关

巳　申　未　戌
丁丁　巳申　亥　戌　癸
德马　巳申　　　乙阴
脱　甲庚　甲申　　丁
比　癸癸　寅　　六蛇
　　　亥　　空勾
　　　寅甲

朱卯　蛇辰
乙　后
午　阴
六寅　　未　申
勾丑　白常
青子　　未　申
空亥　戌　酉
　　　白常

鬼龙生虎，戌鬼临干，夜龙长生，在支夜虎。怒喜喜怒，一则以喜，一则以怒。

如用昼贵发用，升擢乘丁，三传递生，必隔二隔三，上人推荐升擢，常人亦主动遇贵济提丁马之故。

发用巳加申，见庚午四局。昼乙，见壬午四局。夜阴，详戊辰七局。

癸亥五局

涉害　励德　曲直　幼厄

卯　未　巳　酉
己巳　未　亥　酉　癸
官　未　　　阴常
　寅癸　　　乙
脱　乙乙　卯　　未乙
比　未乙　　　空勾
　　癸癸　　蛇
　　亥　　巳后
　　卯乙　午阴

朱寅　蛇辰
六　乙
勾丑　巳　午
青子　未
空亥　申　未
白戌　酉　常武
　　　申　未
　　　酉　常武

破败临身，己未克辰，彼此不利，三传脱朲，却赖酉金，能制众木，不能盗日。占逢夜将，皆是土神，却生酉金离日。官鬼怕忻，仕宦官来生印，权柄双美，常人逢之，鬼助生气，凡占皆吉，坐谋有益，动用不宜。

发用未加亥，用昼阴夜常，俱详丁卯五局。

癸亥六局

癸亥六局　知一　斫轮

（盘式）

干上申昼，元夜乘虎临生，虽有惊疑，亦作生论。两贵坐墓，坐克无心。丁马全弱人墓，寸步难行。昼戌难任，虎鬼居中，仕宦催官，常人病讼，皆凶。交车六害，支克干神，家中妻财损蠹。发用卯加申，详乙丑六局。昼朱，详戊辰二局。夜乙日登车。

癸亥七局

癸亥七局　返吟　绝胎　励德

（盘式）

三马三丁，支及初末，又是贵人。动止频频，反复相冲。贵情未定，两贵受克。宅破人逃，凡占宅舍非迁，必有凶动。虽水日逢丁，传财化鬼，只可祷纳求神，动谋取财则伤身。

发用巳加亥，夜乘阴，详戊辰七局。昼乙日受贺。

癸亥八局

癸亥八局　重审　斩关　回还　自干传支

午
酉　辰　亥　午
戌戌　蛇武
财午　丑丑　辰　亥　午　癸
巳空
闲比　亥　空勾
口　午戊
丙丙
墓　辰　后后
　　亥癸

　　　空　白
　　　戌亥　丑
　　　常　武
　　　子六　寅　阴后
　　　青　戌　　卯
　　　勾　酉　　巳辰
　　　六　申　　乙
　　　朱　未　午蛇

四课三传之内，辰午酉亥俱自刑，非干他人抵触，乃自心生怨。两贵为邻，可以靠贵。家宅昏昧，墓神在支，昼夜天后，如七月血支、血忌，月厌在辰，宅舍必有怪凶，交易铺店等所作皆忌。

发用午加丑，见癸巳八局。昼蛇，详甲子四局。夜武，详壬申三局。

癸亥九局

癸亥九局　涉害　从革　长危　二贵拱

巳
未　卯　酉　巳
辛辛　　　酉癸
生贼　酉　卯　酉　巳　癸
巳空
官　丑　癸蓦
酉辛　丁丁
财德　巳　乙未
马　　　丑空

　　　空　白
　　　戌亥　丑
　　　常　武
　　　子六　寅　阴后
　　　青　戌　　卯
　　　勾　酉　　巳辰
　　　六　申　　乙
　　　朱　未　午蛇

丁马临日，水日逢丁，主动取财物。两贵辅弼，如年命在子，利赴试。因财速动，将凶化吉，中末虽空，昼将俱土，官印相生，占官吉，常人生起空鬼。不可妄动作，子息无占。

发用酉加巳，见乙丑九局。昼勾，详庚午十局。夜空，见癸酉九局。

癸亥十局

癸亥十局　元首　稼穑

癸辰
巳寅
未辰
辰癸

丙丙
后蛇
墓辰
丑巳
巳巳
官未　朱勾
辰丙
官戌　青白
未巳

青戌酉
勾

六申
朱未
蛇午
乙巳

亥　空
子　白
丑　常
寅　武
卯　阴
辰　后

　　墓覆日，克其身。发用三传，俱鬼共嗔。夜乘蛇虎，诚为凶课，颠狂可解。全赖支寅，必是家人能敌众鬼，如人已处颠危，后遇有救，常人退安，仕宦进荣。

　　发用辰加丑，见庚午八局。昼后曰毁装。夜蛇曰乘龙。

癸亥十一局

癸亥十一局　涉害　赘婿　抱鸡不斗格　出户不备　寨宿　励德

癸卯
巳卯
卯丑
卯癸

癸墓
丑巳　常阴
亥巳
本丑乙乙
坐卯　阴乙
丑空
脱卯
丁丁
财德乙未
马巳乙

青戌亥　青空
勾

六申
朱未
蛇午
乙巳

戌　空
亥　白
子　常
丑　武
寅　阴
卯　后
辰

　　昼夜贵聚，丁马共处，助起空亡，循环灾厄，支乘空鬼，干乘实盗，干加支，支传干，课传循环，巳加卯，两贵相加，必干二贵周济，但自中传脱干，迤逦生起，初传空鬼伤日，只可携财祷贵，若动取财物，恐生祸矣。如能坐守，仗卯敌鬼，虽受其脱，可免灾厄。

　　发用丑加亥，详癸酉十一局。昼常，详丁卯二局。夜阴，详壬申十二局。

癸亥十二局

寅癸亥十二局　元首　连茹寡宿　回还
脱空格　权摄不正　勾青空白

癸　寅
亥　寅　癸
子　丑
卯　寅
癸　寨
本　丑　常　阴
坐　子空　甲
脱　丑空　寅甲　武后
　　乙乙
脱　卯　寅甲

六申青
朱未　酉戌　亥子
蛇午　乙巳　丑常
后辰　卯　寅武
　　　阴

交互相合和谐，官禄临支，干乘寅盗。初鬼中末并制，进遇脱气，唯宜脱灾，凡谋不利。昼常牛女，子丑相逢。婚遇良媒，如占讼，干上元武，贵而不宜，防人撞木钟脱骗。

发用丑加子，夜乘阴，俱详壬申十二局。昼常，详丁卯二局。

第五十九章　术数总论

《南齐书》

高帝本纪

史臣曰：按太乙九宫占推。汉高五年，太乙在四宫，主人与客俱得吉，计先举事者胜，是岁高祖破楚。晋元兴二年，太乙在七宫，太乙为帝，天目为辅佐，迫胁太乙，是年安帝为桓元所逼出宫。大将在一宫，参相在三宫，格太乙。经言格者，已立政事，上下格之，不利有为，安居之世，不利举动。元兴三年，太乙在七宫，宋武破桓元。元嘉元年，太乙在六宫，不利有为，徐、傅废荣阳王。七年，太乙在八宫，关囚恶岁，大小将皆不得立，其年到彦之北伐，初胜后败，客主俱不利。十八年，太乙在二宫，客主俱不利。是岁氏杨难当寇梁、益，来年仇池破。十九年，大小将皆见关不立，凶，其年裴方明伐仇池，克百顷，明年失之。泰始元年，太乙在二宫，为大小将奄击之，其年景和废。二年，太乙在三宫，不利先起，主人胜，其年晋安王子勋反。元徽二年，太乙在六宫，先起败，是岁桂杨王休范反，并伏诛。四年，太乙在七宫，先起者客，西北走，其年建平王景素败。升明元年，太乙在七宫，不利为客，安居之世，举事为主人，应发为客，袁粲、沈攸之等反，伏诛。是岁太乙在杜门，临八宫，宋帝禅位，不利为客，安居之世，举事为主人，禅代之应也。

《容斋随笔》

阴阳灾岁

洪氏曰：按《律历志》云：九岁为一章，四章为一部，二十部为一统，三统为一元，则一元有四千五百六十岁。初入元一百六岁有阳九，谓旱九年；次三百七十四岁阴九，谓水九年。以一百六岁并三百七十四岁，为四百八十岁。注云：六乘八之数，次四百八十岁，言阳九，谓旱九年；七百二十岁，阴七，谓次水七年；次七百二十岁，阳七，谓旱七年。又注云：七百二十者，九乘八之数，次六百岁，阴五，谓水五年；次六百岁阳五，谓旱五年。注云：六百岁者，以八乘八。八八六十四；又以七乘七，七八五十六，相并为一千二百岁，于易七八不变气不通，故合数之，各得六百岁。次四百八十岁，阴三；次四百八十岁，阳三。从人元至阳三，除去灾岁，总有四千五百六十年。其灾岁，两个阳九年，一个阴九年，一个阴阳各七年，一个阴阳各五年，一个阴阳各三年，灾岁总有五十七年。并前四千五百六十年，通为四千六百一十七岁，此一元之气终矣。如《律历》之言，此是阴阳水旱之大数也。所以止用七八九六相乘者，以水数六，火数七，木数八，金数九，故以此交互相乘也。以七八九六阴阳之数自然，故有九年、七年、五年、三年之灾，须三年、六年、九年之蓄也。然灾岁有阳七、阴七、阳五、阴五，此记直云三年、六年、九年之蓄，不云七、五者，此各以其三相因，故不言七五也。举六、三，则七年、五年之蓄可知。若储积满九年之后则腐坏，当随时给用也。

太乙推算

熙宁六年，司天中官正周琼言：据《太乙经》推算，熙宁七年甲寅岁，太乙阳九、百六之数，至是年复元之初，故经言太岁有阳九之灾，太乙有百六之厄，皆在人元之终或复元之初。阳九，百六当癸丑、甲寅之岁，为灾厄之会，而得五福太乙移人中都，可以消灾为祥。窃详五福太乙，自雍熙甲申岁入东南巽宫，故修东太乙宫于苏村；天圣己巳岁入西南坤位，故修西太乙宫八角镇。望稽详故事，崇建宫宇。诏度地于集禧观之东，于是为中太乙宫。时王安石擅国，尽变祖宗法度，为宗社之祸，盖自此始，虽太乙照临，亦不能救也。绍熙四年癸丑、五年甲寅，朝廷之间殊为多事，寿皇圣帝厌代泰安，以久疾退处。人情业业，皆有忧葵恤纬之虑。时无星官历翁考步推赜，庸讵知非入元、复元之际乎！

《荆川稗编》

胡翰衡运论

皇降而帝，帝降而王，王降而霸，犹春之有夏，秋之有冬也。由王等而上，终乎闭物之始；由霸等而下，终乎闭物之终。消长得失，治乱存亡，生乎天下之动，极乎天下之变，纪之以十二运，统之以六十四卦。乾，天道也。健而运乎上；坤，地道也，顺而承乎下。天地既判，其气未交为否，既交为泰，始乎乾，讫乎泰。四卦统七百二十年，是为天地否泰之运。乾一索得男而为震，坤一索得女而为巽。震，长男也；巽，长女也。夫妇之道也，始成为恒，既交为益。乾再索得男而为坎。坎，中男也。坤再索得女而为离。离，中女也。中男、中女，夫妇之道，成为既济，既交为未济，乾三索，得男而为艮，艮少男也；坤三索得女而为兑。兑，少女也。少男、少女，夫妇之道成为损，既交为咸，是为男女交亲之运。男治政于先，女理事以承其后。男之治也，从父之道。大壮也，无妄也，长男从父者也。需也，讼也，中男从父者也。大畜也，遁也，少男从父者也。六卦统一千一百五十有二年，是为阳晶守政之运。女之治也，从母之道。观也，升也，长女从母者也。晋也，明夷也，中女从母者也。萃也，临也，少女从母者也。六卦统一千有八年，是为阴翬权行之运。坤，阴也，得阳育而生男。乾，阳也，得阴化而生女。男归于母，女应于父。豫也，复也，长男归母者也。比也，师也，中男归母者也。剥也，谦也，少男归母者也。六卦统九百三十有六年，是为资育还本之运。小畜也，姤也，长女应父者也。同人也，大有也，中女应父者也。夬也，履也，少女应父者也。六卦统一千二百二十有四年，是为造化符天之运。乾坤，父母之道也，必有代者焉。代父者，长男也。从长男者，中男、少男也。解也，屯也，中男从长者也。小过也，颐也，少男从长者也。四卦统六百七十有二年，内外以刚阳治政，是为刚中健至之运。阳刚至极，阴必行之。代母者，长女也。从长女者，中女、少女也。家人也，鼎也，中女从长者也。中孚也，大过也，少女从长者也。四卦统七百九十有二年，内外以阴柔为治，是为群愚位贤之运。阴随于阳为顺。丰也，噬嗑也，中女从长男者也。归妹也，随也，少女从长男者也。节也，困也，少女从中男者也。六卦统一千八百年，是为德义顺命之运。阳随于阴为不顺。涣也，井也，中男从长女者也。渐也，蛊也，少男从长女者也。旅也，贲也，少男从中女者也。六卦统一千八十年，是为惑妒留天之运。长男既息，为男之穷也。长女既息，为女之穷也。于是中男与少男相搏焉。蹇也，蒙也，二卦统三百三十有六年，是为寡阳相搏之运。阳之搏也，阴必随之。于是中女与少女会焉。暌，革也，二卦统三百八十有四年，是为物极元终之运。十二运上下万有一千七百八十载。阳来阴往，太乙临之，不浸则不极，不极则不复，复而与天下更始，非圣人不能也，圣人非天不生也，天生仲尼，当五伯之衰，而不能为太和之春者，何也？时未臻乎革也。仲尼殁，继周者为秦，为汉，为晋，为隋，为唐，为宋，垂二千年，犹未臻乎革也。泯泯棼棼，天下之生，欲望其为王，为帝，为皇之世，固君子之所深患也。余闻之广陵秦晓山，乃推明天人之际，皇帝王伯之别，定次于篇。

论太乙六壬诸法

太乙、六壬、遁甲、禽演，皆选择时日之书也。太乙一星，在紫微宫阊阖门中，属水。天乙生水，故曰太乙。水为造化根柢，故太乙、六壬皆取义于水。遁甲亦太乙也。禽演起虚日鼠，虚亦水也。

天上十二辰分野，谓之天盘。地上十二辰方位，谓之地盘。天盘则随时转运，地盘则一定不易。以天盘之子加于地盘之子，则谓之伏吟。以天盘之子加于地盘之午，则谓之反吟也。六壬用月将者，日躔所在之辰也。斗建顺指十二辰，日逆行十二辰，相会而成岁。斗柄指丑，则日必躔子；斗柄指寅，则日必躔亥。故子与丑合，寅与亥合，推之六合皆然，言日躔与斗柄相应也。以月将加时，即中日临地盘，子位则为子时，临午位则为午时也。如正月日躔在亥，用午时，则是天盘之亥加地盘之午也。视日所加临，遂以其日所值支干在天盘上者，视其加地盘何辰以起上克、下克，则时之吉凶可知矣。此六壬以日躔为用也。

太乙奇门皆用九宫者，一坎、八艮、三震、四巽、九离、二坤、中五、七兑、六乾，盖洛书数而后天之卦也。九宫配以九星，盖北斗与元戈招摇而九也。太乙岁计则三年行一宫，日计则三日行一宫，月与时亦然。遁甲以六甲为太乙，六甲五日行一宫。太乙时计与遁甲时局，冬至以后，则自一宫顺行九宫；夏至以后，则自九宫逆行一宫。盖冬至日行自南而北为顺，春至日行自北而南为逆。然此日行之顺逆，而以为太乙行宫之顺逆，岂太乙亦暗随日行乎？抑太乙在紫微垣万古不动，非如日月五星然也？而以为遍历九宫，岂其形未尝动而气有游行乎？是皆未能穷其原也。然而太乙遁甲皆太乙为用则一也。或曰：太乙驾使斗柄，斗柄旋转天盘。冬至后，斗自北指南为顺；夏至后，斗自南指北为逆。是则太乙遁甲不主日躔而主斗柄。或为近之。然日躔方自南而北，则斗柄自北而南；日躔方自北而南，则斗柄自南而北。此亦相逆而成岁，非特顺行逆行十二辰之为逆也。阴阳家曰：太阳所临，诸杀不忌。又曰：顺斗柄所击者胜。故选时日，不主日躔则主斗柄也。禽演以一宿直一日，盖起于历家，然未能穷其源也。其以日宿为他人，时为主人，盖起于翼奉日为客、时为主人之意。

《图书编》

奇门遁甲总叙

昔大挠造甲子，而天地之数管是矣。风后复演为遁甲，其法幽深隐秘，未易窥测，故谓之为遁欤？大约以六甲仪为直符，以二十四气为式局，而六戊之下，贵神攸处，然总之以乾、坤、坎、离、震、巽、艮、兑八卦，以一节二气分之，八节各起主卦。冬至后阳遁，顺数，自一至九；夏至后阴遁，逆数，自九至一。冬至后顺布六仪，逆布三奇；夏至后顺布三奇，逆布六仪。所谓六仪者，即六甲也。三奇者，乙、丙、丁也。如六甲为直符直事，乙为日奇，丙为月奇，丁为星奇，戊、己、庚、辛、壬、癸为仪也。常以直事加时宫，即知开、休、生三门所临。又以直符加时于天上，三奇与开、休、生三门合则吉，无不利。九宫即九星也。盖天有九星，以镇九宫；地有九州，以应九土；取诸洛龟"戴九履一，左三右七，二四为肩，六八为足，五居中宫"之仪也。是遁甲法不过乘天之日时，择地之方向，使人皆知趋吉避凶云耳，岂行军避敌、伏匿逃形之怪术哉！

奇门布局法

遁甲之法，三重象三才，上层象天列九星，中层象人开八门，下层象地定八卦。九宫：天蓬及休门与坎相对，三才定位也。乙、丙、丁，三奇也。乙为日奇，丙为月奇，丁为星奇。戊、己、庚、辛、壬、癸，六仪也。一局六十时，六甲周流而甲子常同六戊，甲戌常同六巳，甲申常同六庚、甲午常同六辛，甲辰常同六壬，甲寅常同六癸，甲虽不用，而六甲为天乙贵神，常隐于六仪之下为直符，其发用实在此，故谓之遁。此大衍虚一、太元虚三之仪也。蓬、任、冲、辅、英、内、柱、心、禽，九星也，递为直符。休、生、伤、杜、景、死、惊、开，八门也，递为直使。二十四气直于八卦，坎则冬至、小寒、大寒，艮则立春、雨水、惊蛰，震则春分、清明、谷雨，巽则立夏、小满、芒种，离则夏至、小暑、大暑，坤则立秋、处暑、白露。兑则秋分、寒露、霜降，乾则冬至、小雪、大雪。四时分至及四立为八节，得八卦正气，故各为初、中、末三气从之，以分天地人元。又间六宫而行，各为中、下元也。冬至后十二气为阳遁，皆顺行；夏至后十二气为阴遁，皆逆行。二遁各占四卦，为节中之气各六，诸气一周八卦，岁事备矣。此以月取之也。五日一候，故遁法遇甲己易一局。盖自甲子至戊辰五日六十时足为上局，己巳至癸酉又五日六十时足为中局，甲戌至戊寅又五日六十时足为下局。三局，三才之道也。余如之。由是甲己加四仲皆为上，加四孟皆为中，加四季皆为下，三局定而六十甲子毕矣。上局则起上元，中局则起中元，下局则起下元，不易之法也。故凡日虽以气候相推，至三元先后不同，而三元始终日有多少，在经有超辰、接气、拆局、补局之法超、接不及而闰生焉。因日定局，因局起元，终不可易。此以日取之也。凡选日时，先分二遁，次定三局，方起三元，盖先看其日在何节气内合为某遁，次看其日在何甲已下合为某局，于是一本局起遁，冬至后为阳遁，顺布六仪，逆布三奇。夏至后为阴遁，逆布六仪，顺布三奇。其法自甲至癸，十干常以序行，如局逆顺，并先布三奇后布六仪，今皆反之。因指六甲为六仪而布局，及布三奇，并以乙、丙、丁为序，皆捷法也。布五寄理于二宫，此土长生于申之说也。九宫已布满则点出其时，旬头之甲在何宫，以其星为直符，以其门为直使，然后以加临法用之，寻本时枝落处加以直使，寻本时干落处加以直符加临已，乃视其时课大纲吉与凶，所作之方得不得休、开、生三门并天上三奇，必其时课吉，又得门奇，方可用事。此三开，即北方三白也。其所选时，每月先取四大时用之，诸法已通，必于此得吉。纵遇太岁、金神等杀，亦无害。凡行方者，尤宜用此。已有诸门可上，所向若为阴阳二寄家，以其宫为山，或为其坐向而选之，但于符应经，不可不详究也。遁甲一为课四千三百二十，古人约为千八十局，后修为七十二局，最后摄为图局十有八，可谓要矣。然为局尚多，莫若止一局，用盘子为简径，若又嫌盘子多事，则唯上指为妙。

冬至用阳遁，顺行九宫，夏至后用阴遁，逆行九宫，总只是从天道也。天道，日也。

第六十章 术数名流列传一

周

伍 员

按《越绝书》：昔者吴王阖闾始得子胥之时，甘心以贤之，以为上客，曰："圣人前知乎千岁，后睹万世，深问其国，世何昧昧，得毋衰极？子其精焉。寡人垂意，听子之言。"子胥唯唯，不对。王曰："子其明之。"子胥曰："对而不明，恐获其咎。"王曰："愿一言之，以试直士。夫仁者好，知者乐，诚秉礼者探幽索隐，明告寡人。"子胥曰："难乎言哉！邦其不长，王其图之。存无忘倾，安无忘亡。臣始人邦，伏见衰亡之证，当霸吴厄会之际，后王复空。"王曰："何以言之？"子胥曰："后必将失道。王食禽肉，坐而待死。佞谄之臣，将至不久。安危之兆，各有明纪。虹蜺牵牛，其异女，黄气在上，青黑于下，太岁八会，壬子数九。王相之气，自十一倍。死由无气，如法而止。太子无气，其异三世。日月光明，历南斗。吴越为邻，同俗并土，西州大江，东绝大海，两邦同城，相亚门户，忧在于斯，必将为咎。越有神山，难与为邻，愿王定之，无泄臣言。"

公孙圣

按《苏州府志·吴：公孙圣》：夫差兴兵与齐战，道出胥门，假寐姑胥之台，梦人章明宫，见两犯锄蒸而不炊，两黑犬嗥以南，嗥以北，两锘殖宫墙，流水汤汤，越其宫堂，后房鼓震箧箧，有锻工，前园横生梧桐。命太宰嚭占之，嚭曰：

"美哉！王之伐齐也。章者，德锵锵也。明者，破声闻昭明也。两锄蒸而不炊者，圣德气有余也。两黑犬嗥以南，嗥以北者，四夷服，朝诸侯也。两锸殖宫墙者，农夫就成，田夫耕也。流水汤汤，越宫堂者，邻国贡献，财有余也。后房鼓震簇簇，有锻工者，宫女悦乐，琴瑟和也。前园横生梧桐者，乐府鼓声也。"吴王大悦而心不已，复召王孙骆问之，骆曰："臣图浅不能占，东掖门帝长公孙圣多见博观，愿王问之。"王乃召公孙圣。圣伏地而泣，其妻谓曰："子何性鄙？王急召，乃泣涕乎！"圣曰："悲哉，子焉！知今日壬午，时加南方，命属上天，不得逃亡。非但自哀，诚伤吴王。吾受道十年，隐身避害，欲绍寿命，不意急召，中世自弃，故悲与子相离耳。"遂诣姑胥台。吴王告其梦，圣曰："臣不言，身命全；言之，必死于王前。臣闻：章者，战不胜，败走偟偟也。明者，去昭昭，就冥冥也。入门见锄蒸而不炊者，不得火食也。两黑犬嗥以南，嗥以北，黑，阴也。北者，匿也。两锸殖宫墙者，越军人吴，伐宗庙，掘社稷也。流水汤汤，越宫堂者，宫室墟也。后房鼓震簇簇者，坐太息也。前园横生梧桐者，桐梧心空，不为用器，但为育僮，与死人俱葬也。愿大王按兵修德，遣下吏肉袒徒跣，稽首谢于勾践，国可安存，身可不死。"吴王怒，顾力士石番以铁槌击杀之。

前 汉

嵩 真

按《西京杂记》：安定嵩真、元菟曹元理，并明算术，皆成帝时人。真尝自算其年寿七十三。真绥和元年正月二十五日晡死，书其壁以记之，至二十四日晡时死。其妻曰："见真算时长下一算，欲以告之，虑脱真旨，故不敢言。今果后一日。"真又曰："北邙青陇上，孤櫃之西四丈所，凿之入七尺，吾欲葬此地。"及真死，依言往，掘得古时空椁，即以葬焉。

曹元理

按《西京杂记》：元菟曹元理，尝从其友人陈广汉。广汉曰："吾有二囷米，忘其石数，子为计之。"元理以食箸十余转曰："东困七百四十九石二升七合。"又十余转曰："西困六百九十七石八斗。"遂大署困门。后出来，西困六百九十七石七斗九升，中有一鼠，大堪一升。东困不差圭合。元理后岁复过广汉，广汉以米数告之。元理以手击床，曰："遂不知鼠之殊米，不如剥面皮矣。"广汉为之取酒鹿脯数片，元理复算曰："薯蔗二十五区，应收一千五百三十六枚。蹲鸱三十七亩，应收六百七十三石。千牛产二百犊，万鸡将五万雏。"羊、豕、鹅、鸭皆道其数。果蓏肴蔌，悉知其所。乃曰："此资业之广，何供馈之偏邪?"广汉惭曰："有仓卒客，无仓卒主人。"元理曰："俎上蒸狍一头，厨中荔枝一盘，皆可为设。"广汉再拜谢罪，自人取之，尽日为欢。其术后传南季，南季传项瑶，瑶传子陆，皆得其分数而失元妙焉。

后 汉

许 杨

按《后汉书·方术传》：许杨字伟君，汝南平舆人也。少好术数。王莽辅政，召为郎，稍迁酒泉都尉。及莽篡位，杨乃变姓为巫医，逃匿他界。莽败，方还乡里。汝南旧有鸿却陂，成帝时，丞相翟方进奏毁败之。建武中，太守邓晨欲修复其功，闻杨晓水脉，召与议之。杨曰："昔成帝用方进之言，寻而自梦上天，天帝怒曰：'何故败我濯龙渊?'是后民失其利，多致饥困。时有谣歌曰：'败我陂者翟子威，饴我大豆，享我芋魁。反乎覆，陂当复。'昔大禹决江疏河以利天下，明府今兴立废业，富国安民，童谣之言，将有征于此。诚原以死效力。"晨大悦，因署杨为都水掾，使典其事。杨因高下形势，起塘四百余里，数年乃立。百姓得其便，累岁大稔。初，豪右大姓因缘陂役，竞欲辜较在所，杨一无听，遂共谮杨受取贿赂。晨遂收杨下狱，而械辄自解。狱吏恐，遽白晨。晨惊曰："果滥矣。太守闻忠信可以感灵，今其效乎!"即夜出杨，遣归。时天大阴晦，道中若有火光照之，时人异焉。后以病卒。晨于都宫为杨起庙，图画形像，百姓思其功绩，皆祭祀之。

晋

韩 友

按《搜神记》：韩友字景先，庐江舒人也。善占卜，亦行京房厌胜之术。刘世则女病魅积年，巫为攻祷，伐空冢故城间，得狸鼍数十，病犹不差。友筮之，命作布囊，俟女发时，张囊著窗牖间。友闭户作气，若有所驱。须臾间，见囊大胀，如吹，因决败之。女仍大发。友乃更作皮囊二枚，沓张之，施张如前，囊复胀满。因急缚囊口，悬著树，二十余日，渐消。开视，有二斤狐毛。女病遂差。

按《舒城县志》：韩友字景先，庐江舒人。受易会稽伍振。善占卜，能图宅相冢，亦行京房厌胜之术，诸效甚多，而消殃转祸，无不皆验。干宝问其故，友曰："筮卦用五行相生杀，如按方投药治病，以冷热相救，其差与不差，不可必也。"友于元康六年举贤良，元帝渡江，以为广武将军。永嘉末卒。其治病人事绝奇。

严 卿

按《搜神记》：会稽严卿，善卜筮。乡人魏序欲东行，荒年多抄盗，令卿筮之。卿曰："君慎不可东行，必遭暴害，而非劫也。"序不信。卿曰："既必不停，宜有以禳之。可索西郭外独母家白雄狗，系著船前。"求索，止得驳狗，无白者。卿曰："驳者亦足。然犹恨其色不纯，犹余小毒，止及六畜辈耳。无所复忧。"序行半路，狗忽然做声甚急，有如人打之者，比视已死，吐黑血斗余。其夕，序墅上白鹅头无故自死，序家无恙。

北 魏

李顺兴

按《陕西通志》：李顺兴，杜陵人。年十五。乍愚乍智，时莫能识。好饮酒，言未来事多验。萧宝夤反，召问曰："朕王可几年？"对曰："为天子有百年者，有百日者。"及宝夤败，才百日也。其党乃棒杀顺兴，置城隍。顷之起，活如初。尝卧太傅梁览家，以衣倒覆身上。及览通使东魏事觉，被诛，以衣倒覆如顺兴状。又尝乞骊山下废地于周文帝，帝曰："何用？"曰："有用。"未几至温汤，遇患卒。

北 齐

信都芳

按《北史·列传》：信都芳，字玉琳。河间人也。少明算术，兼有巧思，每精心研究，或坠坑坎。常语人云："算历元妙，机巧精微，我每一沉思，不闻雷霆之声也。"其用心如此。后为安丰王延明召入宾馆。有江南人祖暅者，先于边境被获，在延明家，旧明算历而不为王所待。芳谏王礼遇之。暅后还，留诸法授芳，由是弥复精密。延明家有群书，欲抄集《五经》算事为《五经宗》，及古今乐事为《乐书》，又聚浑天、欹器、地动、铜乌、漏刻、候风诸巧事，并图画为《器准》，并令芳算之。会延明南奔，芳乃自撰注。后隐于并州乐平之东山，太守慕容保乐闻而召之，芳不得已而见焉。于是保乐弟绍宗荐之于齐神武，为馆客，授中外府田曹参军。芳性清俭质直，不与物和。绍宗给其羸马，不肯乘骑；夜遣婢侍以试之，芳忿呼殴击，不听近己。狷介自守，无求于物。后亦注重差、勾股，复撰《史宗》。芳精专不已，又多所窥涉。丞相仓曹祖暅谓芳曰："律管吹灰，术甚微妙，绝来既久，吾思所不至，卿试思之。"芳留意十数日，便报暅云："吾得之矣，然终须河内葭莩灰。"祖对试之，无验。后得河内灰，用术，应节便飞，余灰即不动也。不为时所重，竟不行用，故此法遂绝。又著《乐书》《遁甲经》《四术周髀宗》。其序曰："汉成帝时，学者问盖天，扬雄曰：'盖哉，未几也。'问浑天，曰：'洛下闳为之，鲜于妄人度之，耿中丞象之，几乎，莫之息矣。'此言盖差而浑密也。盖器测影而造，用之日久，不同于祖，故云'未几也'。浑器量天而作，乾坤大象，隐见难变，故云'几乎'。是时，太史令尹咸穷研晷盖，易古周法，雄乃见之，以为难也。自昔周公定影王城，至汉朝，盖器一改焉。浑天覆观，以《灵宪》为文；盖天仰观，以《周髀》为法。覆仰虽殊，大归是一。古之人制者，所表天效元象。芳以浑算精微，术机万首，故约本为主省要，凡述二篇，合六法，名《四术周髀宗》。"又上党李业兴撰新历，自以为长于赵歐、何承天、祖冲之三家，芳难业兴五。阙又私撰历书，名曰《灵宪历》，算月频大频小，食必以朔，证据甚甄明。每云："何承天亦为此法，而不能精。《灵宪》若成，必当百代无异议者。"书未成而卒。

北　周

许　晖

按《北史·许遵传》：遵子晖，亦学术数。遵谓曰："汝聪明不及我，不劳多学。"唯授以妇人产法，预言男女及产日，无不中。武成时，以此数获赏焉。

唐

桑道茂

按《唐书·方技传》：桑道茂者，寒人，失其系望。善太乙遁甲术。乾元初，官军围安庆绪于相州，势危甚，道茂在围中，急语人曰："三月壬申西师溃。"至期，九节度兵皆败。后召待诏翰林。建中初，上言："国家不出三年有厄会，奉天有王气，宜高垣堞，为王者居，使可容万乘者。"德宗素验其数，诏京兆尹严郢发众数千及神策兵城之。时盛夏趣功，人莫知其故。及朱泚反，帝蒙难奉天，赖以济。李晟为右金吾大将军，道茂赍一缣见晟，再拜曰："公贵盛无比，然吾命在公手，能见赦否"？晟大惊，不领其言。道茂出怀中一书，自具姓名，署其右曰："为贼逼胁。"固请晟判，晟笑曰；"欲我何语?"道茂曰："但言准状赦之。"晟勉从。已又以缣原易晟衫，请题衿膺曰："他日为信。"再拜去。道茂果污朱泚伪官，晟收长安，与逆徒缚旗下，将就刑，出晟衫及书以示。晟为奏，原其死。是时藩镇擅地无宁时，道茂曰："年号元和，寇盗蠲灭矣。"至宪宗乃验。道茂居有二柏甚茂曰："人居而木蕃者去之，木盛则土衰，土衰则人病。"乃以铁数千钧埋其下，复曰："后有发其地而死者。"大和中，温造居之，发藏铁而造死。杜佑与杨炎善，卢杞疾之，佑惧，以问道茂，答曰："君岁中补外，则福寿巨涯矣。"俄拜饶州刺史，后终司徒。李泌病，道茂署于纸曰："厄三月二日就缵，国兴家吉而身危。"会中和日，泌虽笃，强入。德宗见泌不能步，诏归第，卒。是日北军谋乱，伏士禽斩之。李鹏为盛唐令，道茂曰："君位止此，而冢息位宰相，次息亦大镇，子孙百世。"鹏卒，后石至宰相，福历七镇，诸孙通显云。

按《剧谈录》：李司徒尝于左广效职，久未迁。晟闻桑道茂善相人，赍绢一匹，凌晨而往，时道茂倾信者甚众，造谒，多不见之。闻李公在门，亲自迎接，施设肴醴，情意甚专，既而问之，谓曰："他日建立勋庸，贵盛无比，或事权在手，当以姓命为托。"李公莫测其由，但惭唯而已。请回所赍缣，换李公所著汗衫子，仍请于襟上书名，云："他日见此相忆。"及泚之叛，道茂陷在贼庭。既克复京师，从乱者悉皆就戮，李公受命斩决，道茂将就刑，请致分雪之词，遂以汗衫为请，李公奏以非罪，遂令原之。

卢山人

按《安陆府志》：卢山人，宝历中常往来于白洑南草市，时时微露奇迹，人不知测。贾人赵元卿从之游，乃频市其所货，设果肴，诈访其息利之术。卢觉，竟谓曰："观子意，似不在所市，意欲何也？"赵乃言："窃知长者埋形隐德，愿一垂言。"曰："君归语主人，午时有非常之祸。若听吾言，当免。可告之：将午时有卖饼者负囊而至，囊中有钱二千余，以非意相干，可闭关，戒妻孥勿轻应对，及午必极骂，惟尽家临水避之，若尔，祸可免。"赵归语主人张，张亦素神卢生，及夕，伺之，果有人持钱叩门求籴，怒其不应，因击其户。张乃从后门率妻孥避去。其人乃行，越数百步，忽倒死，竟如卢生言，张乃免。

娄千宝

按《云溪友议》：昔许负谓薄姬必贵，何颙谓曹瞒必杰，是挟天子而号令诸侯。其言所验，编于简牍。夫艺术于时者，不可不申扬赞。浙东李尚书闻婺女二人有异术，曰娄千宝、吕元芳。发使召之。既到，李公便令止从事家。从事问曰："府主八座，更作何官？"元芳对曰："适见尚书，但前浙东观察使，恐无别拜。"千实所述亦尔。从事默然罢问。及再见李公，公曰："仆他日何如？"二人曰："稽山竦翠，湖柳垂阴，尚书画鹢千艘，正堪游观。昔人所谓：人生一世，若轻尘之著草，何论异日之荣悴？荣悴定分，草敢面陈。"因问幕下诸公，元芳曰："崔副使李推官，器度相似，但作省郎，止于郡守。团练李判官，自此大醉不过数场，何论官矣。观察判官，止于小谏，不换朱衣。杨支使评事，虽骨体清瘦，幕中诸宾福寿皆不如。卢判官，虽即状貌光泽，若比团练李判官，在世日月稍久，寿亦不如副使，与杨、李三人禄秩区分矣。"二术士所言，咸未之信，无以证焉。是后李服古不过五日而逝，诚大醉不过数场也。李尚书及诸从事验其所说，敬之如神。时罗郎中赴任明州，窦少卿。赴台州，李公于席上问台、明二使君如何，千宝曰："窦使君必当再醉望海亭，罗使君此去便应求道四明山，不游尘世矣。"窦少卿罢郡，再之府庭，是重醉也。罗郎中迁于海岛，故以学道为名，知其不还也。李尚书归义兴，未几薨变，是无他拜也。卢缵判官校理，明年逝于宛陵使幕，比李服古官稍久矣，为少年也。任毂判官才为补阙，休官归圃，是不至朱紫也。崔郎中止于吴兴郡，李郎中止于九江郡，二侯皆自南宫，止于名郡，是乃禄秩相参。独杨损尚书，三十年来两为给事，再任京尹、防御三峰、青州节度使，年逾耳顺，官历藩垣，浙东同院诸公，福寿悉不如也。皆依娄、吕二生所说焉。又杜胜给事在杭州日，问娄千宝曰："胜为宰相之事何如？"曰："如筮得震卦，有声而无形也，当此之时，或阴人之所谮。若领大镇，必忧恳成疾，可以修禳。"之后，杜公为度支侍郎，有直上之望，草麻待宣，府吏已上，于杜公门构板屋，将布沙堤，忽有东门骠骑奏以小疵，而承旨以蒋伸侍郎拜相，杜出镇天平，忧恳不乐，失其大望，乃叹曰："金华娄山人之言果验矣！"欲令召千宝、元芳，又曰："娄、吕二生，孤云野鹤，不知栖宿何处。"杜尚书寻亦薨于郓州。钟离侑少詹，昔岁闲居东越，睹斯异术，每求之二生，不可得也。云溪子自童呆之年知之，方敢备录。

后　梁

朱景瑰

按《苏州府志》：朱景瑰算术精妙，设肆盘门驿。贞明中，广陵王钱元璙镇吴，景瑰上书云："到任当三十年安宁。"元璙命烛焚之，谓其说尚远，未之敬也。至天福庚子、辛丑间，忽记其事，召景瑰问之，曰："算数定矣。"及期薨。

颜　规

按《苏州府志》：颜规本玉工，钱元璙尝召朱景瑰问算术遁甲事，规适解玉便厅，熟闻其说，他日质于景瑰，遂精其术。忠献王尝欲享庙，规上书言："翌日利五鼓之前，如寅时则杜门在南，不可出入。"不听，果寅时车出南门，镶以钥坏，久不能启，遂破钥而出。王信其神验，遂以为军师。

后　晋

马重绩

按《五代史·马重绩传》：重绩，字洞微，其先出于北狄，而世事军中。重绩少学术数，明太乙、五纪、八象，三统大历。

宋

窦俨

按《宋史·窦俨传》：宋初为礼部侍郎，卒年四十二。俨善推步星历，逆知吉凶。卢多逊、杨徽之同任谏官，俨尝谓之曰："丁卯岁五星聚奎，自此天下太平。二拾遗见之，俨不与也。"又曰："俨家昆弟五人，皆登进士第，可谓盛矣，然无及相辅者，惟偁稍近之，亦不久居其位。"卒如其言。

石藏用

按《宋史·石扬休传》：扬休，字昌言，其先江都人，唐兵部郎中仲览之后，后从京兆。七代祖藏用，右羽林大将军，明于历数，尝召家人，谓曰："天下将有变，而蜀为最安处。"乃去依其亲眉州刺史李滈，遂为眉州人。

王白

按《续湘山野录》：太祖收晋，水侵河东之年，晋危，使伪命殿直程再荣间道入契丹求救兵。至西楼，叩于契丹宣徽使王白，曰："南朝今收弊国，危蹙不保，乞师以救。"白深于术数，谓荣曰："晋必无患，南兵五月十七日当回，晋次日必大济。"再荣因问他后安危之数，白曰："后十年晋破，破即埽地矣。非惟晋破，而契丹亦衰，然扶困却犯中原，饮马黄河而返。"又曰；"晋破二十年后，契丹微弱，灭绝几无遗种矣。子但记之。"是时，王师果不克晋。殆后十年，当太平兴国四年，方平晋垒。又白尝谓契丹扶困再犯之事者，即太宗征渔阳旋兵，雍熙丙戌岁，会曹武惠彬伐燕不利，是年冬，虏报役，王师失势于河间，虏乘胜抵黄河而退，皆如王白之言。白，冀州人，年七十，语气方直，虽事契丹，尝谏曰："南朝天地山河与虏不同，虽暂得一小胜，不足永恃。彼若雪耻，稍兴兵复燕、蓟，破榆关，而直趋滦河，恐穹庐毳幕不劳一践而尽。"契丹厌其语，欲诛之，盖赖其学术，年八十卒。

邢 敦

按《宋史·邢敦传》：敦。字君雅，不知何许人，家于雍丘。与宋准、赵昌言交游甚厚。太平兴国初，尝举进士，不第，慨然有隐遁意。性介僻，不妄交友，耽玩经史，精于术数，工绘画，颇嗜酒，或游市廛，过客询以休咎，多不之语。里中号邢夫子。

徐 复

按《宋史·徐复传》：复，字复之，建州人。初游京师，举进士，不中，退而学易，通流衍卦气法。自筮，知无禄，遂亡进取意。游学淮、浙间数年，益通阴阳、天文地理、遁甲、占射诸家之说。

王 生

按《江宁府志》：宋术士王生，金陵人，瞽而善听声。丁晋公谓守金陵，王生潜听其马蹄声，曰："参政月中必召，拜相。"果如其言。后真宗晏驾，谓充山陵使，王生来京师，俾听马蹄声，曰："有西行之兆。"诸子责曰："尔知相公充山陵使，有是说耳。"生出语人曰；"蹄西去而无回声，恐有他命。"后果罢相，分司西京，继贬崖州。

按《空同子》：王生善听声，闻丁公马蹄声，曰："旬月必拜相。"又闻其蹄声，曰："必出而西行。"皆验。

费孝先

按《四川总志》：孝先，安仁人。至和初，尝游青城董正图学舍，坏其竹床，欲偿其值，正图曰："成败有数，何偿焉。"孝先视其侧，书曰："某月日为孝先坏。"遂大惊叹，因师事正图，授易学。孝先遂以术名闻天下。

魏汉津

按《宋史·魏汉津传》：汉津，本蜀黥卒也。自言师事唐仙人李良号李八百者，授以鼎乐之法。尝过三山龙门，闻水声，谓人曰："其下必有玉。"即脱衣没水，抱石而出，果玉也。皇佑中，与房庶俱以善乐荐，时阮逸方定黍津，不获用。崇宁初犹在，朝廷方协考钟律，得召见，献乐议，言得黄帝、夏禹为律、身为度之说。谓人主禀赋与众异，请以帝指三节三寸为度，定黄钟之律；而中指之径围，则度量权衡所自出也。又云："声有太有少。太者，清声，阳也，天道也。少者，浊声，阴也，地道也。中声在其间，人道也。合三才之道，备阴阳奇偶，然后四序可得而调，万物可得而理。"当时以为迂怪，蔡京独神之。或言汉津本范镇之役，稍窥见其制作，而京托之于李良云。于是请先铸九鼎，次铸帝坐大钟及二十四气钟。四年三月鼎成，赐号冲显处士。八月，大晟乐成。徽宗御大庆殿受群臣朝贺，加汉津虚和冲显宝应先生，颁其乐书天下。而京之客刘昺主乐事，论太、少之说为非，将议改作。既而以乐成久，易之恐动观听，遂止。汉津密为京言："大晟独得古意什三四尔，他多非古说，异日当以访任宗尧。"宗尧学于汉津者也。汉津晓阴阳术数，多奇中，尝语所知曰："不三十年，天下乱矣！"未几死。京遂召宗尧为典乐，复欲有所建，而为田为所夺，语在《乐志》后即铸鼎之所建宝成殿，祀黄帝、夏禹、成王、周、召而良、汉津俱配食。谥汉津为嘉晟侯。有马贲者，出京之门，在大晟府十三年，方魏、刘、任、田异论时，依违其间，无所质正，擢至通议大夫、徽猷阁待制。议者咎当时名器之滥如此。

耿听声

按《齐东野语》：耿听声者，兼能嗅衣物以知吉凶贵贱。德寿闻其名，取宫人扇百余，杂以上及中宫所御，令小黄门持叩之。耿嗅至后扇云："此圣人也，然有阴气。"至上扇，乃呼万岁。上奇之，呼入北宫，又取妃嫔珠冠十数示之。至一冠，奏曰："此有尸气。"时张贵妃薨，此其故物也。后居候朝门内。夏震微时，尝为殿岩馈酒于耿，耿闻其声，知其必贵，遂以其女妻其子，子复娶其女。时郭棣为殿帅，耿谒之曰："君部中有三节度使，他日皆为三衙。"叩为何人，则曰："周虎、彭辂、夏震也。"虎、辂时皆为将官，独震方为帐前佩印官。郭曰："周、彭地步或未可知，震安得遽尔乎？"耿曰："吾所见如此，可必也。"耿因为三人结为义兄弟。一日，耿谓虎曰："吾数夜闻军中金鼓有杀声，兵将动，君三人皆当由此而显矣。"未几，开禧出师，虎守和州，辂为金州统戎，皆以功受赏。震则以诛韩功相继获殿岩。虎亦为帅，皆立节度使班，悉如耿之言。

蔡元定

按《谈薮》：蔡元定，字季通，博学强记，通术数。游朱晦翁门，极喜之。詹元善尤重之，荐其传康节之学，命使定历，密院札令赴行在。蔡虽不应命，人犹以聘君称之。晦翁以道学不容于时，胡纮章疏并及蔡，谓之妖人，坐谪道州以死。蔡善地理学，每与乡人卜葬或改定，吉凶不能皆验。及贬，有赠诗者曰："掘尽人家好丘陇，冤魂欲诉更无由。先生若有尧夫术，何不先言去道州。"

廖应淮

按《建昌府志》：廖应淮，字学海，自号溟涬生。南城人。宋末布衣，抱负奇气，好研磨运气推移，及方技诸家。年三十游杭，扣阁投匦，疏丁大全误国状，配汉阳军。荷校行歌出国门，道傍人啧啧壮之。遇蜀人杜可久于汉江滨，祷营将为脱其戍籍，授以邵子先天易数，其算由先天起数，应淮神警，一问辄了，道士指画未到，辄先意逆悟，道士自以为不可及。常坐临安楼市大衍卜，卜已，辄闭楼危坐，取一鬟按剑自锻之。当火少休，则危坐以为常。尝殿院曾颜子家索酒，饮酣抵掌放歌，坐者皆诧。见贾似道，直言宋鼎将移。语毕亦径出。国子监簿吴浚以先天易笺、阴符经、六花陈法质之，应淮掷其稿于地曰："误天下国家者此书也！"浚欲从之受《易》，骂曰："大莫大乎范围，精草精于曲成，若黄口儿可以语此，人皆邵子矣！"后以其数学授进士彭复之以传鄱阳傅立云应淮论后天尊羲画为经，姬辞孔系为传，黜文言、彖、象为九卿之辞。又曰："说卦非圣人不能作，系辞上传类门人说卦耳，序卦直世儒之陋谈。"游宣、歙十年，著《元元集》《历髓》《星野指南》《象滋说会谱》《画前妙旨》，约十万言。其为人尚气使酒，难近。见易说传疏，不问浅深，辄讪笑以为乐，即程、张不免。宋文宪濂以为廖生聪明绝人，而未闻道，卒局于数云。尝为之赞曰："睆生之为，胡乃神以著。征之古圣，匪程伊度。何以言之？卒沦于数。一曲之淹，不通其故。易道既泯，数亦不类。激赞于古，发我长喟。月出皎兮，在天之心。在天之心，何古何今。"

元

张　康

按《元史·张康传》：康，字汝安，号明远，漳州湘潭人。祖安厚，父世英。康早孤力学，旁通术数。宋吕文德、江万里、留梦炎皆推重之，辟置幕下。宋亡，隐衡山。至元十四年，世祖遣中丞崔彧祀南岳，就访隐逸。彧兄湖南行省参政崔斌言康隐衡山，学通天文地理。彧还，具以闻，遣使召康，与斌偕至京师。十五年夏四月，至上都见帝，亲试所学，大验，授著作佐郎，仍以内嫔松夫人妻之。凡召对，礼遇殊厚，呼以明远而不名。尝面渝；凡有所问，使极言之。十八年，康上奏："岁壬午，太乙理良宫，主大将客、参将囚，直符治事，正属燕分。明年春，京城当有盗兵，事干将相。"十九年三月，盗果起京师，杀阿合马等。帝欲征日本，命康以太乙推之，康奏曰："南国甫定，民力未苏，且今年太乙无算，举兵不利。"从之。尝赐太史院钱，分千贯以与康，不受，众服其廉。久之，乞归田里，优诏不许，迁奉直大夫、秘书监丞。年六十五卒。子天佑。

李俊民

按《元史·李俊民传》：俊民，字用章，泽州人。得河南程氏传授之学。金承安中，举进士第一，应奉翰林文字。未几，弃官不仕，以所学教授乡里，从之者甚盛，至有不远千里而来者。金源南迁，隐于嵩山，后徙怀州，俄复隐于西山。既而变起仓猝，人服其先知。俊民在河南时，隐士荆先生者，授以邵雍皇极数。时之知数者，无出刘秉忠之右，亦自所为弗及也。世祖在潜藩，以安车召之，延访无虚日。遂乞还山，世祖重违其意，遣中贵人护送之。又尝令张仲一问以祯祥，及即位，其言皆验。而俊民已死，赐谥庄静先生。

俞竹心

按《辍耕录》：术士俞竹心者，居庆元，嗜酒落魄，与人寡合，顺其意者，即与推算。醉笔如飞，略不构思，顷刻千余言，道已往之事极验，时皆以为异人。至元己卯间，娄敬之为本路治中，芸以休咎叩之，答曰："公他日直至一品便休"娄深信其说，弃职别进。适值壬午更化，俯就省掾，升除益都府判，改换押字，宛然真书一品二字。未几，卒于官所。此偶然耶？抑数使然耶？

祝 泌

按《饶州府志》：祝泌，字子泾，德兴人。得皇极数于西江廖应淮。咸淳十年，登进士第，历任饶州路三司提干，编修《壬易会元》。以年乞休，御赐观物楼扁，因建楼于居傍。元世祖登极，诏取不赴，遣甥傅立持书上之。所著有《观物解》《六壬大占》《祝氏秘钤》《革象新书》。或曰：先生之学流于数。夫数，一理也。康节之学非欤？世祖首诏不赴，忠而不激，有未测其浅深者。

陈梅湖

按《江宁府志》：梅湖，善皇极数，受知于元世祖。凡遇推卜，多以易数讽谏，朝臣咸敬之。官至江西宣慰副使。或问："何不为诸子计？"曰："吾数非其所当传，且命贫贱，令其粗知农事，足矣。"

史春谷

按《江宁府志》：史春谷者，善推人休咎。大德间，客死当涂旅馆。遗书曰："溧阳史春谷，数当尽于此，三日后遇孔君，仁人也，愿求棺殓归。"果有孔文升至，感其言，为之棺殓以归。

龙广寒

按《辍耕录》：龙广寒，江西人，移居钱塘。挟预知之术，游湖海间，咸推为异人。或谓专持寂感报耳秘咒，故尔寂感，即俗所谓万回哥哥之师号也。《释氏传灯录》：师姓张，九岁乃能语。兄戍安西，父母遣问信，朝往夕返，以万里而回，号万回。又《护法论》：虢州阌乡张万回法云公者，生于唐贞观六年五月五日，有兄万年，久征辽左，相去万里，母程氏思其信音，公早晨辞母而往，至暮持书而还。《护法论》乃宋无尽居士张商英撰，必有所据。按此，则师之灵通容有之。广寒又行服气导引之法，常佩小龟十数于身，至晚仍解饲之。事母至孝，六月一日母生辰，方举觞为寿，忽见窗外梅花一枝盛开，人皆以为孝行所感。士大夫遂称之曰孝梅。赠诗者甚多，惟张菊存一篇最可脍炙，曰："南风吹南枝，一白点万绿。岁寒谁知心？孟宗林下竹。"至治初间，广寒卒，时年百八岁，犹童颜绿发云。

吴钟山

按《松江府志》：吴钟山，不详其名，家于华亭钟贾山，遂以自号，人亦因而称之。善太乙日宫诸算术，自言其学得之父，其父一峰，江湖间推重其术，而钟山亦自秘，不轻以语人。会稽杨维祯至松江，钟山就见曰："先生弃官已十年，数盈十必变，未有往而不复，屈而不信者。截自四十九年而往，为下筮曰：'某年起某官，某年移某所，某年当调内，某年当致其事而去。'"后一如其言。维祯有《数说》以称述之。

第六十一章　术数名流列传二

明

白　鸥

按《凤阳府志》：白鸥，颍川卫人。质直有古侠士风，精数学，能断人生死，时刻不爽。会疫行，道死者相枕藉，遂弃所学，贾田储药，施不取偿。

毛　昇

按《武进县志》：毛昇，字伯时，御史节弟也。少颖慧，读书过目不忘，时称为神童。七岁丧明，未几遇异人，授以前知之术，玩物听声，大类邵子皇极之数，近在眉睫，远虽数千里，决人之死生、存亡、祸福、得失，若目睹而数之也。占者坌集，日不暇给，馈之则一无所受，声称藉甚。抚巡诸臣以上闻。永乐间，两召至京师。凡军国事有疑辄问之，无不神验。上喜甚，欲加显秩，昇辞曰："臣赋命贫薄，不得禄食，获守本郡阴阳正术，足矣。"上益贤之。昇以老疾乞还，因命中使护行。宣德间，复召入，宠眷有加。方昇之少也，父母期以大成，忽失明，伤之特甚。昇赋一诗以慰父母，洒然自得，疑有夙慧云。

从　任

按《太平府志》：从任，字子重，少以诸生入太学，授江西按察司照磨。二年，升湖广黄州府经历。负奇气，兼嗜异书，于天官、律历、战阵、医药、太乙、奇门遁甲、六壬皆探得其要。尝与太史焦竑同舟至浔阳，暮，有傍舟相尾，知为盗也，一舟皆惧。任占之曰："漏下三刻盗且去。"顷之，果如其占。在黄州，诸生薄试期，占者十七人，任独占方民昭、耿子健得隽，是科果登贤书。卜数之验多类是，焦竑叹曰："子重之技，嵩真、隗照不能称绝矣！"

倪 光

按《宁波府志》：倪光，字应奎。少受《易》为举子业，已又感土木事，复兼读孙吴，讲击剑之术，毅然有古结客取河西之志。时时沉玩先天，忽朗然内觉，若有神授。自知不良于功名，遂悉弃去。观消息盈虚，辄能前知。偶过日者胡氏肆，见招牌悬"湖田"二字，因占之曰："田者，墓田像也，湖立水傍而从墓田，其必以酒溺乎？"后胡氏果醉堕水死。遨游两京，名动诸公卿，皆争致说《易》。一日在杨公文懿所，忽中贵使至，光见一雀自庭树集于地，已复还集树，即谓其使曰："汝来得非失马乎？六日当复。"使大惊。文懿因问故，光曰："雀，踊跃物也。去树而集于地，舍所依也。已还集树，复归其所也。其集树也，自北而南，水数六也，故曰马失而六日复。"因复问马色，光曰："以北水克南火，当黄而近于黑。"皆悉验。诸公神其术，咸以小康节呼之。后阁老万公安欲荐官之，光遽辞归。旅宿临清，中夜闻扣户声棘而辞哀，光厉声曰："汝作歹，将丐生耶？"其人吐实，光曰；"南北东西，皆汝路也。"旦起，市已获盗。知县杨琦以诸生赴省试，辞光，光汲井，因曰："寒泉食矣。"都宪王应鹏至光家，光奇之，问得庄字，光曰："庄子开卷说鲲化，其应鹏飞九万里乎？"以杨氏甥妻之。张都宪楷闻有南都之命，其子露晓即之，光时收画，遽迎门谓曰："君翁将起用，被恩露必南都，然不久而收。"有产子者至而伞裂，其人失色，光曰："伞裂而小人见，汝细君已育子，可喜矣！"其前知类多如此。平生不以殖产为事，所获即散之人。日偕洪兵部常、金太仆湜、严兵部端、宗宪部佑及散人李端、王政为社会，赋诗为乐，有"清风明月推帘户，只恐诗人伫立敲"之句。年八十，生而举殡，拟渊明自祭。杜牧志墓事，悬像设奠延庆寺，为诗自挽，群公属和。金太仆别画竹题诗为寿，有"举世称高士，关天合少微"之句。曰："先生举殡，吾为写真。"其达生委命如此，人皆称为味易先生，所著有《味易诗集》，凡十二卷。

吕　雯

按《安州志》：吕雯，字天章，景泰癸酉，举乡试。成化丙戌，吏部奉旨简国子生有才望能文者，授监察御史，雯居首选。然入台中，直谏有声，人所畏惮。精天文、地理、奇门六壬之术，诏监军征辽，指授方略，同总兵官赵辅进战有功，升通政司参议。弘治初，拜兵部左侍郎，卒于官。赐祭葬举祀于乡。

孙绍先

按《无锡县志》：孙绍先，字振之。隐居横山，植花竹，好弹琴，素晓术数，庭有古松，每为人言："吾与此松同寿。"及年七十有九，病笃，谓其子曰："吾不死，松当先我七十日而陨耳。"又七年重九，大风拔木，松仆，绍先果于是冬卒。

王若水

按《无锡县志》：王若水，字一清。神骨辣秀，博学而富有道术。其子为卜葬地于芙蓉山，若水易篑，乃谓两子曰："五十年后，此山下有大水当吾冢，可更之。"子为改卜以葬焉。比弘治末，蛟起山麓，淹为巨浸，推之正五十年矣。

王　泰

按《兖州府志》：王泰，济宁卫人。尝遇一老妪授以阴阳一篇，由是言人福祸，屡发屡中，人以为神。都御史马昂尝微服访泰，泰愕然，以为大贵人也。"公某月日必升兵部尚书。"果然。漕运都御史王洪就问，泰曰："此去赴京，必有大祸。"后洪以笏击死乱政毛长随于朝，果被谪戍远方。泰又曰："公至某处，当有诏命，仍理漕运。"果如所言。指挥卢杉金带自束复开者三，泰曰："今夕决有锋刃之祸。"是夕，彬入舍人王鸾家，为鸾所杀。其神妙如此。

屈　亨

按《安陆府志》：屈亨，京山人。解康节梅花数，为诸生时以此著名。正德中，山东大盗刘六、刘七、齐彦辈自北方来，已达应山，逼近县境，有就亨叩者，词毕倚柱而立，亨曰："无忧，以人倚木，休字也。"后贼果败去。他类此。

王　奇

按《浙江通志》：王奇，字世英，天台人。初为诸生，颖敏绝人，兼通天文、卜筮、星数之学。或曰有异传焉，然自得为多。游金陵，三原公在兵部方为权贵所尼，属奇筮之，曰："公归矣。越三载，其起当铨衡乎！"已而果然。刑部逸重囚，奇筮，遇恒之大过，曰："吾谓图圄贼入矣，其焉逃之！"计其获日与时，皆不爽。陈指挥妻死将敛，其女病，问命于奇，奇曰："女固无恙，其母亦且未死，后当生二子。即欲敛，必越午。"午时妻复生，后果生二子。王郎中应奎问命，奇曰："火气太盛，若复之南，有至必有火灾。"后守台州，既上三月，郡中灾，十室九烬。王以疾去，后游欢谷山中，仰见天象，叹曰："客星主急变，奈何？"越三日复观，则喜曰："无事矣。"未几，刘瑾败。此数事其尤异者。奇性孝友，有所得，归付其弟以养母。母年九十，奇为儿态以悦之，有嘉果，必袖以献。在京时，馆人以事坐诬系狱，奇为直之。其妻夜招饮，闭门不赴，明日徙去之。奇不受室，以侄宗元为嗣。宗元亦有纯行，号西轩。奇卒，年八十七，邵尚书宝为志其墓。

周述学

按《浙江通志》：周述学，字继志，别号云渊，山阴人。精于易历。弧割圆之学亡，唐顺之、顾应祥求其术而不得，述学竭其心思，别造为书，以注《元史》历经。西历有纬凌犯，述学会通其说，以中国之算测西域之占。古有日道、月道而无星道，述学推究五纬细行，为《星道五图》。又撰《大统、西域二历通议》，以补历之缺。自历以外，律吕、分野、山经、水志、算法、医宗、壬遁、风角、阵法、卦影、九流之学，莫不各有成书，凡千余卷，总名《神通大编》。嘉靖间，锦衣陆炳访士于沈练，礼聘至京。赵司马访以边事，述学曰："今岁主有边兵，应乾艮。艮为青州、辽海，乾为宣、大，京师可无虞也。"已如其言。仇鸾欲致之，先几返越。胡宗宪征倭，私之幕中，谘以秘计，成功而退，不欲人知也。

陈鲲

按《松江府志》：陈鲲，字雨化。性强记。会倭乱，遂习数学，尤精六壬，决策奇中。徐文贞公阶既谢政，值张博构狱，鲲占之，得六仪，曰："其兆太阳当位，群阴乃伏，有两贵人佐之，某日夜半必获美信。"及期，报新邓被逐，夜漏二十刻也。张宫谕以诚未遇时，鲲成数，谓当大魁天下。徐文定光启、姚布政永济，皆于穷困中识之，后悉符合。其子三省、孙杰，能世其学。

李羲人

按《江宁县志》：李羲人，名尚志，一字何事。负经济才，兵、农、典礼以及奇门遁甲之秘，无不深究。意不可一世，然韬光不露，冷然沉雄奇士也。尤究心老、易。孝廉王亦临尝集多士开社中林堂，延羲人坐皋比，讲经义，四方来听者履相错也。

章星文

按《江宁府志》：章星文，字人龙，溧水禀生。通星纬、奇门之术，每试辄中，奇不胜书。年七十八，忽一日别亲友曰："某日，吾逝矣！"果如期卒。

邢有都

按《江宁县志》：邢有都，太史雉山公之犹子。不屑举子业，好读奇书。一见郭忠恕《佩觿》，遂熟记其序。楚词皆能背诵，兼考音韵，通切字法。尤喜星历算数，不由师传，独契其解，因自治漆球为浑天仪，及布诸算法，质之精于星历者，皆毫发无差。偶登友人姚允吉楼，望长干浮图曰："此影可射而入也。"遂闭窗户，涂塞诸窍，止留一隙斜对日光，塔影果宛然人焉。亦异人也。

曹仪庭

按《荆川府志》：曹仪庭，号高尚，江陵人。少为诸生，见时乱，遁迹田圃间，闭户不见贵介、俗人，尤究心河洛康节之学，读书彻夜不辍。生平每语人曰："荆州空，陈执中。"人未有喻之者。及壬午闯贼陷荆时，知府乃陈执中。其前知如此。事孀母王氏，曲尽孝养。训孤侄如子，乡人有为不义者，皆耻为其所知。

第六十二章　术数艺文

方术列传序

《后汉书》

　　仲尼称《易》有君子之道四焉，曰"卜筮者尚其占"。占也者，先王所以定祸福，决嫌疑，幽赞于神明，遂知来物者也。若夫阴阳推步之学，往往见于坟记矣。然神经怪牒，玉策金绳，关扃于明灵之府，封滕于瑶坛之上者，靡得而窥也。至乃河洛之文，龟龙之图，箕子之术，师旷之书，纬候之部，钤决之符，皆有以探抽冥赜，参验人区，时有可闻者焉。其流又有风角、遁甲、七政、元气、六日七分、逢占、日者、挺专、须臾、孤虚之术，及望云省气，推处祥妖，时亦有以效于事也。而斯道隐远，元奥难原，故圣人不语怪神，罕言性命。或闻末而抑其端，或曲辞以章其义，所谓民可使由之，不可使知之。汉自武帝颇好方术，天下怀挟道艺之士，莫不负策抵掌，顺风而届焉。后王莽矫用符命，及光武尤信谶言，士之赴趣时宜者，皆驰骋穿凿，争谈之也。故王梁、孙咸名应图箓，越登槐鼎之任，邓兴、贾达以附同称显，桓谭、尹敏以乖忤沦败，自是习为内学，尚奇文，贵异数，不乏于时矣。是以通儒硕生，忿其奸妄不经，奏议慷慨，以为宜见藏摈。子长亦云："观阴阳之书，使人拘而多忌。"盖为此也。夫物之所偏，不能无蔽，虽云大道，其碍或同。若乃《诗》之失愚，《书》之失诬，然则术数之失，至于诡俗乎？如令温柔敦厚而不愚，斯深于《诗》者也；疏通知远而不诬，斯深于《书》者也；极数知变而不诡俗，斯深于术数者也。故曰："苟非其人，道不虚行。"意者多迷其统，取遣颇偏，甚有虽流宕过诞亦失也。中世张衡为阴阳之宗，郎颛咎征最密，余亦班班名家焉。其徒亦有雅才伟德，未必体极艺能。今盖纠其推变尤长，可以弘补时事，因合表之云。

《灵棋经解》序

明　刘基

昔者圣人作《易》，以前民用灵棋象易而作也。易道奥而难知，故作灵棋以象之。虽不足以尽《易》之蕴，然非精于《易》者，又乌能为灵棋之辞也哉！灵棋之式，以三为经，四为纬。三以上为天，中为人，下为地。上为君，中为臣，下为民。以一为少阳，二为少阴，三为老阳，四为老阴。少阳与少阴为耦，而太阳与太阴为敌。得耦而悦，得敌而争，其常也。或失其道，而耦反为仇；或得其行，而敌反为用。其变也，阳多则道同而相助，阴多则志异而相争，君子、小人之分也。阴阳迭用，体有不同，而名随之异，变易之道也。《易》之取象，曰车，曰马，曰桷，曰矢，曰鬼，曰狐之类，推而达之，天下之物无不该矣。曰马矣而又化为龙，曰水矣而又以为云，变易之义也，非通天下之赜者不识也。故曰："《灵棋》象《易》而作也。非精于《易》者不能也。"予每喜其占之验而病解之者，不识作者之旨而以世之卜师之语配之，故为申其意而为之言。若夫以黄石公之授张子房，则传无其文，史无其实，不敢从而附会之也。

进《壬易会元大占书》表

祝　泌

臣言：伏闻阴阳变化之妙，有气有象之殊，卜筮推策之书，通机通微之旨，必皆至理以参覆载之运，斯极神机而研事物之情。三易本刚柔之气，周流六虚；六壬法动静之宜，取合四课。观其设科，虽六壬之旨若不同；究其致用，则气象之求实一致。故气无定用，因象而用；象无定体，以气为体。易之气则天地推迁之象，即阴阳升降之气，《易》更三圣之述作，学者因不敢以轻议。壬沿三坟而晦锡，习之乃至于自卑。谁知规天矩地，即方圆动静之基；日干辰支，乃乌兔推迁之纪，贵人法紫宫之主宰，日将本太阳之缠离。天内阳宫，则列官顺轨；地外阴道，则百辟逆缠。阳为德，阴为刑，吻合汉儒之论；夜多凶，画多吉，何殊扬之元！故事有从违，时有否泰，遵时而动，乃得其宜，随事而推，不容或过。斡璇玑以法大造，窥要会以定方来。圣人以此洗心，待时乘运；贤者由兹触智，观妙钩元。由象而通消息之理，体物以见屈伸之机。射覆逢占，间不容发，当名辨物，差不毫厘。至于厌伏不祥，转危为安，迎导善庆，触类而长，旨在雷公之蕴，传在元女之神，机参造化，则天是阴阳；事超庸常，乃地何险易。此前人之显迹，实旧记之特书。奚啻分别祸福，决将疑似哉！矧夫国有大疑，谋之君心，以及卿士，舆情未协，欲其大同而决于官占，宜与士民举动纤微，其为体统大小霄异，可不明其纲概，复至泥于细微。恭唯皇帝陛下，得一继离，函三立极。提挈两仪之轨，辑穆七政之缠。兢业事几，洞见安危得失之兆；洪济国步，措置熙宁静密之图。端清燕以颐神，居紫辰而论道。审猷谋于虑蚤，访经纬以探微。审国事于渊默之府，同民患于枢机之变。度咨壬课，俯及愚蒙。臣学识疏庸，文穷气沮，黼黻皇猷而有歉，只承大问以凌兢。干阳日之安平，仅效小得；然中式之深奥，未有异闻。误蒙圣旨，俾作大占之集，鞠躬受命，勉强效书。首叙名局，次及事端，本正大之旨以为经，揆从违之机以著义，使有伦序，异以科条，悉芟鄙里之词，尽属体统之大。庶复兴于古道，免屑渎于圣经。缮录上陈，苟作有罪。臣诚恐诚惧，顿首稽首谨言。

第六十三章 术数纪事

《汉书·路温舒传》：温舒从祖父受历数、天文，以为汉阸三七之间，上封事以豫戒。成帝时，谷永亦言如此。及王莽篡位，欲章代汉之符，著其语焉。

《异苑》：后汉邓元，字康成，师马融，三载无闻，融鄙而遣还。元过树阴假寝，梦一老父以刀开腹心，倾墨著内曰："子可以学矣！"于是寤而即返，遂精洞典籍。融叹曰："诗书礼乐，皆已东矣。"潜欲杀元，元知而窃去。融推式以算元，元当在土木上，躬骑马袭之。元入一桥下，俯伏柱上，融踟蹰桥侧，云："木土之间，此则当矣，有水非也。"从此而归，元用免焉。一说：元在马融门下，三年不相见，高足弟子传授而已。常算浑天不合，问诸弟子，弟子莫能解，或言元。融召令算，一转便决，众咸骇服。及元业成辞归，融心忌焉。元亦疑有追者，乃坐桥下，在水上据屐。融果转式逐之，告左右曰："元在土下水上而据木，此必死矣。"遂罢追。元竟以免。

泰山高堂隆，字升平。尝刻邺宫屋材云："后若干年，当有天子居此宫。"及晋惠帝幸邺宫，治屋者土剥更泥，始见刻字，计年正合。

管辂洞晓术数，初有妇人亡牛，从之卜，曰："当在西面穷墙中，可视诸丘冢中，牛当悬头上向。"既而果得。妇人反疑辂为藏已牛，告官按验，乃知是术数所推。

《诸葛丞相集》：诸葛亮上先主书有云："亮算太乙数，今年岁次癸巳，罡星在西方，又观乾象，太白临于雒城之分，主于将帅，多凶少吉。"按《太乙飞铃》云：生主自涪攻雒城，亮遣马良上先主书，已而军师庞统中流矢死。

《南齐书·太祖本纪》：宋帝禅位，太史令将作匠陈文建奏符命曰："六，亢位也。后汉自建武至建安二十五年，一百九十六年而禅魏；魏自黄初至咸熙二年，四十六年而禅晋；晋自太始至元熙二年，一百五十六年而禅宋；宋自永初元年至升明三年，凡六十年。咸以六终六受。六，亢位也。验往揆今，若斯昭著。敢以职任，备陈管穴。伏愿顺天时，膺符瑞。"二朝百辟又固请。尚书右仆射王俭奏："被宋诏逊位，臣等参议，宜克日舆驾接禅，撰立仪注。"太祖乃许焉。

《魏书·崔浩传》：太宗好阴阳术数，闻浩说《易》及《洪范》五行，善之，因命浩筮吉凶，参观天文，考定疑惑。浩综核天人之际，举其纲纪，诸所处决，多有应验，恒与军国大谋，甚为宠密。是时，有兔在后宫，验问门官，无从得入。太宗怪之，命浩推其咎征。浩以为当有邻国贡嫔嫱者，善应也。明年，姚兴果献女。

《唐书·郑虔传》：有郑相如者，自沧州来，师事虔，虔未之礼，间问问何所业，相如曰："闻孔子称'继周者百世可知'，仆亦知之。"虔骇然，即曰："开元尽三十年当改元，尽十五年天下乱，贼臣僭位，公当污伪官，愿守节，可以免。"虔又问："自谓云何？"答曰："相如有官三年，死衢州。"是年及进士第，调信安尉。既三年，虔询吏部，则相如果死，故虔念其言，终不附贼。

《王勃传》：勃尝读《易》，夜梦若有告者曰："《易》有太极，子勉思之。"寤而作《易发挥》数篇。又谓："王者乘土王，世五十，数尽千年；乘金王，世四十九，数九百年；乘水王，世二十，数六百年；乘木王，世三十，数八百年；乘火王，世二十，数七百年。天地之常也。自黄帝至汉，五运适周，土复归唐，唐应继周、汉，不可承周、隋短祚。"乃斥魏、晋以降非真主正统，皆五行沴气。遂作《唐家千岁历》。

《尚书故实》：中书令河东公，开元中居相位，有张憬藏能言休咎，一日忽诣公，以一幅纸大书"台"字授公，公曰："余见居台司，此何意也？"后数日，贬官台州刺史。

《芝田录》：贾耽精于术数，有一叟失牛，诣桑国师占。师曰："尔牛在贾相公帽笥中。"叟迎公马首诉之，公笑取笥中，展盘据鞍作卦曰："尔牛在安国观三间后大槐鹊巢中。"叟往探不见，傍有系牛，乃获盗牛者。

《北梦琐言》：盛唐县令李鹏遇桑道茂曰："长宫只此一邑而已，贤郎二人，大者位极人臣，次者殆于数镇，子孙百氏。"后如其言，长男名石，出将入相，子孙两世，及第至今无间。次即讳福，勋历七镇，终于使相，凡八男，三人及第，至尚书给谏郡牧，见有诸孙皆朱紫，不坠士风，何先见之妙如是？

《杜阳杂编》：上欲西行，有知星者奏上曰："逢林即住。"上曰："岂可令朕处林木间乎？"姜公辅曰："不然，但以地名亦应也。"及奉天尉贾隐林谒上于行在，上观隐林气宇雄俊，兼是忠烈之家，而名叶知星者语，上因延于卧内，以采筹略之深浅，隐林于狮榻前以手画地，陈攻守之策，上甚异之。隐林因奏曰："臣昨夜梦日坠地，臣以头戴日上天。"上曰："日即朕也。此来事莫非前定。"遂拜为侍御史，纠劾行在，寻迁左常侍，后驾迁幸梁州，而隐林卒。

《幽闲鼓吹》：苗帝师困于名场，一年似得复落第，春景暄妍，策蹇驴出都门，贯酒一壶，借草而坐，醺醉而寐，久之既觉，有老父坐其旁，因揖叙，以余杯饮老父。愧谢曰："郎君蒙悒耻，宁要知前事耶？"苗曰："某应举已久，有一第分乎？"曰："大有事，但更问。"苗曰："某困于穷变，一郡宁可及乎？"曰："更向上。"曰："廉察乎？"曰："更向上。"苗公乘酒猛问曰："将相乎？"曰："更向上。"苗公怒，全不信，因肆言曰："将相向上，作天子乎？"老父曰："天子真者即不得，假者即得。"苗都以为怪诞，揖之而去。后果为将相。及德宗升遐，摄冢宰三日。

宾客刘公之为屯田员外郎时，事势稍异，且夕有腾越之势。知一僧有术数极精，寓直日邀之至省，方欲问命，报韦秀才在门外，公不得已，且令僧坐帘下。韦秀才献卷已，略省之而意色殊倦。韦觉之，乃去。与僧语不对，吁嗟良久，乃曰："某欲言，员外必不惬，如何？"公曰："但言之。"僧曰："员外后迁，乃本行正郎也。然须待适来韦秀才知印处置。"公大怒，揖出之。不旬日贬官。韦秀才乃处厚相也，后三十余年在中书，刘转屯田郎中。

《东观奏记》：杜琮通贵日久，门下有术士李，琮待之厚。琮任西川节度使，马植罢黔中，赴阙至缺四字。西川。术士一见，谓琮曰："受相公恩，久思有效答，今有所报矣。黔中马中丞，非常人也，相公当厚遇之。"琮未之信。术士一见，密于琼曰："相公将有祸，非马中丞不能救。"琼始惊信，发日厚币赠之，仍令吏为植于都下买宅，死生之计无阙焉。植至阙，方感琼，不知其旨。寻除光禄卿，报状至蜀，琼谓术士曰："贵人至阙作光禄卿矣。"术士曰："姑待之。"稍进大理卿，又迁刑部侍郎，充诸道盐铁使，琼始惊忧。俄而作相。懿安皇太后崩后，琼，懿安子婿也，忽一日，内榜子检责宰相元载故事，植谕旨，翌日延英上前万端营救。植素辨博，能回上意，事遂中寝。

《泊宅编》：金坛郎王裕福，唐人，术数颇工。又常云："天运四百二十年一周，而七百甲子备位。天、地、人、江、河、海、鬼凡七，今正行鬼，后十八年复行天，当有异人应时而出。"又云："唐明皇时，正行天元故也。"

《北梦琐言》：唐世长安有宗小子者，解黄白术，唯在平康狎游，与西川节度使陈敬瑄微时游处，因色失欢。他日，陈公遭遇出镇成都，京国乱离，僖宗幸蜀，宗生避地亦到锦江，然畏颍川知之，遂逆旅资中郡，消声敛迹，唯恐人知。寓应真观，修一炉大丹，未竟，宗生解六壬，每旦运式，看一日吉凶。无何失声，便谋他适。走至内江县，颍川差人吏就所在害之。所修药，道士收得，传致数家皆不利，人莫如何也。

梁司天监仇殷，术数精妙，每见吉凶，不敢明言，稍关逆耳，秘而不说，往往罚俸，盖惧梁祖之好杀也。

唐峰亦阆州人，有坟茔在茂贤草市。峰因负贩与一术人偕行，经其先茔，术士曰："此坟茔子孙合至公相。"峰谓曰："此节家坟陇也。"士曰："若是君家，恐不胜福耶，子孙合为贼盗，皆不令终。"峰志之。尔后遭遇蜀先主开国，峰亦典郡，其二子道袭官，皆至节将，三人典郡。竟如术士之言，何其验也？

王蜀时阆州人何奎，不知何术而言事甚效，既非卜相，人号何见鬼。蜀之近贵咸神之。鬻银之肆有患白癞者，传于两世矣，何见之，谓曰："尔所苦，吾知之矣。我为嫁娉，少镮钏钗篦之属，尔能致之乎？即所患可立愈矣。"白癞者欣然许之，因谓曰："尔家必有他人旧功德，或供养之具存焉，亡者之魂无依，故遣为此祟，但去之，必瘳也。"患者归，视功德堂内本无他物，忖思久之，老母曰："佛前纱窗，乃重围时他人之物，曾取而置之，得非此乎。"遽令撤去，仍修斋忏，其疾遂痊，竟受其镮钏之赠。何生未遇，不汲汲于官宦，末年祈于大官，自布衣除兴元少尹，金紫兼妻邑号，子亦赐绯。不之任，便归阆州而卒，显知死期也。虽术数通神，而名器逾分，识者知后主之政悉此类也。

嘉州夹江县人孙雄，人号孙卵斋，其言事亦何奎之流。伪蜀主归命时，内官宋愈昭将军数员旧与孙相善，亦神其术。将赴洛都，咸问其将来升沉，孙俛首曰："诸官记之，此去无灾无福，但行及野狐泉已来税驾处，曰：'孙雄非圣人耶'？此际新旧使头皆不见矣！"诸官皆疑之。尔后量其行迈，合在咸京左右，后主罹伪诏之祸，庄宗遇邺都之变，所谓新旧使头皆不得见之验也。愚同席备见说，故记之。

遂宁有冯见鬼，忘其名，似有所睹，知之吉凶。颍川陈绚为武信军留后，而刘令公知俊交替摭其旧事，叠有奏论，冯生谓："颍川白府主虽号元戎，前无旌节，所引殆不久乎？幸勿忧也。"未逾岁，而彭城伏诛。有官人林泳者，本闽人也，尝谓僚友曰："安有生人而终日见鬼乎？无听其祅。"冯闻之，甚不平。或一日，对众谓之曰："阁下为官，多不克终，盖曾杀一女人为祟，以公禄寿未尽，莫致其便。我能言其姓名，公信之乎。"于是惭惧言诚于冯生，许为解其冤也。他皆类此。

《福建通志·王鏻传》：中军使薛文杰与内枢密使吴英有隙，英病在告，文杰讽鏻使巫视英疾，即收英下狱，命文杰劾之，英自诬伏，见杀。英尝主闽兵，得其军士心。军士闻英死，皆怒。是岁，吴人攻建州，鏻遣其将王延宗救之。兵行在道不肯进，曰："得文杰乃进。"鏻惜之，不与，其子继鹏请与之以纾难，乃以槛车送文杰军中。文杰善术数，自占云："过三日乃可无患。"送者闻之，疾驰二日而至，军士踊跃，磔文杰于市。闽人争以瓦石投之，脔食立尽。明日燕使者至，赦之已不及。

《宋史·周克明传》：克明祖杰，僖宗在蜀，杰上书言治乱万余言。擢水部员外郎，三迁司农少卿。杰精于历算，尝以大衍历数有差，因敷衍其法，著《极衍》二十四篇，以究天地之数。时天下方乱，杰以天文占之，惟岭南可以避地，乃遣其弟鼎求为封州录事参军。杰天复中亦弃官携家南适岭表。刘隐素闻其名，每令占候天文灾变。杰自以年老，尝策名中朝，耻以星历事偕伪，乃谢病不出。龚袭位，强起之，令知司天监事，因问国祚修短。杰以《周易》筮之，得比之复，曰："卦有二土，土数生五，成于十，二五相比，以岁言之，当五百五十。"龚大喜，赏赉甚厚。龚以梁贞明三年僭号，至开宝四年国灭，止五十五年。盖杰举成数以避害耳。

《王延范传》：延范性豪率，为江南转运使，有刘昂卖卜于吉州市，其言多验，谓延范曰："公当偏霸一方。"后小将张霸告延范将谋不轨及诸不法事。休复驰奏之。太宗遣高品阎承翰乘传，会转运副使李琯暨休复杂治延范，具伏。与昂俱斩广州市。

《清波杂志》：辉尝过庭，闻祖父奉直得于陆农卿左丞，欧阳文忠公有记一事册子，亲题丙午年不入蜀，则人吴后见洪成季文宪公之孙，言文宪尝问邵泽民："康节知数，公所闻如何？"曰："无他语，临终但云：'丁未岁子孙可人蜀'。"然建炎初，吴地亦不免被兵，独西蜀全盛，迄今为东南屏蔽，益信斯言。康节先天之数，世可希万一耶！

《龙川别志》：庆历中，西羌方炽，天下骚动，仁宗忧之。余杭徐复者，高人也，博通术数。有旨召之，上亲临问焉。复曰："今日气运，类唐德宗居奉天时。"上惊曰："何至尔？"复曰："虽然，君德不同，陛下无深虑也。"上问所以，复曰："德宗性忌刻，好功利，欲以兵伏天下，其德与凶运会，故狩走失国，仅乃免。陛下恭俭仁恕，不难屈己容物，西羌之变，起于元昊，陛下不得已应之，兵虽不解而神之知非陛下本心，虽时与德宗同，而德与之异，运虽恶，无能为也，不久定矣。"上称善，欲官之，不愿，赐处士号，罢归。复少时学六壬，闻州一僧善发课，州有一衙校偶问之，僧曰："大凶，法当死于市。"校曰："吾幸无他事，安至此？"僧曰："君还家，夜漏将上，有一异姓亲叩门，坐未定，外有马相蹴不解，取火视之，其一牝马也，有胎已堕，驹三足。若有此，君死无疑，不然亦不死也。"其人归候之，皆如僧言，大惊，且起问僧所以脱祸，僧曰："吾元襄除法，惟有远行可以少解。"用其言，乞归农，州将怜而许之。遂为远行计，既登舟，适有事，当略还家，将登岸，与一人相遇，排之，堕水死。州知其故，以可愍，讞之，得减罪。复从僧学其术，僧曰："吾术与君术无异，而所以推之者，则不可传也。"复曰："姑告彼课日、时，吾自推之。"僧曰："尽子思虑所至，子所不及，吾无如之何也。"复推之累日，尽得僧所见，而不见驹所堕三足。僧曰："子智止此，不可强也。"终不复告。

《槁简赘笔》：邵尧夫精于易数，推往测来，其验如神，其母自江邻几家得此书，出为民妾而生尧夫，尝云其学惟先丞相申公与司马温公二人可传，先丞相以敏，温公以专，数皆以四，木、火、土、石为四行，以谓金水皆出于石也。皇、王、帝、霸为四运，《易》《诗》《书》《春秋》为四经，悉符合以相配，撰《皇极经世》，其图画方、圆二象，或空其中，或以墨实之，数亦皆四。

《闻见后录》：殿中丞丘濬颇知数，熙宁十年秋，翰林学士杨元素贬官荆州，过池阳见之，濬曰："明年当改元，以易步之，乃丰卦用事，必以丰字纪年。"如期改元丰云。

《投辖录》：吕源子厚守吉州日，尝令修城掘土，得一旧棺，既舁置江中，始得石志于傍，乃昔人父葬其子者，其略曰："略后十六甲子，东平公守此郡，吾儿当出而从河伯之游矣。"算术之精有如此者。又知夫世事莫非前定也。

《栾城遗言》：公中岁归自江南，过宋，闻铁龟山人善术数，邀至舟中问休咎，云："此去十年如飞腾升进，前十年流落已过，然尚有十年流落也。"后皆如其言。

《鸡肋编》：楚州有卖鱼人，姓孙，频能言时灾福，时呼孙卖鱼。宣和间，上皇闻之，召至京师，馆于宝箓宫道院。一日，怀蒸饼一枚，坐一小殿，时日高，拜跪既久，上觉微馁，孙见之，即出怀中蒸饼云："可以点心。"上皇虽讶其意，然未肯接。孙云："后来此亦难得食也。"时莫悟其言。明年遂有沙漠之行，人始解其识。

《闻贝后录》：高骈初展成都外城，后王氏、孟氏相继伪以为都，其更作奢僭之力，发地及泉也。近靖康年，帅卢立之亦增筑，期年，役甚大。至绍兴年，霖雨，北壁坏，摄帅孙渥才兴工，于数尺土下得高骈《石记》云："刻置筑中，后若干年当出。"正与其年合。前累有大役不得者，数未契也。高骈好异术，岂亦有知数者邪？

《癸辛杂识》：咸淳甲戌之春，余为丰储仓，久以病痁不出，忽闻贾师宪丁母忧而出，凡朝绅以至景局皆往唁奠，送之江干。同官曾昭阳来问疾，因及此事，云："师宪旦夕必再来。"余曰："此公请归之章凡十余，今适有此，必不复来矣。"曾曰："江西一术者，其言极神，前日来，尝扣之，云：'此人不出今岁必再来，尚可洗目一番，然自此以往，凶不可言矣。'余深不以为然。至秋，度宗升遐，继而有溃师亡国之祸，果如其言，惜当时不曾扣问术者姓名也。"

陈预知者，有术。陈叔方作邑时，扣以事。陈令于心无事时人静室坐一二日却见问，节斋如其说，而后召之。陈使随意写诗文一两句而缄之，然后疏己所推为验。节斋所书"阳春布德泽"，以"王度日清夷"为对，陈出视之，不差，因语节斋曰："君官职皆已前定，但遇事只可做五分。"节斋每用其说以自警也。

《元史·陆文圭传》：文圭为人，刚明超迈，以奇气自负。于地理考核甚详，凡天下郡县沿革、人物土产，悉能默记，如指诸掌。先属纩一日，语门人曰："以数考之，吾州二十年后必有兵变，惨于五代、建炎，吾死当葬不食之地，勿封勿树，使人不知吾墓，庶无暴骨之患。"其后江阴之乱，冢墓尽发，人乃服其先知。

《阿荣传》：阿荣深于数学，逆推事成败利不利及人祸福寿夭贵贱，多奇中、天历三年春，策士于廷，阿荣与虞集会于直庐，慨然兴叹，语集曰："更一科后科举当辍，辍两科而复，复则人材彬彬大出矣。"又叹曰："荣不复见之矣，君犹及见之。"集应曰："是士子之多，幸如存初言。今文治方兴，未必有中辍之理。存初国家世臣，妙于文学，以盛年登朝，在上左右，斯文属望。集老且衰，见亦何补耶？"阿荣又叹曰："数当然耳。"集问何以知之，弗答。后三年卒。元统三年，科举果罢，至正元年始复，如其言。

《已疟编》：元主尝召一术士，问以国祚，对曰："国家千秋万岁，不必深虑，惟日月并行乃可忧耳。"至是大明兵至而元亡。

第六十四章　术数杂录

《谈录》：晋公尝言窦家二侍郎俨善术数，听声音而知兴废之未兆。《梦溪笔谈》六壬天十二辰：亥曰登明，为正月将；戌曰天魁，为二月将。古人谓之合神，又谓之太阳过宫。合神者，正月建寅合在亥，二月建卯合在戌之类。太阳过宫者，正月日躔诹訾，二月日躔降娄之类，二说一也。此以颛帝历言之也。今则分为二说者，盖日度随黄道岁差。今太阳至雨水后方躔诹訾，春分后方躔降娄，若用合神，则须自立春日便用亥将，惊蛰便用戌将。今若用太阳，则不应合神；用合神，则不应太阳。以理推之，发课皆用月将加正时，如此则须当从太阳过宫。若不用太阳躔次，则当日当时日月、五星、支干、二十八宿皆不应天行，以此决知须用太阳也。然尚未是尽理，若尽理言之，并月建亦须移易。缘目今斗杓昏刻已不当月建，须当随黄道岁差。今则雨水后一日方合建寅，春分后四日方合建卯，谷雨后五日方合建辰，如此始与太阳相符，复会为一说，然须大改历法，事事厘正。如东方苍龙七宿，当起于亢，终于斗；南方朱鸟七宿，起于牛，终于奎；西方白虎七宿，起于娄，终于舆鬼；北方真武七宿，起于东井，终于角。如此历法始正，不止六壬而已。

六壬天十二辰之名，古人释其义曰："正月阳气始建，呼召万物，故曰登明。二月物生根魁，故曰天魁。三月华叶从根而生，故曰从魁。四月阳极无所传，故曰传送。五月草木茂盛，逾于初生，故曰胜光。六月万物小盛，故曰小吉。七月百谷成实，自能任持，故曰太乙。八月枝条坚刚，故曰天罡。九月木可为枝干，故曰太冲。十月万物登成，可以会计，故曰功曹。十一月月建在子，君复其位，故曰大吉。十二月为酒醴以报百神，故曰神后。"此说极无稽。据义理，予按登明者，正月三阳始兆于地上，见龙在田，天下文明，故曰登明。天魁者，斗魁第一星也，斗魁第一星抵于戌，故曰天魁。从魁者斗魁第二星也，斗魁第二星抵于酉，故曰从魁。传送者，四月阳极将退，一阴欲生，故传阴而送阳也。小吉，夏至之气，大往小来，小人道长，小人之吉也，故为婚姻酒食之事。胜光者，王者向明而治，万物相见乎此，莫胜莫先焉。太乙者，太微垣所在，太乙所居也。天罡者，斗刚之所建也。太冲者，日月五星所出之门户，天之冲也。功曹者，十月岁功成而会计也。大吉者，冬至之气，小往大来，君子道长，大人之吉也，故主文武大臣之事。十二月子位，北方之中，上帝所居也。神后，帝君之称也。天十二辰也，故皆以天事名之。

六壬有十二神将，以义求之，止合有十一神将，贵人为之主，其前有五将，谓螣蛇、朱雀、六合、勾陈、青龙也，此木、火之神在方左者。其后有五将，谓天后、太阴、真武、太常、白虎也，此金、水之神在方右者。唯贵人对相无物，如日之在天，月对则亏，五星对则逆行避之，莫敢当其对，贵人亦然，莫有对者，故谓之天空，空者，无所有也。非神将也，犹月杀之有月空也。以之占事，吉凶皆空，唯求对见及有所伸理于君者，遇之乃吉。

十一将前，二火、二木、一土间之，后当二金、二水、一土间之。真武合在后二，太阴合在后三，合互神差，元理似可疑也。

《娬真子录》：洛中邵康节先生，术数既高，而心术亦自过人。

《搜采异闻录》：史传称百六阳九为厄会，以历志考之，其名有八：初入元百六曰阳九，次曰阴九，又有阴七、阳七、阴五、阳五、阴三、阳三，皆谓之灾岁，大率经岁四千五百六十而灾，岁五十七以数计，每及八十岁则值其一。今人但知阳九之厄。云经岁者，常岁也。

《西溪丛语》：百六，从上元甲寅，至今乾德四年丙寅，积年一万三千五百七十三，以通周法除之，得三通周，余六百一十三年，又除第一、第二百六，共五百七十三年，余年人第三百六。从贞观十六年壬寅，入第二百六，至吴乾贞三年己丑，第二百六数穷。又从吴大和二年庚寅人第三百六，至今乾德四年丙寅，已得三十七年，更二百五十一年，方人第四百六。

阳九，从上元甲寅，至今乾德四年丙寅，积年一万三千五百七十三，以通周法除之，得二通周，余四千四百五十三年，又以阳九数除之，得九，余年人第十阳九。从武德元年戊寅人第十阳九，至今乾德四年丙寅，已得三百四十九年，更一百七年，第十阳九数穷，重起第一阳九。

《云麓漫抄》：世世传遁甲书，甲既不可隐，何取名为遁？及读汉郎中郑固碑，有云"逡遁退让"，"遁"即"循"字，盖古字少，借用非独此一碑也。则知"遁甲"当云"循甲"，言以六甲循环推数故也。

《游宦纪闻》：天地万物，莫逃乎数，知数之理，莫出乎《易》，知《易》之妙，惟康节先生。其学无传，观《皇极经世书》，概可见矣。此外有所谓太乙数，能知运祚灾祥，刀兵水火，阴晴风雨，又能以之出战守城，傍门小法，亦可知人命贵贱。渡江后，有北客同州免解进士王湜，潜心此书，作《太乙肘后备检》三卷，为阴阳二遁，绘图一百四十有四。上自帝尧以来，至绍兴六年丙辰，凡三千四百九十二年，皆随六十甲子，表以分野，如《通鉴》编年，前代兴亡，历历可考。然自古及今，应者虽多，不应者亦或有之。景祐间，命司天杨维德修《五福太乙占书》，考验行度，亦为精详。其间云："自石晋天福四年己亥岁，人东北辽东分，至国朝雍熙元年甲申岁，人东南吴分，至天圣七年己巳岁，入西南蜀分。"后人继加考算，至熙宁七年甲寅岁，入中宫洛阳分，至宣和元年己亥岁，入西北西河分，至隆兴二年甲申岁，入东北辽东分，至嘉定二年己巳岁，入东南吴分，向后至甲寅年，人西南秦分。上来五福太乙所临之分，自合太平至治。今推而上之，后周宣帝元年己亥岁，至唐高祖武德六年癸未岁，五福太乙在西南，凡四十五年，中更隋、唐禅代之变，正在本宫分野。又自唐宣宗大中三年己巳岁，至昭宗景福二年癸丑岁，五福太乙在中宫，凡四十五年。中更僖宗广明黄巢之变，中国之祸甚惨。既曰五福所临，何为又却如此？本朝兴国九年，有方士楚芝兰言："五福今照吴分。"上命建太乙官于京城外之苏村，芝兰为春官正，又命宰臣张齐贤醮享之。然其所以不应者亦有说。王湜跋《肘后备检》，立论甚通，其说云："后羿寒浞之乱，得阳九之数七。

赧王衰微，得阳九之数八，桓灵卑弱，得阳九之数九，炀帝灭亡，得阳九之数十。周宣王父历而子幽，得百六之数十二。敬王时吴越相残，海内多事，得百六之数十三。秦灭六国，得百六之数十四。东晋播迁，十六国分裂，得百六之数极而反于一。五代乱离，百六之数三。此皆所应者也。舜、禹至治，万世所师，得百六之数七。成、康刑措四十余年，得百六之数十一。小甲、雍己之际，得阳九之数五，而百六之数九。庚丁、武乙之际，得阳九之数六，不降享国五十九年，得百六之数八。盘庚、小辛之际，得百六之数十。明帝、章帝继光武而臻泰定，得百六之数十五。正观二十三年。近世所谓太平，得百六之数二。此皆所不应者也。《福应集》云：唐武德七年甲申，五福太乙入中宫洛阳之分，继有正观之治。"遂以此为福应。然宣、懿、僖、昭之际再入中宫，而正观之治何不复举？又云："唐昭宗天祐四年丁卯，四神太乙入六宫雍州之分，而昭宗禅位于梁。"遂以此为福应。然开元十六年亦入六宫，乃太平极治，与正观比。以至夏桀放于南巢，商纣亡于牧野，王莽篡汉，禄山乱唐，阳九百六之数皆不逢之，此其故何也？余尝深究其所以然者，周公问太公："何以治齐？"曰："举贤而尚功。"周公以之为强臣之渐。太公问周公："何以治鲁？"曰："亲亲而尚恩。"太公以之为浸弱之基。是以圣人推三代损益，而百世可知。大抵天下之事，因缘积累，固有系于人事，未必尽由天理。通天，地、人，曰"儒"，通天、地而不通人，曰"技"。拘然执此以为不可改易，乃术士之蔽，非儒者之通论。善言天地者以人事，善言人事者以天地，岂可蔽于天而不知人乎？古之善为政者，尚以知变为贤，况冥冥之中，奉行天地号令，或主吉，或主凶，皆本于天地之一气，安有固而不知变者。以尧、舜、禹为君臣，文、武、周公为父子，虽遇阳九百六之数，越理而降以祸，必不其然。自此而下，其他不能详知者，皆可以类推也。色不过五，五色之变不可胜观；声不过五，五声之变不可胜听。太乙不过十神、十精、四计之类。彼其周流于天地间，始而有终，终则复始，古既不异于今，今亦不异于古。然上古至治，终不可复，又中间盛衰兴废，亦不可循前而取，岂非人事之不齐，故应之者亦不一耶？术固有之。太乙考治人君之善恶，临有道之国则昌，临无道之国则亡，有天下国家者，可不谨哉！已上皆王说。

盖太乙数中，专考阳九、百六之数，以四百五十六年为一阳九，二百八十八年为一百六。阳九，奇数也，为阳数之穷。百六，偶数也，为阴数之穷。大抵岁运值之，终有厄会。洪文敏公《五笔》中载阳九百六之说，与此不同。本朝康定庚辰、庆历辛巳间，西羌方炽，天下骚动。沼求有文武材可用者，参政宋绶、侍读林瑀，皆以徐复荐。复至，仁宗访以世务，复曰："今年气运，类唐德宗居奉天时。"上惊曰："何至尔耶？"复曰："德宗性忌刻，其德与凶会。陛下恭俭仁恕，屈己容物，虽时与德宗同，而德与德宗异，运虽凶，无能为也。"此说正与王湜之沦合，故并纪之。

《野客丛谈·随笔》云：世说郭景纯过江，居于昼阳墓，去水不盈百步，时人以为近水，景纯曰："将当为陆。"今沙涨，去墓数十里皆为桑田。此说盖以郭为先知也。世俗《锦囊葬经》，为郭所著，行山卜宅兆者，即为元龟，然能知水之为陆，独不能卜吉以免祸乎？仆谓不然。一饮一啄，莫非素定，况生死之大乎？故术之精者，可以预知而不可以预计。景纯对王处仲谓："今日必死，亦知吾数止此，无可奈何。"已是而果然。是景纯自度不能以人术胜天理也，孰谓卜吉可以免其非命乎？然世有禳灾延寿之理。则有一说，莫若修德。《读书杂抄·张衡传》注太乙下行九宫法，与戴九履一注数合，姑录于此。《易乾凿度》曰："太乙取其数以行九宫。"郑元注云："太乙者，北辰神名也。下行八卦之宫，每四乃还于中央者，北辰之所居，故谓之九宫。天数大分，以阳出，以阴入。阳起于子，阴起于午。是以太乙下行九宫，从坎宫始，自此而从于坤宫，又自此而从于震宫，又自此而从于巽宫，所行半矣。还息于中央之宫，既又自此而从乾宫，又自此而从兑宫，又自此从于艮宫，又自此从于离宫，则周矣。上游息于太乙、天乙之宫而返紫宫，从坎宫始，终于离宫。"

《宋史·刘黻传》：黻，字声伯，谏游幸疏曰："且西太乙之役，佞者进曰：'太乙所临分野则有福，近岁自吴移蜀'。信如祈禳之说，西北坤维按堵可也。今五六十州，安全者不能十数，败降者相继，福何在耶？武帝祠太乙于长安，至晚年以虚证受祸，而后悔方士之谬。虽其悔之弗早，犹愈于终不知悔者也。"

《荆川稗编》：《通考》载《灵棋经》二卷，晁氏曰"汉东方朔撰"，又曰"张良、刘安"，未知孰是。晋颜幼明、宋何承天注，有唐李远叙。归来子以为黄石公书，岂谓以授良者耶？按《南史》载"客从南来，遗我良财。宝货珠玑，金碗玉杯"之繇，则古之遗书也明矣。凡百二十卦。

晋襄城道人常法和所传《灵棋经》，或谓其先张子房受于黄石公，而东方朔得之，以为占兆者也。自淮南八公以后，秘而不传。至晋太康中，始有衣黄皮老翁以竹筒盛此经授法和。其法以十二棋刻一面，上中下各刻四棋，一掷计其所得一、二、三、四之数，一为阳，二为阴，三为重阳，四为重阴，以上、中、下分天、地、人三位，犹易三爻而成卦也。或有上、中而无下，或有中、下而无上，或有上、下而无中，或止一位，或漫而无字，凡一百二十五卦，虽以阴阳位次推断吉凶，而卦之别名自为一术，盖拟《太元》而识尤浅陋者也。然在《南史》，已载经中"客从南来，遗我良财。宝货珠玑，金碗玉杯"之繇，则此经自晋传来，信矣。《宋·艺文志》五行类有《灵棋经》一卷，其即《唐志》东方朔之占书乎？故晁氏曰"东方朔撰，晋颜幼明、宋何承天注，唐李远叙"。今观其繇皆鄙俚，类非晋、宋以前有道者文字，其必汉、魏之季五行家所作，而依托东方氏以为重欤？颜何之注，亦无取焉。若李远之叙，意亦偶因一时灵验而发耳。观元儒胡一桂著《翼传纠篇》历叙诸家卜筮之书，自太元以下洞林、皇极、元包、潜虚之类，无不论述，而独不及此经，得非以其无关于大道而不足录耶？

陈氏曰：自司马氏论九流，其后刘歆《七略》、班固《艺文志》皆著阴阳家，而天文、历谱、五行、卜筮、形法之属，别为数术略。其论阴阳家者流，盖出于羲和之官，敬顺昊天，历象日月星辰，拘者为之，则牵于禁忌，泥于小数。至其论数术，则又以为羲和卜史之流，而所谓《司星子韦》三篇，不列于天文而著之阴阳家之首，然则阴阳之与数术，似未有以大异也。不知当时何以别之？岂此论其理，彼具其术耶？今志所载二十一家之书皆不存，无所考究，而随唐以来，子部遂阙阴阳一家，至董逌《藏书志》始以星占五行书为阴阳类，今稍增损之，以时日、禄命、遁甲等备阴阳一家之阙，而其他术数各自为类。马端临曰："按陈氏之说固然矣，然时日、禄命、遁甲独非术数乎？其所谓术数各自为类者，曰卜筮，曰形法，然此二者独不本于阴阳乎？盖《班史·艺文志》阴阳家之后又分五行、卜筮、形法之书，虽不尽存，而后世尚能知其名义，独其所谓：阴阳家二十一种之书，并无一存，而《隋史》遂不立阴阳门。盖隋唐间已不能知其名义，故无由以后来所著之书续立此门矣。然《隋书》《唐书》及宋九朝史，凡涉乎术数者，总以五行一门包之，殊欠分别，独中兴史志乃用《班志》旧例，以五行、占卜、形法各自为门，今从之。

晁氏曰：自古术数之学多矣，言五行则本《洪范》，言卜筮则本《周易》。近时两者之学殆绝，而最盛于世者，葬书、相术、五星、禄命、六壬、遁甲、星禽而已。然六壬之类，足以推一时之吉凶；星禽、五星、禄命相术之类，足以推一身之吉凶；葬书之类，足以推一家之吉凶；遁甲之类，足以推一国之吉凶。其所知若有远近之异，而或中或否，不可尽信，则一也。

《岩栖幽事》：太乙、六壬、奇门，此三部书原本于《易》，但我辈知之不可习，习之想安静心；儿辈见之尤不当习，习之生务外损，惟稗官小说、山经地志时留案头，可以广异闻，可以代老友。

《日知录》：太乙之名，不知始于何时。《史记·天官书》：中宫天极星，其一明者，为太乙常居。”《封禅书》："亳人谬忌奏祠太乙方，曰'天神贵者太乙，太乙佐曰五帝。古者天子以春秋祭太乙东南郊，用太牢，七日，为坛开八通之鬼道'。于是天子令太祝立其祠长安东南郊，常奉祠如忌方。其后人有上书，言'古者天子三年一用太牢祠神三一：天一，地一，太乙'。天子许之，令太祝领祠之于忌太一坛上，此其方。"此太乙之祠所自起。《易乾凿度》曰："太乙取其数以行九宫。"郑元注曰："太乙者，北辰神名也，下行八卦之宫，每四乃还于中央。中央者，地神之所居，故谓之九宫。天数以阳出，以阴人。阳起于子，阴起于午。是以太乙下行九宫，从坎宫始，自此而坤宫，又自此而震宫，既又自此而巽宫，所行者半矣。还息于中央之宫，既又自此而乾宫，自此而兑宫，自此而艮宫，自此而离宫，行则周矣。上游息于太乙之星而反紫宫，行起从坎宫，终于离宫也。"《南齐书·高帝纪》案太乙九宫占历推自汉高帝五年，至宋顺帝升明元年太乙所在。《易乾凿度》

曰："太乙取其数以行九宫。"九宫者，一为天蓬，以制冀州之野。二为天内，以制荆州之野。三为天冲，其应在青。四为天辅，其应在徐。五为天禽，其应在豫。六为天心，七为天柱，八为天任，九为天英，其应在雍，在梁，在扬，在兖。天冲者，木也，天辅者，亦木也，故木行太过，不及，其书在青，在徐。天柱，金也，天心，亦金也，故金行太过，不及，其书在梁，在雍。惟水无应宫也。此谓以九宫制九分野也。《山堂考索》："汉立太乙祠，即甘泉泰畤也。唐谓之太清紫极宫，宋谓之太乙宫。宋朝尤重太乙之祠，以太乙飞在九宫，每四十余年而一徙，所临之地，则兵疫不兴，水旱不作。在太平兴国中，太宗立祠于东南郊而祀之，则谓之东太乙；在天圣中，仁宗立祠于西南郊而祀之，则谓之西太乙；在熙宁中，神宗建集福宫而祀之，则谓之中太乙。"

钦定古今图书集成

[清] 陈梦雷 蒋廷锡⊙原著

刘宇庚⊙主编

星命篇

第二部

线装书局

导　读

命运包括命和运两方面的内容。命，即命禄，指人一生中的吉凶祸福、寿夭贵贱等；运，即运气，指人在短期内的际遇。在命理学中，命与运犹船与水。命好运厄，似逆水行舟，难以致远；运佳命蹇，似破船顺流，虽可日行千里，则难免倾覆之灾。故术士中流传着"有命无运，美中不足；有运无命，困顿夭折"的说法。星命术就是人们所熟知的算命术，泛指各种推算个人命运的术数。古人认为，人的富寿贫夭，吉凶祸福，皆由冥冥之中的那位最高的主宰者预先定制，谁也脱离不了命中的定数。那位神通广大、给人命数的至上神，毕竟是一个极度抽象、虚无缥缈的东西，看不见，也摸不着。于是人们丰富的想象力遂指向光耀人寰的日月、深邃莫测的星空。中国的星命学经过千百年的发展、累积和转变，不同时代的思想与资料逐次叠压于文本之中，星命篇绝大部分内容都是《四库全书·子部·术数类》所未曾收录的文献资料，具体包括星命汇考、星命总论、星命名流列传、星命艺文、星命纪事和星命杂录，如《玉照神应真经》《天元秀气巫咸经》《张果星宗》《耶律真经》《五星壁奥经》《壁奥经》《望斗经》《琴堂步天警句》《琴堂五星会论》《琴堂指金歌》《磨镌赋》《兰台妙选》和《三命通会》等。

第一章　星命汇考一

《玉照神应真经》

总　断

四阳俱立，定知难有阴尊。

注云：阳干者，甲丙戊庚壬是也。犯刑克者，少年须失阴尊也。

凡八字纯阳谓之阳刚，太过则亢矣。无阴济之，或云孤阳。

阴覆全逢，不是阳尊老寿。

注云：阴干者，乃乙丁己辛癸是也。若四柱中犯刑克者，不是阳尊老寿也。

纯阴谓之阴柔，太过太弱矣。无阳助之，或云阴弱，主柔弱少寿，或利阴命。

卦逢生气，天德合世世长年。

注云：生气者，亥卯未在亥，申子辰在申，巳酉丑在巳，寅午戌在寅。又生气云，甲木亥，丙火寅，水土申，庚金巳。

阴长生乙木午，丁火酉，辛金子，癸水卯，此乃十干阴阳生气也。

天德者，正丁、二坤、三壬、四辛、五乾、六甲、七癸、八艮、九丙、十乙、十一巽、十二庚也。合者，甲与己合，乙与庚合，丙与辛合，丁与壬合，戊与癸合，人命得之，乃世世长年耳。

身命逢刑，返克而必须天贱。

注云：刑者，寅刑巳，巳刑申，申刑寅。又丑刑戌，戌刑未，子刑卯，卯刑子也。

克者，谓甲乙克戊己，戊己克壬癸，壬癸克丙丁，丙丁克庚辛，庚辛克甲乙，是人命逢之，必主夭贱也。此言天干克地支，刑是也。

时来破日，支凶而干见还轻。

注云：支破者，丑破巳，午破酉，卯破午未，干破者，乃甲破戊之类是也。若时来破日支上见重，而干上见轻，重轻皆言灾祸。

患难官灾，远近而自分得失。

注云：谓命中带死气刑者，多官灾，衰气带煞者，主恶难。故天干主近，地支主远。

两分交战，识取尊卑。

注云：天干尊也。地支卑也。上克下则顺，下克上则逆。战者，谓四柱中互相交克，刑战也。

三犯月台，祖宗尤祸。

注云：若四柱内犯月台再三见者，则祖宗尤祸矣。其年月干支，乃为祖宗父母之基。如干支重见刑克有三者，是为此断。

丙戊丁甲，时连戌亥，道士僧人。

注云：丙戊丁甲生人，得戌亥时定为僧道之人，命犯空亡克者是也。有气者，或门中道士僧人也。戌亥又为天门之地。

魁罡见其，往来加临，狱官屠讼。

注云：四柱内见戊辰、戊戌，往来加临，生旺有气，内有官星，主为狱官也。若临无气衰死，内有刑克者，为屠讼之人也。

寅申庚甲，商途吏人。

注云：寅为功曹，主曹吏。申为传送，主道路。又见庚甲者，乃商途公吏也。又曰：甲为青龙，主文书，庚为白虎，主道路，庚申、甲申、寅时，日者是也。

子午逢之，他乡外立。

注云：子午为阴阳二路，上见庚甲者是也。或甲子、庚午、庚子、甲午遇之，为别祖外居。

癸乙壬加卯酉，男女多有私情。

注云：癸为元武，乙为六合，壬为天后，卯酉为私门也。大凡人命最忌见之，主男女多奸而且私也。卯酉子午又为咸池互换之宫，又遇壬癸水，主性淫无度必然矣。

乙辛丁巳亥，酉官事，阴人常有是非。

乙六合主私，辛太阴主暗，丁玉女主奸，巳亥赤口主口舌，酉为门户，故言官事，阴人常有是非也。

干神支墓，须详上下吉凶。

注云：干者，天干也。支者，地支也。甲乙墓在未，丙丁墓在戌，庚辛墓在丑，壬癸墓在辰。凡支墓有气者库，无气者墓也。详上下而言吉凶也。

德合与吉干相逢，观于远近。

注云：德合者，阳干自处，阴干在合。甲丙戊庚壬自处之，乙丁巳辛癸合神也。取于四柱远近而言之，年时合为远，年月合为近，以此例推。

甲寅辛丑，定因官事刑凶。

注云：寅为功曹，主公吏曹官。若运到辛丑，乃官墓也。内有庚金伤甲木，主因官事刑凶。

癸未庚申，必为盗贼亡没。

注云：癸为元武，未为折足，庚申乃白虎，主道路，则主盗贼而亡，或道路退败之兆。

火逢盛土，见庚而生自途中。

注云：火若逢盛旺之土而见庚午、庚子、庚辰，定在道路也。谓白虎主道路矣。

诀曰：以日主丙丁，支逢土旺，四柱庚辛重见，主其人多出途路之中。营生一世，少居家庭断之。

戊己惧卯寅，休囚而生大疾。

注云：戊己之土在无气休囚之地，谓戊寅己卯，或见卯未是也。主有大疾，不然四肢风病，或瘫痪之疾，或主门户上有大风疾之人。谓卯为门户也。

丙丁亥子，投于江水波涛。

注云：丙到亥，丁到子，如时见之，主投波入江而没。若有合而救之，平生多病眼目。

诀云：丙丁火也。亥子为江河，如丙丁日生，见亥子时，如火在水地之象，主人投江有救可免。

巳午庚辛，男女病多心血。

注云：庚辛金也，巳午火也。如庚午日辛巳时命见之，主男女多心血之病。巳午火位，心主之，庚辛肺主之，主有是疾。

甲申乙酉，小儿风病肝经。

注云：甲乙木也，申酉金也。木上金下也。凡日时见之，主小儿多肝病也。谓甲乙木为肝经，故金克之，乃肝经受邪也。主此。

辛卯庚寅，尤忌大人劳骨病。

注云：庚辛主筋骨，寅卯乃火生之地，来克金，如时日见之，尤忌劳骨内蒸之病也。

门中有土，土金而腰脚须沉。

注云：卯酉为门户，及主关格，己卯己酉金见之，主腰脚沉滞之象。

申巳双加，遇刑则臂肢有患。

注云：申巳为胸、为背，四柱申见，重又巳加，临刑克者，则主臂肢有患。

丙丁岁月，癸壬遇而眼目有疾。

注云：丙丁火也。能照物象，为眼目。壬癸水也。若岁月时，壬癸来克丙丁，主眼目之疾也。

甲乙若见庚辛，忌疾生于头面。

注云：甲乙木也。主头面。庚辛金也，能克甲乙之木。若重复见之，则主伤于头面也。

木为干之首，在人身故云头面。如甲乙日，主遇庚辛时，以下而克上者，故有是疾。

水土同来寅卯，平生膈气风痰。

注云：凡水土为身，到寅卯之方，病死也。

寅卯东方木旺也，木能克土之故。水死于卯，不能生木，木盛则水枯，主有是病。

再入天罡，小肠腹急。

注云：天罡辰也。水土到辰，为聚墓之地，再见一辰位者，主男子小肠腹急之疾，女人亦主血病。

此亦照上文反复论之耳。

五行十干，略定一端。其外参详，依经用法。

注云：甲乙主头面，丙丁主眼目，戊己主脾胃、腹肚，庚辛主筋骨、四肢，壬癸主肾，为血海。

子丑为足，寅亥为膝，卯戌为中膈，辰酉为肚，申巳为胸背，未为面，午为头。

又金主肺，木主肝，水主肾，火主心，土主脾胃。凡五行所见所取，克为某处灾病也。

东金西木，定生忤逆之男。

注云：东方青龙木位，不爱金也；西方白虎金位，不爱木也。如命中金木交驰者，主门户出忤逆之子，谓甲申、乙酉、庚寅、辛卯是也。

木主仁，金主义，木受金伤则损于仁，此言甲乙到西方，金旺之故也。谓无仁义，故忤逆。

北丙南壬，必见波涛之客。

注云：水火相伤，各离本位，谓丙子、壬午、甲申、乙酉、庚寅、辛卯、丁亥、癸巳，此皆各离本位耳，如命见之，主波涛。南北之人也。

壬多艮坎，道士须尊。

注云：壬癸水也，坎者子也，艮者丑也。谓子丑为宫，观如壬癸立于子丑，及水多，空亡无气之地，定出僧道九流之士也。

戌亥连阴，家生贼盗。

注云：戌亥为天空，壬癸为盗贼，主门户中有盗贼，谓壬戌、癸亥全是也。壬癸元武神。

丑中立癸，甲见而释教之人。

注云：丑为十二月之尽，共中立癸，甲为十干之首，寅立于甲，寅为功曹、为道士，丑寅为膈角，上带休囚无气者，为僧道耳。

乙犯天罡，阴人媒氏之女。

注云：六乙生人卯辰全者，主门户出阴人、媒人、坐婆、药婆也。

甲乙同来寅卯，定出长发师姑。

注云：甲乙生人见寅卯是也。或甲寅、乙卯全者，定是长发师姑，木多繁盛矣。

此言身旺之故，无依倚者，男为僧，女为尼。

庚辛申酉同方，人必亡于兵刃。

注云：庚辛申酉金者，立于旺乡，或巳酉丑金者，更运行至申酉之方，主见兵刃而亡。

四柱内有丙丁救之，支辰有合分之，或免，亦主血光肺疾。

当生有虎，怕入山岩，狼虎之伤，岁刑足病。

注云：六庚为白虎，见寅卯也，谓甲申得庚寅重，庚寅得甲申轻。岁刑者，谓庚寅日岁到丙申是也。当有口舌官事，如克身当忧足病也。

寅为艮位，艮为山，是以寅卯为山林，故云畏虎。

雀逢天后，翅翼而中道难安。

注云：六丙为朱雀，六壬为天后，如命见之，难以安静，主有挠括之事，啾唧不安之象。

南方火为朱雀之神，主口舌，北方水为元武之神，主贼盗，亦谓水火递互相伤也。

戊己朝仁，田宅而肿疮狱讼。

注云：六戊生人到寅，六己生人到卯，或见甲乙，则主田宅狱讼之事，或生疮痍之疾。

甲乙木为仁，寅卯之方，木位也。戊己临之，谓之朝仁，戊己土为田宅之主，故曰"田宅讼事"。

癸丁加于干位，鬼贼心血常行。

注云：六丁、六癸，防小人鬼贼交侵，及见心血之疾也。

六丁火也。朱雀之神，故曰"心血"，心主火也。六癸水也。元武之神，故曰鬼贼，主有是事。

青龙六合逢金，男女尊人之祸。

注云：甲乃青龙，到申或见庚；乙乃六合，到酉或见辛，主尊长阴小人之灾患耳。

太阴失路，多生妇女之忧愁。

注云：六辛为太阴，到无气之地，多防阴人灾滞，故忧之。辛卯日乃辛金绝在卯之日，太阴主女类。

天后狂情，到魁罡忌于身厄。

注云：六壬为天后，见辰戌多见寅者，主身厄难也。谓水到寅病，辰戌土克壬水之故也。

六癸还生，四柱旺相，鬼贼奔流，休囚肾病。

注云：六癸到亥子，丑上无土者，主奔流而不定，谓旺不定也。在休囚之地，主肾病也。六癸为元武，为盗贼也，谓主肾经病。

休囚十干，墓死而久病寻源。

注云：取四时休囚，墓死之地而言之，谓五行中受克处。是何病证，已注前篇。

月德双加，有合而十分作福。

注云：寅午戌丙辛月合月德，亥卯未甲己德合，申子辰丁壬德合，巳酉丑乙庚德合。若单见月德，乃有德行，贵人助之。

见阳干而贵士多升，遇阴干而阴人财力。

注云：凡见月德阳干者，主贵人扶助接引也。见月合者，主阴人财力也。

尊卑同视，十二宫所主何神。

注云：天干尊也，地支卑也。十二宫所主神者，乃十二月将之名也。

三限见详于四柱。

注云：谓年月日时分于三限，言其贵贱吉凶也。

鬼逢生旺后生兮，贵气峥嵘。

注云：凡四柱中遇鬼，逢生旺之处，反主贵气峥嵘。

进退干支识辨兮，要明得失。

注云：若支生干则进，干生支则退，要明其平生得失也。

全逢本卦，相应而自出尊显。

注云：木人得亥卯未，金人得巳酉丑，火人得寅午戌，水土人得申子辰。又云：木寅卯，火巳午，金申酉，水亥子，土四季，皆本卦也。更逢生气者，乃富贵矣。

返战无功，定乃出军人作贼。

注云：火得申子辰，水得四季土，土得亥卯未，木得巳酉丑，金得寅午戌。又云：火人得亥子，水人得四季土，土人得寅卯，木人得申酉，金人得巳午，但卦克本身者，定出军人作贼也。

命前台月，再立坟茔。

注云：凡命前犯台月，居旺再立坟茔，谓阳干前一位，阴干后一位是也。

命后一辰，家宅难寻。

注云：凡命后一位为破宅，阳干后一位，阴干前一位，如命后逢之，家宅难为建立，见之难立家宅也。此命后逢之主此。

生逢酉戌，小人奴婢多忧。

注云：如酉戌见全者，多有小人奴婢忧患耳。

丁旺巽坤，女子诗书好酒。

注云：丁未酒女，丁酉孤女，丁巳诗女，丁卯玉女。

如丁未、丁巳生人见全者，主女子好酒色、诗书，美貌之淑人也。

龙常未亥寅卯，经商利赂绵绵。

注云：谓青龙与太常有亥未寅卯者，主绵绵利赂之道也。

龙常未亥，常为酉，酉为太常，取辰酉相合，再加寅卯，经商利赂，绵绵不绝也。

甲乙壬癸全逢女，作烟花之色。

注云：甲乙木也，壬癸水也，谓水木太和，则生色木也。如在生旺之地，主门户出烟花之人，故水旺则泛，木盛则花繁而无实也。烟花言女妓之流。

艮金瘦小，离坎高雄。

注云：丑寅艮也，申酉金也，主生人瘦小。离坎者，子午也。若乘生旺之气，主生人高雄也。

三丁二丙到金，口舌生疮。

注云：谓丙丁之火多而到申酉之地，主口舌生疮，壬癸到寅卯亦然。

言丙丁南方朱雀之神，主有口舌是非，火亦主疮疾。

子午阴阳盛衰，两分卦兆。

注云：子午为水火，卯酉为金木，不可盛不可衰，盛则太过，衰则不及。火太过则炎盛，盛中有失，遇水则灭光。水太过则泛，泛中有流，遇土则有滞。木太过则繁荣，繁荣则不实，遇金则伤折。金太过则凶，遇火则消亡。土太过则晦，遇木成疮。大凡五行只要均平而已。

南多北少，家破人亡。

注云：谓多见丙丁巳午，而少见壬癸亥子，只有昼而无夜，乃阳多阴少之故也。

反此之方，男女消落。

注云：谓多见壬癸亥子，而少见丙丁巳午，只有夜而无昼，乃阴多阳少也。

东方全见，妻儿则难保长春。

注云：凡见甲乙寅卯辰，则妻儿难保长春，谓太旺之故，主有是论。

西旺东衰，金盛则家私不吉。

注云：凡庚申酉戌则家私不吉也。庚申乃身旺也，又遇酉戌金乡而旺之太过，庚金秋旺为白虎当权，言不吉宜矣。

癸壬亥子，工巧之人。

注云：凡见癸亥壬子水也。主为人性巧。

水主智，命多有者，主人有智慧机巧。

癸甲壬金，胡人狡佞。

注云：壬癸元武也。甲主髭，酉金太常也。如见之，主人髭，谓旺金生癸水，故狡佞也。

月胎岁合，祖立他门。

注云：如月胎与岁合者，祖上立他人门庭也。凡排八字，当排胎月方合此格，论之方见。

岁日朝时，自身舍立。

注云：谓岁干与日时合也。如庚生人乙日时，丙生人辛日时，主自身舍离本家，入赘、过继之类。

合分内外，取于进退之方。

注云：有内外合，谓甲生人得巳日，此为内合。若四柱内除日，上有别合者，为外合也。内则主进，外则主退也。

略见其强，足见夫妻之势。

注云：夫立于旺相之地，主夫强盛，若妻立于旺相之地，主妻强盛。

此言夫妻各恃其强。

合逢四柱，后来妻再立儿郎。

注云：凡四柱中见在天干互相合，主后妻再立儿郎之故也。

隔合居中，妻子财门须见破。

注云：假令丁日见戊，癸年上见壬，乃隔了合也。主妻破散。谓丑日卯时、辰日午时、未日酉时、戌日子时，至。上合天干。

造于偏地，见多而二姓三名。

注云：若合在无力之地，临破绝之乡是也。假令乙庚合在丑寅之地，又见戊癸合在亥戌之地，主二姓三名人也。余仿此。

时日暗投逢合，孤儿义女。

注云：假令癸巳、辛巳、壬午、甲午、丁亥、戊子，但时日上见暗合者，立孤儿义女也。

地刑所见，他母所生。

注云：他母者，申子辰人见戌，巳酉丑人见未，寅午戌人见辰，亥卯未人见丑。如犯两重者，主他母所生也。

壬丁会命败之乡，出于偏房外妾。

注云：壬为天后，主妇人；丁为六合，主男子。壬丁相会，此二干名私门，主邪淫身不正之人也。故主如妇少下婢妾之所生也。命败者，甲人见子。

丁合身败，须信男女娼淫。

注云：凡有干合身到败地者，主男女娼淫也。谓丙寅人得丁卯，火到卯上，谓之败地。余仿此。

甲子_{木败}。癸酉_{水败}。庚午_{金败}。

身到旺乡有鬼者，自须贵显。

注云：如命封建旺之地，上带官鬼者，主荣贵显达也。

坎离子午丙壬，重见儿女双生。

注云：子午为阴阳之路，丙为长男，壬为长女。丙丁到寅火长生之地，见二三重者，主双生男。壬癸到申水长生之地，二三重者，主双生女也。

时与胎运月合，必须延月而生。

注云：生时与胎月合者，主延月生也。受胎者，受气也。癸卯、戊寅与癸，合日与胎。

辛多旺相，老妇长年。

注云：六辛者阴也，为太阴之象，主妇人之属。如临旺气者，定主阴人寿长而且富者也。

金盛逢刑，非法亡殁。

注云：金临盛旺之乡，来克身者，主非命横杀亡殁也。假令甲日见庚，临申酉之乡，来克者是也。

甲逢壬癸，生于江水之中。

注云：命有甲生人，得壬癸或申子辰之地，主生于江水之地者耳。

远泛他乡，孤木柱逢多水。

谓木生人逢二三重水，在旺地，主飘泛，谓水多则泛耳。

如甲木阳木无根，逢壬水阳水，水多则木浮，主人飘零。以乙木有根之木；虽水多则不能泛，惟有湮沦之患耳。阴水癸水也。则有资助之功，不可一途而断。

辛乾丙巽，术士医流。

注云：戌亥为天门，乃天医；辰巳为地户，乃地医。辛金为针，丙火为药，故为九流医术之士。

阳干支有相刑，生人斜眼之疾。

注云：假令阳干谓之克者，见倒食刑克天败是也。则主头面、眼目之疾也。

旺中戊己，儿孙后代为官。

注云：谓戊己土在盛旺之乡，主儿孙为乡里之官。

太乙与神后休囚，阴谋争讼。

注云：太乙者巳也。神后者子也。子主阴淫，巳主争讼。谓人命有巳子全犯休囚者，主阴谋争谋讼事，按理推之，其实有准。

五阳前建，定出清官。

注云：甲乙丙丁戊为前阳，在建旺之地，上临官禄，主门出清显官人也。

五阴后逢，犯刑空盗贼非横。

注云：己庚辛壬癸为后阴，如犯刑空害杀，主非盗横事之灾也。

相冲辰戌丙戊，居墓者凶。

注云：谓辰戌土见墓，丙辰、丙戌、戊辰、戊戌是也。

辰多而斗讼官嗔，

注云：辰为天罡，主斗讼也。

天罡与地魁，执傲之神，有临机应变之能，人犯重者，主执拗倨傲，视人不如己，且好斗争讼。

戌见而凶顽小辈。

注云：戌为天魁，主为小人虚诈也。

旬中六甲，多主尊崇。

注云：谓甲子旬得甲子，余仿此。若在有气，主建官星之地，则主尊崇之人也。

天罡如逢日时，散失人口。

注云：木尽为天罡，六癸是也。人若逢之，定主散失人口也。

木逢金盛，配递儿郎。

注云：若木人逢金盛旺，来克者，则主儿女配递他乡而不得力也。

金木安土，门中耗散。

注云：卯酉为门户，凡卯酉上见土为隔间之病也。谓门不通，有耗散耳。

五行太过，复为怯败之根宗。

太过与不及，皆已注前。

三命道元，推详强弱之正道。

注云：凡命要均平，不可太过、不及。升降之气不要衰旺。故曰：元有本也。正道者，各得其正也。谓木家得亥卯未及寅卯是也。更要均平耳，余仿此。

八方之卦，能推阴女盛衰。

注云：八卦推妇女之象。乾者阳也，主父公。坤者阴也，主母姑。艮小男，震长男，坎中男，巽长女，兑小女，离中女。凡女命在死绝无气之地，定为常人家女也。若在三合、支合、干合，或壬癸亥子水多者，及生旺之地，则为淫贱之女也。

金木多者亦是。凡夫宫子息财帛之类，论生克五行而言之也。

明路九宫，更辨阳男得失。

注云：九宫坎一、坤二、震三、巽四、中五、乾六、兑七、艮八、离九是也。将四时上下之类，若合多少起，便从所得之宫起之，一吉、二宜、三生、四杀、五鬼、六害、七伤、八难、九厄。假令甲子一十八数，除九外，震为宫也。阳人顺，阴人逆也。

人逢建破，妨害尊卑。

注云：凡人之命犯月破，主妨害尊卑，谓月建冲者是也。

月建父母兄弟之宫。

癸巳与乙卯庚申戌亥，九流之士。

注云：癸巳暗合戌，乙卯旺木，庚申旺金，木被金克。又庚申白虎守道，戌亥天门之象，主九流之人也。

各推前五，祖宗远后代皆知。

年前五位知祖。月后五位知父母门户。日前五位知己身妻。时后五位知子孙。

又论曰：各推前年月日时，前五位互相推之，父母、兄弟、妻妾、子孙临生旺衰死之地，高下可知矣。

丙丁多或到深山，阳孤阴乱。

注云：命中寅山见火多，主门户中出阳人孤，阴人乱也。

己庚同会，女子娉婷。

注云：女子命己庚在旺相之地，出秀丽娉婷之女子也。谓庚日己时，己日庚时，年月是也。

乙庚旺相之乡，男子和明进显。

注云：乙庚真金也。在旺相之乡，主男则和明进显也。

空中有合，门生虚道闲人。

注云：干合、支合、三合上带空亡者，主门生虚道闲人。

丁巳与丁卯各生，门内官人进纳。

注云：丁与壬为德合也。故有丁卯、丁巳、丁亥各生旺者，主门户中出进纳官人也。

土居四季，见全而多有田林。

注云：辰戌丑未上见土者，生旺之气，而且有田园也。

四柱五行，定于内外。

注云：子午卯酉，定四方也。卯辰巳以东为内，以西为外。酉戌亥以西为内，东为外。午未申以南为内，北为外。子丑寅以北为内，南为外也。

命之前后，阳前阴后，五辰定见家宅祸福。

男女二命论宅墓，看大小二运，并太岁到此之地生克，断以灾福。

阳命前五辰为宅，后五辰为墓。阴命前五辰为墓，后五辰为宅。假令甲子阳命人，前五辰乃巳为宅，后五辰乃未为墓。若大小二运太岁到此二位，论生克门户有何灾福，依流年神煞断之。

生逢兄弟不相亲，终见交争。

注云：同类者为兄弟，若内战并刑克；终见交争也。如甲见乙顺，乙见甲逆，余同此例。

父子夫妻，亲外皆为前法。

注云：父子、兄弟、子孙之法，乃命中取用也。如先见甲后见乙、先见子后见丑为顺，先见乙后见甲、先见丑后见子为逆也。

视于日时，识辨子妻。

注云：视于日时之上识辨子妻，若在生日前岁大，生日后岁小，时前后同也。

推月尊人，推于父母。

注云：推于胎月之上，推其父母也。胎月，受胎之月也。命前四位求之。

巽离旺相，丙丁俱全，足见高门。

注云：凡丙丁火人在巳午之上，足见高门也。谓临禄地故也。

壬癸庚辛，土木同法，亦当贵显。

注云：甲乙、寅卯、戊己、午巳、庚辛、申酉、壬癸、亥子，当为旺相之地，亦贵显也。

刑冲破害戊辛多，定出军人。

注云：若戊辛人犯刑克破害，主为军人。谓戊中有长生金，辛亦金也。金元武白虎也。谓戊寅日辛酉时，戊申、辛巳亦是也。

从魁与亥木，丁辛遇太常，酒家利路。

酉从魁，酒神也。亥登明，浆神也。巳太乙，主酒家。未小吉，主酒食。酉太常，主酒食。假令未亥巳见辛丁者是也。

亥逢金盛，瘫患长生。

注云：亥木长生也。逢庚辛申酉盛旺之金而克亥木，主瘫患之疾也。

水立金中，门生阴病。

注云：凡水到申酉庚辛上，或合巳酉丑、乙庚之乡，故主门生阴病也。

太冲辛乙无气，而道士抽簪。

注云：谓卯酉上见辛乙相克，或临无气之地也。故主观。卯酉，乃日月之门户，又主阴私，而道士抽簪也。

从魁辛乙相加，主还俗和尚。

注云：乙酉见辛卯、辛酉见乙卯应也。故巳沙门为辛舍而还俗也。

辛亥来卯上，定生唇缺之人。

注云：乙卯木也，主头面之病，故缺唇也。谓辛卯日时者是也。

酉上逢丁，后须绝嗣。

注云：酉为门户，主后嗣绝。谓旺金被长生阴火克之，主绝后嗣也。

戊巳如生四柱未申中，三四同行，必主甘香肥寿。

注云：戊己土为重厚之物，如到未申长生之地逢建旺；主肥有寿算也。

庚辛向无火之乡，出不义军人孤女。

注云：木仁多则空仁，谓太旺，繁盛有花而无实也。假令甲乙临亥卯未之地，或用乙有寅卯之地也。

有气逢官，定为显赫。

注云：甲乙木在有气之地，逢庚辛金为官星，定主显达也。

十干五行，见同上法。

注云：五行十干在有气之地，逢官克是也。

癸壬旺中，必须流落。

注云：水多在旺地，多主飘蓬，主性不定、流荡泛落也。

盛则太过，小则不及。

太过者，谓旺之极矣，或主倾危，犹物极则反。不及者，谓衰之极矣，或遭陷溺，犹物尽则微。

四清本主俱全，而文武两升。

谓寅申巳亥，五行长生者之地。干旺清主文，支旺清主武。

四仲见之有旺，则门中生贵。

注云：子午卯酉，乃五行旺地。干阳清，阴支浊，则主门中生贵子也。

季中全犯，有升而库藏之官。

注云：谓辰戌丑未。乃五行库印之乡，上见有气者，而为库藏之官也。

我去刑辰，必主兵法之任。

注云：若日去刑，年月时兵刑之任，岁月时若来刑日，则主犯兵厄，论干合化旺相，主如此。

乙庚旺相，方外声名。

注云：金主声，若临旺相之地，而四方之外有名声也。

戊癸炎轮，多主礼德。

注云：火主礼，若在旺相之地，多有礼德也。

丙辛真化，木盛阴淫。

注云：水主智，在旺相之地，主阴淫之象。

甲己同交，交之有信。

注云：土主信，若在旺相之地，主有信行也。

丁壬化木，旺多仁义。

注云：木主仁，在旺相之地，则主有仁义也。

诸卦吉凶，视于远近。

已注前篇。

木中有土，鬼怪常闻。

注云：谓戊寅己卯是也。或先见木后见土之类，主有惊恐怪异耳。

金上安仁，门中虚耗。

注云：庚寅、辛卯、甲申、乙酉是也。则主门中虚耗也。

火加金位，孤独贫穷。

注云：如火人到申西之位，主孤寡贫穷也。故火无西向之说，如本生无财，如穷人入宝藏耳。

炎到水乡，女人瘫痪。

注云：谓辰全到亥子丑位，则主女人有瘫痪之疾也。

巽离同住乾宫，世出冷劳男子。

注云：谓丙午、丁巳到戌亥之地，则主男子患冷劳之疾，故巳亥为天冲地击，丙丁临旺盛之乡也。

丙壬同居震位，阴阳淫乱之宫。

注云：丙长男也。壬长女也。卯上谓之私门。凡命中见之，则男女不正也。

木入烟中，疾为下小。

注云：寅卯木、甲乙木到巳午火乡，谓木入烟中，主为小下之人也。

旺相休囚，问于进退。

注云：壬生人到寅上逢官星，须主荣。

壬来朝甲有贵官，中女须荣。

注云：壬生人到寅上逢官星，须主荣贵，故子为中女也。

台月朝时，建旺则祖先富贵。

注云：谓台月俱来朝生时，又临建旺之乡，则祖宗富贵荣显之人也。

三交四聚，因官而借出其名。

注云：谓岁朝月，月朝日，日朝时，互官乡禄马朝拱，只有贵人接引成名耳。

带刑全申巳寅，定有官刑嗔讼。

注云：寅为功曹、文章、书曹吏。巳为太乙，主官讼。申为白虎，主刑。

自刑重见，自死自凶。

注云：辰午酉亥为自刑，若更内战克临死地，凶也。假令丙申日丁酉时，谓丙火引于酉上火死绝之地，则凶也。余准此。

子卯相刑，门无礼德。

注云：卯为三元之户，子为水神之儿，如命见之，则主无礼德之人也。

丑逢戌未，犯支刑肢病难痊。

注云：丑为金墓，戌为火墓，各持墓之毒，元有伤，主四肢之病难痊也。

辰卯相加，必有狱刑腰脚之灾。

注云：辰为天罡，主狱事。卯为天冲，主私门。谓卯木克辰土，必有狱刑腰脚之病也。

寅来加巳，子孙忧劳热烧身。

注云：寅木也，巳火也，谓木入火家之象。又寅有长生，火克阳金长生之地，如命犯之，主子孙有劳病发热也。如不然，则有火烧身之疾也。故寅刑巳也。

巳立功曹，必见两官所失。

注云：巳十二辰中太乙为尊，被功曹所刑，有犯上之过，有所失也。

午逢丑位，久病内气之灾。

注云：午旺火也。丑金墓也。故旺火克墓中之金，主久病内气灾也。

丑入炎阳，必有四肢深厄。

注云：丑金也。炎阳火也。谓火克金也。必有四肢深厄，谓辛丑见丙午火是也。余仿此。

子临井宿，须生脾胃之灾。

注云：凡子命人到未上，乃井宿也。子旺水临未，又主有脾胃之疾也。

未到子乡，定见尊凶妇厄。

注云：未小吉也。子神后也。主妇人及主尊人须有厄也。

亥申二势争强，不尔道路散失。

注云：亥申恃临官之势，亥阴贼，申传送，主争竞道路散失之象也。

建逢酉戌克战，鬼贼门病终忧。

注云：酉为门户，逢戌墓之火而克旺金，主门户上有鬼贼、小人相害也。

旺中有卦本全，而出自清名。

注云：亥卯未生春，巳酉丑生秋，寅午戌生夏，申子辰生冬，土生四季也。谓各有本卦全者，有气旺相，富贵之人，清明而生。

五卦颇同，文武两卑自显。

注云：水木主文，金火土主武，如各得本卦，主贵显也。论两卑而言之，谓木人得寅卯亥甲木是也。余仿此。

分三辩五，旺相两名，死囚休废卑贱也。

注云：分三主辩五行，谓旺相富贵，死囚为卑贱也。

子来合丑，宫观闲人。

注云：子为华释之宫，丑为云游之人，子合丑为顺，丑合子为逆。凡命得之，则宫观闲人也。

丑到子乡，复为贞吉。

注云：丑房子丑人合顺，子为贞吉也。

亥朝寅位，滋养外人。

注云：亥为长生木，寅为长生火，故木能生火。又亥壬水能滋甲寅木，亥合寅逆也。故滋养外人矣。

寅入天宫，显然之兆。

注云：寅术就亥水，滋长之兆，故寅合亥顺也。

天魁到卯，破败土田。

注云：天魁有辛金而克乙木，而破败田土也。

木入天魁，复为吉兆。

注云：天魁戌也，木卯也。故卯合戌为顺也。

酉朝罡上，金土两和。

注云：酉金合辰水上，则两比和也。

罡到金中，和中有讼。

注云：天罡辰也，金乃酉也。辰中有乙木，酉中有辛金，然先和后讼也。

巳刑传送，道路长行。

注云：传送申位也。为道路中有巳刑申，则主道路之中而长行不能安逸。

申到巳中，行人返覆。

注云：申金也，巳火也。申合巳为逆，故为人返覆也。

未午合分得失，未吉午凶。

注云：未逢午则吉，谓土逢火生也。午逢未则凶，故午见未土而多滞也。

细视阴阳，居分得失。

已注前段。

全逢下克，四亲孤尤忌二尊。

注云：若下俱克上，尤忌父母，则兄弟妻子孤暌也。谓甲申、戊寅之类。

复克于上多，常退阴人小口。

注云：若上俱克下，则主常退阴人小口，谓庚寅、丙申之类。

三来克下官嗔。

注云：若三上克下，主官中嗔讼也。

三制上时鬼贼。

注云：若三下克上，则有鬼贼之害也。

二上二下同类，则虑妻财之变。

注云：若二上二下互相交克者，则虑妻财变故也。

一克论于胜负，尤分彼我之情。

我克彼则吉，彼克我则凶。

四时明辩吉凶，灾福自然明矣。

注云：四时者，春甲乙，夏丙丁，秋庚辛，冬壬癸。辩其生旺休囚，则明其祸福矣。

干要天分，支言十二周还。

注云：天分十干者，甲彝、乙齐、丙楚、丁蛮、戊韩、己魏、庚秦、辛戎、壬燕、癸狄。十二支者，寅燕、卯宋、辰郑、巳楚、午周、未秦、申晋、酉赵、戌鲁、亥卫、子齐、丑吴也。

地里山冈，足见清浊之用。

注云：故地里山冈者，谓子寅辰午申戌为山冈，丑卯巳未酉亥为地里。阳支为清，阴支为浊也。

大小凶衰，四神吉者更兼蒿里。

注云：四神吉者，乃甲丙庚壬也。蒿里者，乃墓神，谓辰戌丑未是也。

上推日月山河，中见人之内外。

注云：甲主日，乙主月，丙主天上，丁主地下，戊主山，己主城，庚主国，辛主人，壬主河水，癸主海水。又云甲主头，已注前篇。

循环八卦之内，总推真详五行。

注云：乾金、老阳、八卦已注前篇。真五行，谓甲己化土之类。

干上十神，言其面也。

注云：甲青、乙碧、丙赤、丁紫、戊黄、己红、庚白、辛淡白、壬黑、癸绿，详日时干上，言其面色也。

地支神见，身貌真详。

注云：支神生旺为大，休囚为小，卯酉为瘦，子午为雄，详而言之。

干伤定头面之灾，支损为四肢之患。

干伤支损，前段已注。

第二章　星命汇考二

《天元秀气巫咸经》

《巫咸经》者，珞琭子之所作也。可以陈休咎之端，配合人伦之道，虽得此经之名，终不能及。当此之时，大名府精通者数人，是时士大夫豪富之家希望此术，至死归于泉下，终无一字。至元丰年间，大名郡守朝散大夫房德源收贮此经。有仙长何姓者，道号知明，与郡守结而为友，方得此经。剪去浮辞，采善而撮其枢要，总求精义，统摄捷文，依声律而编集之，聊悟题要之经云耳。

论甲木篇

木旺兮，生居寅位，气衰兮，为降于申。在戌火楚而怀善。

居辰也，性柔而厚仁。

辰乃水局，故相生而多仁。

生于子，偏宜冬降。

子乃沐浴之乡，甲子乃天赦之格故也。

育于午，夏降家殷。

甲木时引篇

时有登明，虽秀蟾宫，怎折桂枝。

亥为登明甲木长生，制为生，却有乙字差。

从魁喜遇声名兮，富贵超群。

酉上天官贵也。若通月气者贵，不通月气者，乃为富命也。

引至功曹，不贵而家必殷富。

寅为功曹用禄之地，又丙为食，通秀气者，乃为富贵命也。

生居传送，图名而劳役辛勤。

申为传送，乃金旺之乡，木绝之位。又壬水旺，乃漂流不定之命也。

在丑也，家财必损，

合巳也，作事多淳，

有气不化，无气者流，不定之命。化巳土，巳土绝，却有禄多淳善也。故云。

值午也，祖业难存。

木到南方死地，上有庚金所制，不通月气，下等之命也。

长在卯乡，纵贵而难承祖荫。

卯乃木旺之乡，有丁败，故曰纵贵而难自立也。

生临遇未，象成而有明辛。

未乃木之正位，辛乃真官也。作高命断之。

在于子，通德秀，官居极品。

子上暗藏官印，如通月气，贵命也。

临于戌，失月气，难保双亲。

戌为父，癸为母，内有土，外有水，故戌癸之衰也。

甲木主用杂断篇

一世艰辛，阳金须广。

木见庚辛为鬼贼，为人一世而窘迫之命也。

田园异众，戊己皆淳。

甲见戊己皆为财帛之命也。

至迈驱驱，因阳水而生于道路。

甲见壬多者，一世漂流不定之命。

终身不聚，为干淳而四柱皆分。

四柱中甲乙多，主克妻故也。

位显官崇，带双辛要兼旺癸。

甲见辛为官，见癸为印也。

清闲富庶，丙多而阳土临身。

甲见丙为食，戊为财，癸为相助也。

技艺聪明，丁广而火楚于象。

甲见丁，多主惺惺为德秀。木火文明。

柔中有吉，己身坐禄居寅。

甲到寅上坐禄，有仁义，信行双全也。

月气还亏，多立戎门官吏。

甲为悬针，若门户见克，己身无气，为军吏人也。

己身衰弱，萍梗乡外求亲。

自身无气，四柱水多，是乡外求亲也。

合神见克，首妻必换。

四柱中丙戊字显，克见乙庚或见壬，故换首妻云云。

鬼被干食，定应晚立儿孙。

四柱中丙戊辛庚，子孙少，故言晚年美者也。

俱旺不完，庚金建旺。

庚金旺己身衰，必主头面、四肢疾故也。

象不化兮，劳苦辛勤。

辰旺兮，心怀狠暴。

四柱见辰字为羊刃，多暗损，为人心狠。

壬盛兮，难免灾迍。

甲见壬倒食，彼旺我衰也。

甲木主用诗

贵贱荣枯要预知，皆从格局看兴衰。

喜逢岁首应为吉，

寅为一岁之首，甲木得令之地。

畏产于秋木力微。

木到于申上无气而病矣，故曰"力微"。

卯上一生居得地，

卯乃二月之时，甲木乘旺之方，故曰"得地"。

登明返遇剉其威。

亥为登明，木之所生之地，受壬水所制，反失其秀气。

周天十二须知察，

十二支循环，推兴衰旺相言之。

术士宜教存细推。

凡推命当会意，以生旺而察之。

论乙木篇

临卯也支藏重禄，

卯中有乙木，谓乙禄在卯，两重暗生。

在未也阴木正乡。

居于亥，虽衰而不失局。

乙木虽死于亥，甲木而生也。皆为木局，虽衰而得局。

值于酉，无化而肢体须伤。

酉上木绝，辛金旺，当从金化之论。

育于巳，宜从金化。

巳上化福、化金，若不化秘生也。

坐于丑，畏产西方。

丑乃金局，有化为福，畏秋生也。

乙木时引篇

若长于寅虽建旺，亦多成败。

寅上虽旺，却是戊寅天败，作反复之命看。

或逢午位，德秀有气，金榜名张。

乙木日得午时为长生，时为学堂。若通月气，壬印德秀，作官贵之命。

生居传送得地利，紫绶金章。

申为传送，通月气之壬水局，当作天官贵格看之。

居巳也自身无气，

巳上沐浴之地，若从乙庚化金，乃吉。

至卯也一世荣昌。

引若到卯上，又见巳化金，吉也。

生于酉地，人之化用。

从金象言之，若不化，多残疾也。

育于未，妻必多妨。

乙取己为妻，癸酉未时，己土癸水乃克之。

对至龙宫见，学堂朝廷显贵。

通秀气者多贵，乃以高明看之。

畏居戌位，见金早岁身亡。

戌上有火无气，为见丙辛相合，多主为无气之人。

在丑从金德化也，终身贵显。

丑上能从庚化金，如得金月气，贵命也。

生逢遇子奇贵也，劳苦身亡。

子有水流之象。

乙木主用杂断篇

一世快乐阴土旺，进禄成勋。

四柱见阴土，乙见为财，多财帛之命。

至迈驱驱因癸水，漂流南北。

乙见癸水，为漂流之命。

足富足贵，壬盛而复遇阴丁。

乙见壬为印，丁为食，乃福厚之人，高贵之命。

或贱或贫，辛强而重逢火位。

自身无气，见辛，贫命也。

丙旺也贫异入舍，

月中见丙为损，制辛，虽济门户，却贫异之命。

庚旺也光耀腾辉。

四柱中有真官，多庚字，旺为真官，多贵命也。

自坐旺乡见克也，终须不畏。

自身有气，虽见克不畏也。

生逢衰地显禄也，难得多时。

巳身无气，虽有贵亦不久也。

禄鲜名薄居无气，必应不化。

巳身建旺得月气，名誉东西。

巳身不薄，得月气主有誉也。

甲丙重逢失时也，父亲难靠。

乙取戊为父，四柱见甲丙为制，故父亲难靠也。

财多印厚到衰乡，母必先亏。

印者水也。财土也。土克水之故也。故曰主母亏。

阳火阳，金子少，

乙取金为子，见丙子少。

阴土阴，水双妻。

乙取已为妻，四柱见土水，妻多也。

水盛财微性巧也，会诸技艺。

水多财出是也。土主财，水主智。

五行见广得时也，智洪远机。

四柱中水多，智谋杂也。

月中辛金入舍，

门户中见贱也。

门逢戊土难移。

月中见戊为天败也。

一世艰辛，衰墓愁逢有克。

自身衰病，见克制也。

生逢死地，逢金无处安身。

自身无气，得辛金也。

乙木主用诗

木性多恩性主柔，

木乃主财，又柔和也。

喜逢春降畏生秋。

木春旺秋死之故也。

逢丁显禄兼逢巳，

四柱见丁巳为福禄也。

忌怕辛金并癸囚。

乙憎辛癸，见者畏之。

月至离宫因作喜，

离宫午月也。主文明之象。

失时失地怎忘忧。

失天时，四柱为无倚托也。

支中若是能穷究，

支干看地面言之也。

凶吉须当用意求。

四柱在五行中看生旺求之。

论丙火篇

临寅有秀，不贵则必长年。

寅中丙火长生，如不贵必长生故也。

值午象明，有礼终须显禄。

火主礼，午乃建旺，生福禄也。

居于申，畏怕秋生。

秋生火死，通月气，残疾不完之人也。

在于子，有化非俗。

在子有化，通月气者，贵。不通者，贱。

长在辰宫失地利，愁逢冬降。

辰上冬生，有化则喜。

生居戌位得阳和，春至舒苏。

丙火时引篇

生居申，冬降也，返成厚福。

丙火生化真水，不贵而富厚也。

育于未，夏生兮佩印双鱼。

丙火夏生，得此通月气者贵也。

在巳也得旺相，多招福禄。

巳上丙火建旺，又时居禄格也。

临亥也不成真水，有水如无。

亥上不化虚秀，若化，贵命也。

时至长生，通月气科名显赫。

通月气者贵也。

引居死地，失时运耄岁驱驰。

如老虚秀不化者，凶也。

长生天罡不化兮，双亲难靠。

不化水，多眼目疾也。

河魁喜遇，象盛而旺发宁宫。

戌为河魁，丙见戌土，乃火土通明之象也。

在午也，财多蓄聚。

丙火健旺，申畏早伏。

临丑也，福禄难图。

丙到丑上，见巳土天败，火土不明之象。

居于子，威权亦显。

入天官之贵格。

值于卯，从化财虚。

宜从水化，如不化，水居沐浴之乡也。

丙火主用杂断

单身孤寡，在衰乡失地。

火到衰乡，又见克，主为人孤寡。

财丰家盛，为四柱皆通。

自身旺，四柱有滋助，为人得祖业财帛也。

禄显三重，官居上宰。

四柱有禄者，乃三台明也。

俱高四柱，禄有千钟。

若四柱高多贵，财旺之命也。

若遇阳水，必须横天。

自身柱不见戌字却衰，见四壬水，主横夭。

或逢阴累，困难途中。

四柱有巳亥，困难途中也无疑。

怕甲嫌丁败散兮，贫寒顷刻。

四柱无丁，运丁甲劫财运也。

怜庚爱戊聚福兮，自已多荣。

丙见庚为财，戊为食，福会之命。

合神广见，不离初年失母。

丙取乙为母，合辛也。

比肩重犯，父亡岂到年终。

取甲为父，生丙火也。

丙火主用诗

两目多昏遇水沉,

自身衰,壬子多主眼目疾。

身居巳午祸难侵。

巳午火乡,见克而不畏也。

怜庚爱戊能除患,

庚戊二字,助之吉也。

怕甲嫌丁畏癸壬。

壬癸丁暗损,甲倒食也。

支内喜逢寅午戌,

自居正柱,多荣贵之命。

干中遇败祸须深。

四柱见克不喜。

识取五行通礼义,

五行造化之理,宜识取之。

吉凶何在苦追寻。

看吉凶地面推之。

论丁火篇

居酉地,干和而显贵。

日居长生,四柱在于酉,有官印贵显之命。

在亥也。有犯而名升。

丁火从壬化木,有贵,看月气通不通。

值巳也,财旺富足。

火则取金，巳上坐旺，为财自生地也。

临丑地，畏怕冬生。

临丑上虽为金局，冬主衰闲故也。

长向大冲不化兮，愁逢癸水。

有化者得地，不化者卯上癸水。

生于小吉进成兮，为有明丁。

未为小吉，乃丁火自旺之地也。

丁火时引篇

时至离宫带禄也，终身显贵。

时午有禄入格之命，通月气者，贵。不通气，终年月之福也。

生居坎位身衰也，祖业难成。

子上身衰，气更引入无祖业乡，难靠祖业者。

怕长申秋见损也，财多聚散。

申上有损，又为戊土暗刃。

宜逢春暮有秀也，耄岁才兴。

自身旺，如弱，晚年发福。

在寅也明官有旺，

丁从壬化木，所以为贵也。

居亥也暗印相迎。

亥有印生为贵。

逢丑也财多有气，

丑乃金局，丁克为火财，又见辛金故也。

遇巳土木火鲜明。

有化者，贵也。丁到巳上坐丁，为人多有明暗之引到卯乡，夫灾子寡。

如不得金水月气，应此文也。

生居酉位带学堂，金榜张名。

酉乃长生，通月气十八九贵。不通月气者，富命

居于未地虽旺也，愁逢冬降。

未土虽显，亦怕冬生。

值于戌自败，上有明庚。

丁见庚为天败。

丁火主用杂断篇

三宫有气旺发也，官居显职。

四支干皆旺，有倚托，贵论。

四柱长旺祖高也，积累簪缨。

四柱居高祖旺，看地面言之。

壬水多逢争化也，空门道士。

四柱水多，出家之命。

月中水旺离门户，行脚高僧。

月中见壬辛，妻衰子少看之。

流落一身见化也，生逢旺水。

丁壬化木，见子上自身无气，乃浮萍之命断之。

财多自损，成木而长遇金坑。

自身化木，引至申位，残疾命断之。

子少也，干逢暗损。

四柱戊见，故少子也。

妻灾怕遇重丁。

中华传世藏书

钦定古今图书集成

精华本

星命篇

比肩多者，克妻害子。

甲盛也，平生掌握，

甲为印，四柱中若显，必显达也。

乙多者处世难停。

四柱见乙为倒食也。

干见财多应克母。

丁取乙为母，见辛故克也。

支逢印旺，父母还倾。

丁取庚为父，四柱见寅午戌火，庚衰故也。

丁火主用诗

火旺离宫恐失时，

春夏火旺之乡，秋冬火囚之地。

休囚四柱用心思。

四柱贵贱看地面言之。

寅午戌逢支内喜，

四柱有倚托，作高命言之。

干中忌戊巳相宜。

四柱忌戊，偏宜巳土。

自是衰乡为克制，

自居无气，怕鬼相克。

须防目疾在于斯。

四柱有癸水克之，当患眼目疾。

荣枯得失当详察，只在周天十二支。

言知荣枯尽在十二支中所见。

论戊土篇

临午也，时通发旺，

戊土帝旺之乡，若通月气，衣食厚也。

居于子，有化名迁。

化火得天时，贵命也。

秋降临申，文学辨博。

秋生天赦格，自坐长生，贵命也。

春生寅位，亦恐灾愆。

春生天赦，贵命言之。

生居辰，自居正位。

辰乃戊土专位，亦主衣食丰厚。

育于戌，一世坚完。

四柱倚戌专位，通月气，贵命言之。

戊土时引篇

太乙忻逢，时居建旺。

已乃戊土建禄之乡，已为太乙也。

从魁怕遇，福禄须悭。

酉为从魁，戊土沐浴之地，晚年发福。

引至天罡，双亲难依。

戊取壬水为父，丁火为母。难依者，水为父墓乡也。是水局。

河魁喜逢，福土秋天。

戊秋之命，柱见壬，天富财也。

长生卯乡有旺也，官迁两府。

得月气有助，贵命看之。

居庚有克，见财而一生返覆。

虽四柱见财，身衰又甲克故也。

在亥逢兴，遇合而福绵绵。

戊与癸合，内有旺财，富贵之命论之。

临未也，双亲必失。

取丁为母，壬为父，未乃衰乡，必主克于父母也。

值丑也，别道田园。

四野之地见合神是也。

生于午，虽明怎辨。

午上火土争化得失，地土衰无气故也。

育于子，足禄多坚。

戊见，乃是壬子时得禄也。

戊土主用杂断篇

掌握威权，见阴水能滋阳土。

戊土见乙卯为滋助，有倚托，贵命也。

无食弃业，遇辛被甲伤残。

辛伤甲残，主不完命。

贵显三公，有秀气学堂之命。

自生在长生之位，有依托，极品之命看。

身迁两府，象成兮廉正之官。

午宫化火，帝旺之乡。

肌瘦形微，失地也病多痨嗽。

自坐衰乡，不化必身劳病也。

身衰财旺，图财而犯法遭愆。

已身在死衰，后见水运，图财犯法之命也。

子嗣难存，须逢庚食。

丙申为子，庚为食也。

单身至迈，戊土皆全。

取癸水为妻，戊克之，多难婚也。

祖上高名，岁逢阴木。

岁逢乙木，祖有名望。

自身卓立，门户伤残。

月中有克贼，必主自立也。

卯酉重遇，因为奴吏。

四柱卯酉多，为下贱命也。

辰戌叠犯带卯兮，累受宣敕。

辰戌土之正位，四柱有官，三品看。

合神暗会，常怀萦恼之牵。

癸多者多不足。

戊土主用诗

足智多淳至旺乡，

巳午者，主自身建旺。

身居死墓定为殃。

戊土怕官，如亥卯未是也。

受临四季常须善，

四季，土旺之乡也。

引至寅乡福必藏。

寅中自衰，福少灾多也。

配合干支应会禄，

支干合而一生富贵。

三宫无倚亦须伤。

四柱见克多，中虽有财，不平也。

荣枯欲晓知休咎，

详其地面，自知休咎。

临时用意细端详。

四柱刑克，临时详论之。

论己土篇

居申也。聪明智辨。

申上己主长生，为人聪明看之。

在巳也。足信多财。

巳上胞胎，内有丙火、戊土、财禄，参详推之。

值于亥，从天建旺。

亥上甲生己旺，建旺之象也。

育于酉，有化除灾。

四柱中有甲字，变化贵土也。

临丑也，自居正位。

丑乃专位，乃坚土之象也。

逢未也，只恐时衰。

未上土正位，得时引高明也。

己土时引篇

长在寅方，显富也象成火土。

寅上火土通明之象，有倚此乃息，皆火气贵也。

生居申位，失天时终损形骸。

如失身气，残疾之命。

值西逢衰，见财必应聚散。

酉上迎财，己土疾病是也。

亥中建旺空明兮，贵气沉埋。

虽亥中地旺，乙字若有制，贵难高。

引至太冲虽秀也，科名亦失。

卯上虚秀之命。

还居神后，不贵而金玉升阶。

子上明暗之才，通月气贵看，不通者富命看。

在巳身衰，得月气蟾宫折桂。

得月气者，贵。不通月气者，名誉。

午宫若旺有天禄，位至三台。

四柱有甲丙，入伏晶出格，三台之命。

值未时与，有倚托官居显职。

未上辛金和平之象，有倚托者，贵命也。不通月气者，富命看之。

丑中遇败，见克而难保家财。

失却月气，破祖基。

引至辰乡自旺也，双亲少靠。

谓取丁母壬父，时见戊辰，又为水局墓地。

时居戊位，身遭父母多灾。

同上论之。

己土主用杂断篇

富贵双全显赫也，伏晶建旺。

四柱中有甲丙一字，入格之命。

贫穷至迈居衰乡，相克相刑。

己身衰，四柱见乙木，困衰之命也。

阴水重逢，妻旺必须置妾。

支干见癸，多妻故也。

阳金叠遇子难图，纵立刑伤。

四柱金旺，子午冲故也。

官印相持癸旺也，宜居四季。

如通月气者，是明暗官命看之。

己身淳秀，水多而财产丰盈。

四柱有水，多增财帛。

进表承恩得气也，阳干火土。

四柱中有甲丙，更通月气，贵命。

身亏低下受气也，阴木重逢。

见乙字多，更看化不化也。

月气冬生克母也，劳产之病。

冬生见癸克丁母，主病之命。

旺逢克制父亏兮，肿气遭刑。

四柱戊多克壬。

身坐衰乡有化也，身迁重爵。

自身衰却化真土，贵命看之。

己身建旺，见败而怎用能才。

己身旺，见壬子败也。

己土主用诗

阴土忻逢四季中，

己生四季本乡也。

若临癸甲福无穷。

取癸为财，甲为合神，故获福无穷。

贵显之中求德秀，

自身十二支，支中言月气也。

禄马俱全早岁通。

看其禄马全，贵命也。

火木重阳迁爵位，

四柱丙戌字乃秀气，爵重也。

鬼败临身祸并凶。

四柱乙壬多者是也。

照返鬼伏更造化，

八字推详其造化。

属从化类识元宗。

论庚金篇

居寅也，衰中有喜。

庚取甲财，虽寅上衰，却有暗甲。

逢申也，福寿应酬。

自身引至申上，建禄旺，贵命也。

临辰须凭时引，

辰乃水，更时引者贵。

离戌也月克遭囚。

金入火局失月气，时引相刑，下命也。

生于午，虽困而终藏言吉。

庚金虽困，内有丁巳二字，皆福禄神也。

值于子，逢滋助至迈无忧。

四柱若见丁巳时，凶中取吉，贵。

庚金时引篇

居于太冲失月气，因妻显旺。

卯上不通月气，因妻显旺。

育于小吉守门户，立子优游。

通月气有倚托，显贵之命。

长到申宫有气也，终身显贵。

居于午上得天时，自己封侯。

庚得天时，是贵显之命。

在巳也遐龄寿考。

巳上金之长生，延年益寿之命。

临辰也喜降秋生。

金水清白之象，通月气者贵命。

生于丑，财丰有秀。

见丁官，为官印显贵之命。

降于寅，刚剉于柔。

虽取暗甲为财，寅上庚衰弱也。

居于子，自无气坎坷难遂。

庚金见丙子，死中更无倚托，下命也。

育于亥，逢丁助时事易求。

自身无气，故丁亥时贵命言之。

戌地禄轻，长年箪瓢陋巷。

丙方金旺，主贫贱下命，终是火局命看之。

酉中马旺，为师令统摄十州。

四柱有马，三品命看之。

庚金主用杂断篇

禄马重逢有气也，三台之命。

四柱有禄马，入格之命也。

旺乡叠遇显官印，位列中郎。

庚若柱见丁，右职之命。

幼岁离祖居乾方，路逢丙火。

自身引水中，见丙火无气，故夭命也。

延年寿考在坤位，又遇金乡。

引到申建禄，富寿之人也。

失地身衰，忌临旺火。

多见丙火是也。

贫穷下贱，土地相伤。

多见戊也。

运至离宫见克也，大肠之病。

如运至午上，必有疾病也。

在于本位，气坚而性率高强。

金不离本位也。

合神交杂，必是多妨妻妾。

乙为合神，又见己卯，必须置妾，不立克妻。

食多财盛，立子襁褓中凶。

是壬甲二字也。

失母合多见广，

庚取巳为母，有乙字多克母故也。

克父财到衰乡。

庚取甲为父、为财，如见甲克父故也。

庚金主用诗

坐守西方禄必坚，

申酉金之本位故也。

财多富贵足秋天。

秋乃金旺，豪富命也。

艰辛一世因阳火，

金见丙字故也。

至迈驱驱见戊添。

见戊字下命也。

巳怕衰乡为克制，

庚金到衰克制，下命也。

为官旺处禄多迁。

身到旺处，禄多迁也。

干支识尽知休咎，

休咎在干支，宜细推求。

都在临时瞬息边。

论辛金篇

居卯则败中有助，

暗藏乙字，暗中有福。

在巳则死内逢局。

巳中辛金死地，正是金局也。

酉中逢禄，自坐旺乡。

酉上坐禄。

未地逢衰，应鲜获福。

未中暗有丁巳字克辛，故福薄。

丑中本位有助，金无破散，

虽衰，丑为金局，高命论之。

亥中沐浴失时也，终是驱驰。

亥中不显，引到沐浴，下命断之。

辛金时引篇

畏到离宫朝贵也，必通月气。

但得身气，高命断之，谓天乙贵人在位故也。

逢坎位忻然，干刑而亦作名儒。

子上虽秀金，金沉于水，如通月气者，贵命也。

逢辰破象，壬败而反复无倚。

无倚托者，反复之命。

若到寅方有秀，官居极品。

通月气者，极品之命。

宜居甲位得天时，位至中书。

通月气者，极品之贵。

太乙忻逢干助也，科名必显。

干和必应入格之命。

登明怕遇失月气，奴下之流。

四柱相刑，自身无气，下命言之。

在卯也，三妻可立。

比肩者，妻多也。

临丑也，财散家虚。

引到丑虽本局，已倒食也。

值于未乡，双亲少靠。

取巳为母，取甲为父，乙未时则克也。

育于戌位，必先克祖。

四柱不利，多克父，看地面言之。

辛金主用杂断篇

巳身逢旺见伤也，祸害难侵。

自身旺，纵克亦必贵也。

旺在秋生带印也，官居武职。

如带印，乃主此职。

生居孟夏有官分，命列旌旗。

四柱有印，师命言之。

食不充餐丁旺也，亦居绝处。

丁旺身衰，乃为下命。

形无衣蔽壬水盛，时日皆衰。

四柱壬水多，自身衰也。

财在旺乡支远也，图之难遂。

四柱财远，求财不遂之命。

食居门户旺近也，乐得安栖。

食近门户，入格之命。

见败逢败夏生兮，子孙早立。

取火为子，夏生是滋助生火也。

纯阴水土秋降也，妻必主离。

秋生二字，知癸妻不定故也。

财旺也，必先克母。

己为母，乙为财也。

生气盛，父必伤亏。

取甲为父，见庚多克父也。

辛金主用诗

好结良朋性主刚，

金主刚毅。

宜通月气寿延长。

如通月气，寿必延长。

身衰亦且憎丁火，

四柱有丁火也。

难到须愁己土伤。

身身衰，见己土倒食也。

富足秋生逢木旺，

秋生见亥未乙字，富贵之命也。

优游春旺水家乡。

看其幽变癸旺是也。

五行四柱须当识，

旧柱干支五行，宜消详用。

都在支中象里藏。

详其支内所藏造化。

论壬水篇

在寅也，必须既济。

寅上水火既济之象。

临子也，旺水滔滔。

子上水旺地也。

值申则学堂显赫，

壬水长生，又看时引言之。

居辰则福禄多招。

辰上水局，乃水之正印也。

生于戌，凶中有吉。

戌为火，戌中有库为财，故凶中有吉也。

育于午，时巧家豪。

午上财官之地。

壬水时引篇

引至登明通德秀，科名显赫。

亥上有禄，更得天时者，贵命看之。

生居传送失天时，贵气难高。

引到申上，乃水土浑浊之象故也。

喜到从魁官旺也，宜通月气。

六壬引酉通月气者，富贵之命也。

在巳刑身见败也，家财必损。

引至巳上，失月气者破祖。

未申造旺有化，福禄坚牢。

丁壬化木，不贵即富。

神后还遇冬降也，己身健旺。

子上壬水旺，冬生吉庆也。

胜光若值夏兮，道路迢迢。

夏生因商发也。

长在戌乡见庚也，财多聚散。

戌为火库，却有庚食壬取为财，故聚散也。

生逢辰位坐禄兮，朝野之官。

引至辰，得月气，三品之命。

寅上财乡有气也，必须骤发。

寅是火局，暗甲木滋助也。

丑中身旺无化也，性僻强徒。

失月气者，虚诈之命也。

壬水主用杂断篇

水盛滔滔妻病也，产痨而死。

四柱水多，可消详之。

比肩重犯母衰兮，脚病身殂。

亦四柱水多也。

官印冬生，父遭小肠之厄。

冬见己土。

食多印厚克妻也。子息难图。

壬以戊为子，四柱中辛巳二字，克妻子之命也。

长生四柱禄马旺，乘驷马之车。

自身见禄马有德秀者，乃三品之命也。

至老无居阳土盛，用神无气。

四柱多见戊土是也。

他乡外立阴水旺，引从身虚。

自身无气，癸字多为损也。

禄厚财丰冬降也。必逢丙火。

若冬生见丙火，财多是也。

身无寸土夏生兮，戊土临躯。

若夏生，贫困之命。

克妻则合多印厚，

四柱见丁辛，身荣克妻命。

无嗣则盛而食多。

取戊为子，见辛丙二字也。

壬水主用诗

性慧聪明定智宽，

五行中水主智，故聪明是也。

皆从格局辨三元。

看四柱而言之。

学堂见克应须秀，

自身学堂，从克亦秀也。

还败衰中举动难。

衰败有克，下命。

见火一生招福庆，

火多为财。

干逢阳土亦迍邅。

四柱不喜戊土字，多灾。

要知月气相通好，

以四柱言之。

凶吉须详休咎端。

临时在意详之。

论癸水篇

坐于卯，学堂建旺。

卯上长生学堂也。

守于巳，变火为祥。

化火，财多之命。

临未则略应返朴，

未上有巳故也。

在亥则好乐文章。

身在亥，极秀之命。

居酉也，宜通月气。

酉中月气，论修轻重而言之。

值丑也，时巧无疑。

己身坐丑，看引用轻重言之。

癸水时引篇

喜到离宫象成兮，簪缨冠带。

午火局如化火，折桂之命。

生逢坎位带禄兮，四海名张。

子上有禄，得月气乃及第之命也。

时到太冲有秀也，象成水土。

甲上长生。

引居传送有旺者，金水之乡。

通月气，贵命也。

长在寅方见损也，必应聚散。

寅上沐浴，又甲损之，耗气论之。

生居酉位彼旺也，为有辛伤。

引至酉为癸水，知暗辛倒食所伤也。

戌内藏官有化也，干逢滋助。

如化火者，贵命言之。

丑中隐鬼无气也，妻妾多妨。

丑中有巳为鬼，多妨妻妾之命。

临辰则多反复。

辰上见丙，为天败也。

居巳也，一世荣昌。

癸见丁为财，有化者贵也。

值于未，财亏禄少。

未上身衰鬼旺，从化财慢也。

育于亥，建旺之乡。

亥上贵命也。旺乡，多克妻。

癸水主用杂断篇

职禄俱全，官封印旺。

官印俱全，此为贵格之命也。

少年败散，鬼病财微。

四柱见癸字多丁字少之故也。

祖上名高，岁居有气。

年干有气，更四柱有托者，祖高之命也。

年中困塞，为失其时。

失其时，主晚年不遂。

自坐衰乡有克者，脚膝之病。

如得月气不显，运到衰乡，必有脚膝之疾。

自身健旺遇水兮，妻必先亏。

取丁为妻，四柱水多，必先克妻妾之命也。

四水朝元，有气也身居八位。

四重水引至健旺之乡，宰相之命也。

三元赢弱，支克而官职则卑。

四柱有官，支克官卑。

至老鳏居水盛也，火生绝处。

四柱水多，火绝是也。

三妻二妾干杂兮，火旺金实。

四柱见丁字多也。

暗损多逢无救也，必应绝嗣。

四柱见甲，必主子少断之。

终身不遂遇衰乡，迢递东西。

水无气也。

财到旺乡重见兮，父母有失。

癸取丙为父，辛为母，丁为财，丁火克制。

鬼居本位叠遇兮，流落身衰。

月逢鬼制，又引鬼乡，多飘蓬在外也。

长生土乡无化也，难图厚利。

失月气引到土乡，一生见财不聚也。

生逢水旺纵亏兮，亦有衣食。

自身引到旺乡，虽克不绝衣食。

癸水主用诗

辨博机深主性聪，

水主智，主人聪明。

相谐四柱要从容。

四柱和合，一世荣昌。

辛金忌怕伤阳火，

四柱有丙辛，伤其化也。

喜遇庚辛有乙逢。

四柱有乙庚，主财禄多也。

十二支中宜细究，

荣枯在十二时中也。

十干之内要精通。

十干得地不得地，则知其富贵贫贱。

成时造象穷休咎，

以四柱八字造象断之。

都在时中定吉凶。